U0498491

书山有路勤为径，优质资源伴你行

注册世纪波学院会员，享精品图书增值服务

项/目/管/理/核/心/资/源/库/

［美］汤姆·肯德里克　著
（Tom Kendrick）

刘悦　王丽　译
常耀俊　审

识别和管理项目风险

确保项目成功的重要工具（第3版）

（修订版）

Identifying and Managing Project Risk

Essential Tools for Failure-Proofing Your Project, 3rd Edition

電子工業出版社

Publishing House of Electronics Industry

北京·BEIJING

Tom Kendrick: Identifying and Managing Project Risk: Essential Tools for Failure- Proofing Your Project, 3rd Edition.

ISBN: 978-0814436080

Copyright © 2015 Tom Kendrick.

Published by AMACOM, a division of American Management Association, International, New York. All rights reserved.

版权贸易合同登记号　图字：01-2015-4880

图书在版编目（CIP）数据

识别和管理项目风险：确保项目成功的重要工具：第 3 版：修订版 /（美）汤姆·肯德里克（Tom Kendrick）著；刘悦，王丽译. —北京：电子工业出版社，2024.3

（项目管理核心资源库）

书名原文：Identifying and Managing Project Risk: Essential Tools for Failure-Proofing Your Project, 3rd Edition

ISBN 978-7-121-47133-9

Ⅰ. ①识… Ⅱ. ①汤… ②刘… ③王… Ⅲ. ①项目管理－风险管理 Ⅳ. ①F224.5

中国国家版本馆 CIP 数据核字（2024）第 048726 号

责任编辑：卢小雷
印　　刷：三河市鑫金马印装有限公司
装　　订：三河市鑫金马印装有限公司
出版发行：电子工业出版社
　　　　　北京市海淀区万寿路 173 信箱　邮编 100036
开　　本：720×1000　1/16　印张：23.75　字数：388 千字
版　　次：2017 年 9 月第 1 版（原著第 3 版）
　　　　　2024 年 3 月第 2 版
印　　次：2024 年 3 月第 1 次印刷
定　　价：108.00 元

推荐序

　　风险是不确定的事件或条件，一旦发生，会对项目产生某种正面或负面的影响。风险既包括机会也包括威胁，因此风险管理的宗旨就是抓住机会和规避威胁。人们经常用乌卡（VUCA）来形容知识经济时代，即易变性（Volatility）、不确定性（Uncertainty）、复杂性（Complexity）和模糊性（Ambiguity），总结起来就是，这个时代充满了各种各样的变数。这些变数中既有机会也有挑战，如果我们不对这些变数施加影响和进行管理，就会失去机会或面临威胁和挑战，轻则导致项目失败，重则影响组织战略的执行和落地。风险管理就是教我们如何管理这些变数，识别、抓住和利用有利因素，促进项目成功；同时管理与管控各种不利因素和条件，通过规避、转移和减轻的方式来化解各种不利因素对项目的影响。

　　风险关乎项目的成功，项目的成功关乎产品的交付和客户的满意，客户的满意关乎企业的生存和长远发展，从这个角度讲，风险管理无疑是组织战略管理的重要课题。

　　信息时代，有关风险管理的知识层出不穷，有关风险管理书籍数不胜数，如何选择一本适合自己阅读的书籍是广大读者面临的问题，既要通俗易懂，又要有一定的专业深度；既要有结构和理论高度，又要有落地的案例剖析；既要有独到的见解，又要和标准接轨。本书就是这样一本理论层面有高度、有深度，操作层面有案例、有见解，又符合风险管理全球标准的书。从风险管理的重要性、必要性，到如何系统地规划和管理风险，编制风险管理计划，再到如何识别范围、进度、成本和资源风险，编制风险登记册，如何用定性和定量工具评估风险的重要性和紧迫性，进行风险优先级排序和编制风险应对计划，最后到风险应对计划执行和执行效果的评估与监控，本书全面、系统地阐述了风险管理的全过程，以及各种工具和方法的应用。要特别强调的是，除了这些理论讲解，案例跟踪和剖析也是本书的一大特点，从头到尾用一个案例贯穿全书始终，这在有关风险管理的书籍里面比较少见。另外，本书的结构和专业用语与美国项目管理协会（Project Management Institute，PMI）出版的《项目管理知识体系指南》（以下简称《PMBOK®指南》）里面的风险管理部分基本一致，可以作为 PMP®（Project Management Professional）认证、RMP®（Risk Management Professional）认证的参考用书。

本书两位译者是多年从事项目管理的企业管理者，有丰富的项目管理和项目风险管理的实践与经验，对全书做了准确的理解和翻译，感谢两位译者的辛勤付出，同时感谢电子工业出版社出版此书，为广大读者阅读提供方便。

常耀俊

美国项目管理协会 PMP，国际项目管理协会 IPMP

译者序

我们都是曾在 IBM 全球咨询服务部大中华区项目质量与风险部门任职十多年的高级风险及质量管控经理，主持并负责审查、监控了很多大型的咨询服务和应用集成及开发服务的项目（集）。发现风险是我们最重要的工作之一，我们会和项目总监、项目（集）经理一起制订风险应对计划，并监控计划的执行过程。这一内容贯穿了整个项目（集）的生命周期。在审查了太多的项目（集）之后，我们体会最深的正如本书所引用的话"不能吸取教训的人注定要重蹈覆辙"。风险管理是项目成功必不可少的一项重要任务，但这一点往往被项目经理所忽略。

除了作为高级风险及质量管控经理，我们曾先后在甲骨文公司、惠普公司担任高级项目经理，也曾作为 IBM 全球认证的资深项目经理和 PMI 认证的 PMP，管理过多个大型复杂项目，也经常应邀将亲身积累的项目管理经验向新晋的项目经理授之以渔，但在培训过程中，我们发现教材里的内容往往有些抽象或架构体系不够好，尤其讲到风险管理时，更是只能靠自己多年的经验不断佐以实例举证。

我们拿到本书的英文版，看了第一个章节就有眼前一亮的感觉：本书的体系清晰，例证丰富，加之以美国历史上著名的修建巴拿马运河的项目作为实例贯穿全书，资料翔实，读起来令人感觉耳目一新，完全没有枯燥和抽象的感觉，当下就觉得本书值得我们去用心翻译，为中国越来越多从事项目管理的人士提供一本非常有价值的实战参考书。

不记得熬过了多少个夜晚和周末，当终于翻译完成并定稿时，我们在释然的同时也很有成就感。这是我们第一次将这本国外畅销的既有先进理论又有实践经验的优秀项目风险管理著作翻译成中文献给国内读者。在翻译过程中，我们逐字逐句地反复推敲，力求能完美地忠实于原著，准确地诠释出作者想要表达的核心思想，以期项目经理在拿到这本译著时能开卷有益，收获颇丰。

特此感谢原著作者，以及电子工业出版社的编辑给我们这次机会。

刘悦　王丽

译者简介

刘悦　有超过 20 年的项目和项目集管理经验，现在 IBM 中国公司担任资深项目经理，负责管理大型项目。作为 IBM 全球认证的资深项目经理和 PMI 认证的 PMP，曾管理多个大型复杂项目；也曾作为 IBM 全球咨询服务部大中华区项目质量与风险部门的高级风险及质量管控经理，主持并负责审查、监控了几百个大型的咨询服务和应用集成及开发服务的项目（集）；同时作为 IBM 全球认证的项目管理讲师，讲授了多门项目管理课程。

王丽　有超过 20 年的大型复杂项目管理经验。现在慧与（中国）有限公司任项目总监。2000—2016 年在 IBM 中国公司全球咨询服务部担任 IBM 全球认证的资深项目经理；也曾担任大中华区项目质量与风险部门的高级风险及质量管控经理，主持并负责对多个行业的数百个大型咨询服务和应用系统集成项目（集）的风险和质量进行审查和评估。作为 PMI 认证的 PMP，曾管理多个复杂项目。1990—2000 年曾在北京市政府信息中心任高级工程师、项目经理、副主任。

引 言

Jim，如果你愿意接受，你的任务是……

经典电视连续剧 *Mission* 每集都这样开始：先提出一个不可能完成的任务，再讲述如何执行这个不可能完成的任务。但是任务很少是完全不能执行的：仔细地制订计划，配备人员，并使用（看似无限的）预算，然后在截止日期之前得到了一个令人满意的结局。

今天的很多项目或许也快到了"将在 5 秒内自毁"的地步。与过去项目所做的工作相比，现在的项目面对了更多时间上的约束、更大的技术挑战，而且似乎很少能有足够的资源。所有这些都增加了项目风险，最终导致了"不可能完成的项目"。

作为一个复杂项目的负责人，你需要认识到技术的存在就是为了帮助你更好地应对项目的风险。有效地利用这些流程，有助于你发现和管理潜在的问题。这些流程往往区分出了项目究竟是可能还是不可能完成的。这就是本书所要阐述的内容。本书通过现代项目的实例，展示了如何运用书中呈现的想法来应对你所面临的挑战。这不是一本纯理论的书，它是建立在大量的数据基础之上的，而这些数据都是近年来从全世界范围内的数百个复杂项目中收集的。一个名为项目经验风险信息库（Project Experience Risk Information Library，PERIL）的数据库汇总了这些信息，构筑了本书良好的基础。这些实例被用来识别风险的来源，讲述了比较实用的应对策略。

本书的结构也体现了 PMI《PMBOK®指南》的变化。《PMBOK®指南》中有关风险的章节是 PMI 组织的项目管理专业人士（PMP®）认证考试中所测试的一个关键绩效域。本书也与 PMI《项目风险管理实践标准》和 PMI 风险管理专业人士（PMI-RMP®）认证相关的主题一致。

本书前半部分讲到的对风险的识别，很大程度上依赖严密的项目定义和规划的活动。前 6 章说明了这些活动在揭示风险来源方面的价值。本书后半部分涵盖了在详细的（活动）层级及项目或更高层级上对风险的评估和管理。这些章节的内容涵盖了用来评估已识别的风险、建立一个整体项目风险计划、调整项目、持续跟踪风险、结束项目等的方法，以及项目风险管理和项目集、项目组合及企业风险管理之间的关系。

对现代的项目，你很容易用这些话说服自己：从过去学不到什么，而且过去建立的思想和技术体系"不再适用于我的项目"。尽管也有些人倾向于做事后诸葛亮，但聪明的项目经理们明白，如果能充分地利用过去的经验，他们成功的机会就会提高。无论是一般的项目管理，还是特别的风险管理，都不是新事物。用于两者的广泛的原理和技术已经被成功地使用了一个多世纪。尽管可以从现在的项目中吸取很多经验教训（如 PERIL 数据库所示），但也有很多需要从早期的工作中吸取。

为了形象地表示这种关联性，本书每章最后都简短地讲述如何将该章讨论的原理关联到一个历史上很大的项目——巴拿马运河的建设，并以此作为总结。时不时地花些时间来考虑这个非凡的工程，提升了对良好的项目管理实践的重要性的认识，而且能部分缓解读书时的枯燥感。

项目风险的来源有很多，其中包括两个重要来源（它们在那些论述项目风险来源领域的很好的书籍里都被遗忘了）：缺乏应用（甚至阻止）项目管理实践；没有任何现实计划的支持就设立了疯狂激进的项目目标，这是非常常见的情形。这些风险是相关的，因为只有通过充分了解工作，你才能发现目标是否可能实现，也只有通过使用你所发掘的信息，你才有希望做与它相关的任何事情。

本书的目的是帮助今天复杂项目的领导者（以及管理者）能成功地履行他们的承诺。无论是开发产品、提供服务、创建信息技术解决方案，还是处理其他项目类型中的复杂性，你都能找到容易遵循的、实用的指导来提升对项目风险的管理能力，以及结合项目与现实的有效的实践方法。你将学习如何通过最小的、渐进的努力来减少风险，让看似不可能完成的项目取得成功。

目　录

第 1 章

项目为什么要做风险管理

不能吸取教训的人注定要重蹈覆辙。

——George Santayana

现代的太多项目都重复着以往项目中的问题和错误。那些成功避免这些问题的项目常常被认为"运气好",但实际上并没有这么简单。

问题项目

一切项目都有风险。不管挂在墙上的那张微软项目甘特图的计划内容看起来有多好,在项目的交付过程中都存在至少一定程度的不确定性。现代项目风险很大,原因有很多。首先,它们都很复杂且具有很大差异。这些项目所包含的独特特性和目标与以往的项目有显著差异,而且它们所面临的环境变化都很快。事实上,产生现代项目的很多机会都包含非常大的不确定性,这加大了项目之间的差异。

其次,现代项目常常很"吝啬",即极具挑战性地用最少的钱、人员及设备来执行项目。更糟糕的是,还有一个普遍存在的误区:无论上一个项目用了多快的速度完成,下一个项目的实施都应该更快。因此风险的数量和严重程度都在持续不断地增加。为避免失败，你必须坚持遵循目前已有的最佳项目实践。

好的项目实践来自经验。不过令人遗憾的是，经验通常又源于糟糕的项目管理。学会"什么是不该做的"的一个好办法就是去做那些不该做的，然后面对恶果。幸运的是，即使没有亲身经历，我们仍能从他人的经验中获益。本书写作的基础是他人的经验——收集了大量看似合理却没能如预期一样成功的想法。

项目能够成功交付，通常因为领导者能做好两件事。其一，他们能够认识到任何项目，即使应用最新技术的那些项目，其工作内容也不都是全新的。实施这些项目时，以往项目的笔记、记录及经验教训都可以拿来当作指南，以识别及避免很多潜在问题。其二，为了预先了解将面对的挑战并预测风险，他们能够认真仔细地规划项目工作，尤其对于需要创新的那部分工作。

高效的项目风险管理依赖两个方法：通过追溯过去来避免曾经有过的失败；通过制订计划来着眼未来，最小化甚至排除潜在的问题。

风险

几乎任何与项目工作相关的不确定性都可以看作风险。尽管如此，并非所有的风险都同等重要。项目领导者必须关注那些对项目目标影响最大的风险，或者"有重大影响的不确定性"。描述风险重要程度的方式有很多种。最简单的方法之一来自保险业，即：

风险重要程度=损失×可能性

风险重要程度是以下两个指标的乘积：一个事件的预期结果（损失）和该事件发生的可能性。所有风险都包含这两个互相关联但又明显不同的指标。利用这个概念，可将风险划分为两种：大量事件的集合体（宏观风险）或单一事件（微观风险）。

在做风险管理时，应依照具体情形来判断两种风险类型中的哪种更适合。大多数情况下，风险管理主要针对集合体，即宏观风险。譬如，保险公司出售很多保险品种；商业银行发放大量贷款；信托基金经理握有大笔投资。针对这些领域的大量风险管理的文献偏重于关注大规模的宏观风险，对于单一事件的微观风险的关注次之。

举个简单的例子，掷两个骰子。虽然无法预知点数是多少，但是通过分析、实验或猜测可以得出一些预测值。两个骰子的点数之和只可能是 2 和 12 之间的一个整数。一种预测方式是找出可能达到这些和的所有点数的组合。（例如，和是 4，则点数组合有三种可能：1+3、2+2 及 3+1）。这种分析方式可以用图 1-1 表示。因为 36 种组合里每个和出现的可能性相同，所以这个直方图可以用来预测每个和出现的相对概率。利用该模型，可以预测出掷多次以后两个骰子的点数之和的均值会是 7。

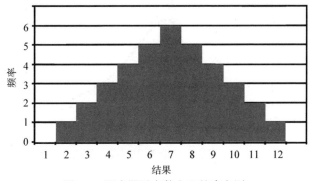

图 1-1 两个骰子点数之和的直方图

通过多次掷骰子收集经验数据的方式通常近似于理论的直方图。但因为事件是随机的，所以极有可能掷骰子的实验值无法与理论值精准匹配。尽管如此，通过大量取样（掷 100 次甚至更多）得到的点数之和的均值会很接近预期的均值 7，直方图的图形也会与预期的理论分布值相似。宏观风险分析关注的就是那个均值 7，而赌场里"the house"设计的骰子游戏也正是利用了这个发现。另外，微观风险关注的是可能的结果的范围，对赌场的访客进行分析：他们可能只玩一次；对他们来说，重要的是单一事件的风险，即下一次掷骰子的结果。

宏观风险的管理适用于那些有大量项目正在执行的企业。但对某个项目的领导者来说，他面对的是单一项目。企业或项目组合的风险管理主要关注宏观风险（详见第 13 章）。单一项目的风险管理则主要关注微观风险，这一点也将是本书讲述的主要内容。

◢▀ 宏观风险管理

在保险和金融业的文献里，对风险的描述及分析是利用统计工具进行的：数据收集、取样和分析。收集和汇总大量个体样本作为总体，计算损失和可能性的统计值。虽然其中的个体案例可能差异很大，但随着时间的推移，损失×可能性的均值会趋于可预测且稳定。收集大量不同层级的损失数据，使用分布和直方图表征，类似于图 1-2。对每个选定值域内的"损失"后果进行计数，把该值域内观察的数值绘制成图，以显示总体数据的直方图。

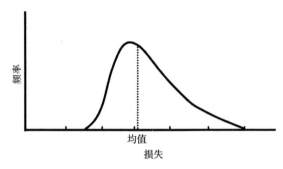

图 1-2　总体数据的直方图

人们使用不同的统计数据和方法进行研究，但数据均值是判断风险的主要依据。均值代表了典型的损失——全部损失除以数据点数的和。不确定性，或者说数据在均值左右浮动的范围，有一定影响，但对大多数决策来说，均值可以充分代表数据的情况。

在这些领域，风险的管理更多在宏观上，用大数据来预测均值。这个信息可以用来设定贷款的利率、投保的保险金和股票组合投资的预期值。因为存在大量的贷款、保险金及投资，整体的预期依据平均结果，所以极端值的大小不那么重要，只要平均结果依然和业务目标一致。风险管理允许高、低值互相平衡，从而提供稳定的、可预计的结果。

在项目组合和企业层面上，做宏观的项目风险管理是有用的。如果把所有项目一起看，项目表现基本依赖"平均"项目。有些项目会失败，另一些则可能取得惊人的成功，但总体表现才是决定业务底线的关键。第 13 章描述了这些不同层面的风险管理，以及项目组合和企业层面风险管理与单一项目风险管理的关系。

微观风险管理

即使在用大数据来管理风险的领域，被动测量的方法也从来不是工作的全部。研究均值是必要的，但不够充分。管理风险还包括采取行动去影响结果。

在赌博的世界里，赌场赌桌的两边坐满了风险"学生"，好的起点是从了解每个游戏的赔率开始。玩家和赌场双方都知道，谁能改变赔率，谁就会更成功。赌场的轮盘赌游戏通过在轮盘上增加零位但不计算收益改变了赔率。在赌场的卡片游戏中，如 21 点，赌场老板会雇用发牌人，因为他深知发牌人有统计值上的优势。在 21 点游戏中，玩家也能够通过盯牌和算牌来改变赔率，但庄家通过在每次牌局频繁洗牌和禁止从用过的卡片柜中抽取卡片来降低改变赔率的可能性。在机会博弈中，还有更高效的方法来改变赔率，但大多数并不合法，如洗牌作弊和使用特殊骰子的手段就被禁止。幸运的是，在项目的风险管理中，改变赔率不仅完全合理，还是一个极好的想法。

从小的方面说，管理风险要分别考虑每种情况——一个组合中的每笔投资、每笔单独的银行贷款、每项保险的政策，以及在考虑项目的情形时，目前项目所面临的每个可能的问题。在所有这些情况下，规则和标准被用来最小化个体与均值间可能的大的差异，人们采取行动来推动预期的结果产生。

筛选标准用在银行，是为了避免给那些有不良信用风险的借款人发放贷款（由于偏离了政策和提供所谓的次级抵押贷款而使这些标准没有被执行，这也是引起 2008 年灾难性的全球经济衰退的主要原因）。保险公司要么提高保险价格，要么拒绝将保险卖给那些按统计值计算更有可能提出索赔的人。保险公司也采取策略来减少事件发生的频率或严重程度，如汽车安全活动。共同基金管理者则致力于影响基金持有股票的公司的董事会。所有这些策略都是为了改变赔率——从小的方面来说，积极地管理风险。

项目的风险管理与这些例子几乎完全类似，侧重于每个项目的各个方面。在整体业务层面上全面筛选项目，试图选出最好的机会。好的风险管理是能筛选出和终止（或完全避免）最终会失败的项目。当然，如果事情只是这样，就容易了。正如 David Packard 多年前所写的，"惠普公司的一半项目都是在浪费时间和金钱。如果我知道是哪一半，我会取消它们的"。项目风险管理——微观风险管理——致力于提高每个项目成功的机会。项目的领导者缺乏大量数据，只有项目和项目的结果。在大多数其他领域里，风险管理主要关注的是大量独立事件的均值。然而，对于项目风险管理，通常最重要的是可预测性——管理项目预期结果的变化。

对一个特定的项目，你永远不可能预先知道其确切的结果是什么，但通过回顾以前的工作和项目规划所用的数据，你能提高对预期的潜在结果的预测准确性。通过分析和规划，你可以更好地理解赔率，并通过采取行动来改变它们。单一项目风险管理的目标是建立一个与业务目标相一致的可靠的计划，然后将可能的结果的范围最小化，特别是不利的结果。

一种类型的项目"损失"可以用时间来测量。图 1-3 的直方图用图形比较两个类似项目的预期工期。这些值与图 1-2 中显示的不同。图 1-2 的值源于大量实际历史案例的经验数据。图 1-3 中的值则基于每个项目的假设和数据对这两个项目可能发生情况的预测。这些直方图是预测性的，并需要假设该项目要执行很多次，而且每次有不同的结果。在第 9 章中将探讨如何定义项目的这种风险表征。目前，先假设两个项目的预期工期如图 1-3 中两条曲线所显示的那样。

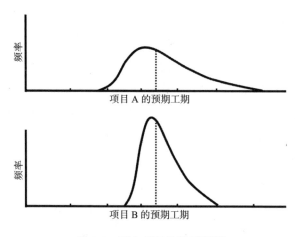

图 1-3 两个项目的结果预测

这两个项目的平均（或均值）工期是相同的，但项目 A 的预期工期要长得多。项目 B 的预期工期更短（统计方差或标准偏差），因此它更可能在预计的工期内完成。项目 A 的预期工期长，代表风险大，但并不排除项目 A 的实际工期比项目 B 的预期工期还要短，不过这种可能性很小。项目风险随不确定性的增加而增加，既有反向的也有正向的。

　　和所有其他领域的风险管理一样，项目风险管理使用风险的两个基本参数——可能性和损失。可能性就是通常意义上的概率，有几种方法可以估算项目事件的可能性（通常通过猜测得到，所以它不会很精确）。项目的损失通常被称为影响，是项目的风险发生以后的结果。影响通常用时间（如图 1-3 中的例子所示）或成本来测量，尤其在进行定量风险评估时。其他风险影响包括工作量的增加，与规定的可交付物需求相关的问题，以及其他很多不易测量的、定性的结果，如团队生产力、冲突、对其他项目或其他运营的影响。第 7 章中将对此详细讨论。

　　管理项目风险，项目团队要理解项目变化的原因，并且尽可能地努力让威胁最小化和机会最大化。因为项目不可能被重复执行足够的次数以提供像图 1-3 所示的分布数据，所以经验数据和项目风险分析在很大程度上依赖预测和范围估算。

机会和风险

　　人们讨论"风险"的时候常常提到"机会"。风险和机会是两个复杂的主题，而且是相互关联的。在项目中，机会至少有三种类型。第一种与如何选择技术规范和预期项目可交付物的内容有关。第二种与计划和执行工作中所要做的决策有关，常常涉及"权衡"（trade-offs）。第三种与项目活动的不确定性有关，活动结果可能对项目有帮助，也可能正相反（类似图 1-3 的工期估算）。上述三种机会都与风险相关，本书将对每种都进行较详细的讲述。

　　在大部分情形下，项目风险管理对第一种机会类型是必要的。因为项目具有唯一性，所以预期的可交付物不可避免地会存在未知性。大部分项目在做计划时会基于一个假设：项目产出的价值将远远超过成本。有时候有充分的理由接受关于绩效、截止日期、预算和其他项目参数的初始假设。但大多数情况下，初始假设更多的是一种愿望,而不是基于可靠的分析方法得出的结论。这样做的后果之一是把风险与一般意义上的项目回报紧密关联起来。高回报通常意味着高风险,期望从项目得到的回报越多,在获得回报的过程中可能遇到的问题就越多。这种类型的机会与项目目标和制约因素的选择有关。在选择所谓"可伸展"的目标时,目标越激进,风险越大,项目实现目标的可能性越小。第3~5章将讲述如何识别与项目制约因素和目标选择有关的风险。

第二种机会类型依然与选择有关,但这次针对的是规划中的工作。人们发现,大多数项目没有实现原始计划中的时间、成本或其他既定目标。为了实现期望的目标,项目领导者努力优化工作流程,寻找替代方法如压缩计划、节省费用,或者使用其他权衡方法来更好地满足项目关键干系人的要求。即便找到了满足某个关键制约(如一个非常激进的项目完成日期)的方法,这种改变也常常涉及权衡(如增加成本或缩小项目范围)、风险增加,以及新的项目失败模式。在第6章中将讲述如何分析这些由于管理项目的制约因素而造成的风险。

第三种机会类型与不确定性有关,这些不确定性对项目有益,与规划的项目活动有关。如何管理这些不确定性成为项目风险管理的核心,因为大多数项目开始时都制定了激进的目标,而执行中的不确定性则有可能导致与目标相反的结果(在制定项目基线时往往考虑"最好情况",而不是考虑所有的不确定性)。无论如何,一个项目中至少会有一些"有益"的不确定性。在第6章中将讲述如何发现这类"积极的风险",而如何管理它们的技巧则在第8章中讲述。

项目风险管理的好处

是否有可能管理风险?其实问这个很基本的问题并没有太大意义,因为不管我们如何做,不确定性都是项目工作所固有的特性。如果我们所说的"管理风险"是指完全消除项目的所有风险和不确定性,这是不可能的;但如果是指了解重大风险的来源并采取谨慎的措施(如本章之前概述的策略,而且贯穿本书的后半部分)来减少失败和增加项目成功的机会,那我们就可以管理风险。

因为我们管理风险的能力充其量只是部分奏效,所以问出第二个问题也是合理的：我们应该设法管理风险吗？正如做任何商业决策一样，答案也是要考虑成本和收益。制订项目计划时做全面风险分析毫无疑问需要工作量，许多项目干系人甚至一些项目负责人都认为这似乎是不必要的项目开支。然而项目风险管理的确带来许多好处，特别是对于复杂的项目，其价值通常远远超过成本。随后将总结项目风险管理的好处，并在后续内容中详述每一点。后面的段落也会具体讲述项目风险管理的成本。

◢ 更低的成本和更少的混乱

充分的风险分析既降低了整体成本，也减少了问题引起的挫折感，减少了返工和不可预见的项目后期的工作量。了解潜在的、严重的项目问题的根本原因，可以使项目负责人和团队在工作中尽量避免这些问题。解决风险的根源也能最大限度地减少在执行过程中出现的项目"救火"和项目混乱——这些大都关注的是短期及表象，而不是内在的根本问题。

◢ 项目合理性

执行项目风险管理主要是为了增加项目实现目标的机会。虽然不能完全保证成功，但对常见失败模式的更广泛的认知和使项目更健康的想法都能显著提高项目成功的概率。高效的项目风险管理要么为一个指定的项目提供可靠的依据以表明其是可行的，要么就表明该项目是不可行的且应该被取消、中止或至少要被修改。风险分析也能发现改进项目和增加项目价值的机会。

◢ 项目优先级和管理者的支持

当项目具备完整的、可理解的信息时，管理团队和其他项目干系人的支持及项目团队的承诺更有助于项目的成功。高风险项目或许在开始时优先级较低，这与预期的项目完成时的高收益不匹配（要知道高风险经常伴随着高收益）。你可以通过证明项目的价值来提高其优先级，也可以通过制订一个完整的风险计划表明你有能力也准备好处理可能的问题来提高项目优先级。当你成功地提高了项目优先级时，项目风险也会通过开放、减少障碍、获得所需资源、缩短服务队列等的实现而显著降低。

项目组合管理

对于一个组织来说，要完成和维持一组合适的项目组合取决于风险数据。理想的项目组合应按比例包括与业务目标相一致的低风险和高风险（和收益）项目。项目组合管理的过程及其与项目风险的关系在第 13 章阐述。

调整计划以降低风险

风险分析能发现项目计划中的不足，并触发能降低项目风险的变更、新的活动和资源的调整。在项目层面的风险分析也能发现整体项目结构或基本假设所需要的变化。

建立项目储备

风险分析论证项目结果的不确定性，有助于调整进度和/或资源的储备。对于有风险的项目，更适合定义一个时间（或预算）窗口，而不是一个单点目标。可以根据预期的估算设定项目目标（"最有可能"的计划），但对于高风险的项目，则最好只承诺不太激进的、能反映风险的目标。项目目标及承诺为可接受的项目结果设定了范围，并清楚地沟通不确定性。例如，一个高风险项目设定的目标进度也许是 12 个月，但考虑到潜在的问题后，所承诺的进度或许就会变成 14 个月。在该时间范围内（或提前）完成就是一个成功的项目；仅当项目超过 14 个月完成时，才会被视为失败。项目风险评估数据提供了项目储备的理论基础和量级。有关这方面的更多信息请参阅第 10 章。

项目沟通和控制

一个切实可行的计划会让项目沟通更为高效。风险评估帮助项目团队建立项目风险意识，显示出什么时候、在哪里可能有问题，以及问题的严重程度；同时提醒团队在工作时尽可能地避免让项目陷入困境。在与项目发起人的谈判中，风险数据也很有用。可能性和潜在问题的影响等信息可以使项目负责人在定义目标、确定预算、获得项目成员、设置完成期限和协商项目变更时能施加更多的影响。

项目风险管理的成本

项目风险管理潜在的好处有很多，但也要付出成本。管理风险需要工作，这就意味着需要时间和精力（成本）的投入。对项目风险管理来说，高效地执行、渐进地投入会更适用。最好把风险识别作为整体规划的一部分工作，在识别的过程中，每当遇到一个未知的、可能的最坏情况或其他潜在的问题时，就将此作为风险放入列表。不必花很多精力在风险分析上，特别是如果已经构建了很好且容易执行的流程时。应对关键风险通常不需要大量的额外工作，事实上这些工作大部分都可以归类为"一个项目负责人所做的工作"。（当你未能充分地准备并管理出现的风险时，你受到的批评通常集中在你的整体能力上，而不是你作为风险经理的专业知识上。）

确定工作量的多少是必要的，除此之外，还要判断采用哪些具体的风险管理策略，以及在更深入的分析和预期的额外收益之间寻找平衡。在第 2 章中，你会找到一些方法来帮助你判断是否需要增加对流程的使用和提升流程的成熟度。

项目风险管理的过程

本书的整体结构和《PMBOK®指南》的信息是相对应的。《PMBOK®指南》被广泛用于项目管理流程和原则的综合说明。《PMBOK®指南》（第 6 版）有十大项目管理领域：

- 项目整合管理。
- 项目范围管理。
- 项目时间管理。
- 项目成本管理。
- 项目质量管理。

- 项目人力资源管理。

- 项目沟通管理。

- 项目风险管理。

- 项目采购管理。

- 项目干系人管理。

在这些领域中,项目风险管理是本书的核心,但所有十个领域都是紧密关联的。《PMBOK®指南》(第 7 版)有八大绩效域,其中不确定性也是核心绩效域之一:

- 干系人。

- 团队。

- 开发方法和生命周期。

- 规划。

- 项目工作。

- 交付。

- 测量。

- 不确定性。

《PMBOK®指南》中包含五大过程组:启动、规划、执行、监控和收尾。《PMBOK®指南》中五大过程组的相关性如图 1-4 所示。项目风险管理的六个主题包含在其中的两个过程组中:规划和监控。

在本书中,六个主题中的第一个——规划风险管理会在第 2 章中讨论,这章也探讨了项目启动和项目风险管理之间的关系。识别风险将在第 3 ~ 6 章中讲述,包括范围风险、进度风险、资源风险和管理项目的制约因素。本书中项目风险的分析和管理,先讲的是微观层级,然后才是作为一个项目整体。(这与《PMBOK®指南》不同,《PMBOK®指南》只是浅显地讲了项目层面的风险)。接下来的两个主题——执行定性风险分析和执行定量风险分析都与风险评估有关。风险评估分两层讲述:第 7 章的活动风险和第 9 章的项目风险。规划风险响应也讨论了两次:第 8 章是针对项目活动的,第 10 章则是针对整个项目的。控制风险是第 11 章的主题。风险管理和项目收尾流程之间的关系则在第 12 章中讲解。

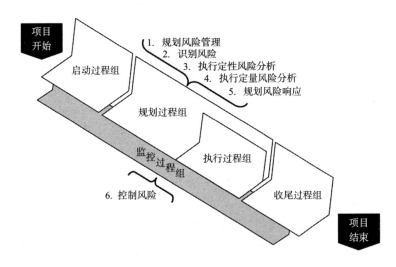

图 1-4 《PMBOK®指南》中五大过程组的相关性

在《PMBOK®指南》一书中，大部分内容与项目的规划有关，但本书的内容超越了《PMBOK®指南》的覆盖范围，重点站在从业人员的立场上看高效的风险管理怎么做，着重强调了那些实用也易于被复杂项目采用的理念和工具。本书也包含《PMBOK®指南》中所有风险管理的主题，可供那些准备使用该书复习去参加 PMP®认证、RMP®认证或其他认证考试的人员使用。

一个失败项目的剖析：第一个巴拿马运河项目

风险管理从来都不是只往前看。吸取所有类型项目的教训，甚至是一些很久以前的案例，都可以帮助你在新项目上避免问题。有一个案例可以说明人们长期以来一直在犯类似的错误，那就是法国最初建造巴拿马运河的项目。尽管这个项目已经过去很久了，但其中的许多教训对今天的风险管理依然具有参考价值。

大约 100 年前，巴拿马运河的建造面临前所未有的技术挑战，而且在当时是风险巨大的高科技项目，没有相同规模的早期项目可以借鉴，许多工程都需要广泛的创新。对它所处的时代来说，造价惊人的高昂。截至 20 世纪末，巴拿马运河的投资是全球单一项目中最高的。其建造工作延续了几十年，需要一系列项目负责人，并提供了丰富的项目管理实例，既有积极的，也有灾难性的（本书援引的例子来自多个来源，但迄今为止最好的一个来源是 *The Path Between the Seas: The Creation of the Panama Canal, 1870 - 1914*，由 David McCullough 创作）。

巴拿马运河的故事，实际上是跨越 20 世纪初现代项目管理出现阶段的两个项目的故事，所以特别富有教育意义。第一个项目失败的原因有很多，但缺乏良好的项目风险管理是很大一部分原因。第二个项目的成功很大程度上是因为严格地遵循了良好的项目实践。巴拿马运河项目证明了本书中的很多要点，并展示了同样适用于当前项目的那些重要的概念。

首先，成功的项目管理实践并不是新事物。它们是成熟的，而且已经有效运用了一个多世纪。现代项目管理是 19 世纪末发展起来的，用来处理那个时代在世界各地日益增加的土木工程项目——桥梁、横贯大陆的铁路、水坝和其他大量利用机器时代技术的大型项目。从早期项目获得的很多基本的经验教训，依然可以有效地应用于你今天的高科技项目。

其次，尽管用来管理项目的工具已经得到显著发展，但基本原则几乎没有改变。Henry Gantt 开发了以他的名字命名的图，为许多项目的规划做出了贡献。他用直尺和刻度尺完成了这一切。在他的一生中，他甚至一次都没有使用过 Microsoft Project 软件。使用最新的工具可能对你的项目有帮助，也可能没有帮助，但理解为什么管理工具是重要的，以及如何最好地使用它们，将会使你永远受益。

最后，系统化地使用好的方法有助于所有类型项目的成功交付。所有项目从根本上都要靠人来完成，而今天的人类与数百甚至数千年前相比并没有太大的不同。要激励人们并提高项目团队的绩效，你可以看看以前的项目是怎么做的，因为总体来说，策略仍然有效。

巴拿马运河的建造并不是一个不可行的项目，毕竟它最终还是完成了。然而，在工程之初却无法这么说。第一个运河项目开始于 19 世纪末期，曾出现了大量风险。在项目管理上几乎可以忽略不计的很少投入，极大地影响了一开始的决策，而且直接带来了后续的主要项目问题和最终的失败。

虽然有猜测说更早，但对这条位于中美洲的运河的第一次认真勘查是在

19 世纪中叶。根据当时的估算，这条运河每年将节省 4 800 万美元航运费，而建造成本不到 1 亿美元。尽管进一步的现场调研并不乐观，但在 1850 年，一条横贯巴拿马地峡的铁路还是开工了。虽然铁路最终建设完成，但这个预算 150 万美元、为期两年的项目在最终完成前花费就增至 800 万美元，且逾期 3 年，在 1855 年才完成。虽然在缓慢起步运营之后，铁路被证明在财务上是成功的，但其施工的问题为即将建造的运河埋下了隐患。

几年以后，在世界的另一侧，苏伊士运河建成并在 1869 年通航。这个项目的发起人和领导者是来自巴黎的 Ferdinand de Lesseps。这个项目的成功为他赢得了"伟大的工程师"称号，实际上他只是一位经过培训的外交官，根本不是一位工程师。他没有技术背景，而且作为管理者的技能也不是很强。然而在完成了一个许多人都认为是不可能的项目之后，他世界闻名。苏伊士运河项目在财务上也非常成功，因而 de Lesseps 和他的支持者们都渴望去接受新的挑战。

通过研究世界地图，de Lesseps 决定了他的下一次辉煌是在巴拿马的一条运河！因此在 19 世纪 70 年代末，一家法国财团和哥伦比亚共和国通过谈判缔结了合约（巴拿马地峡位于当时哥伦比亚共和国的最北部）。他们被授权开凿和经营运河，作为交换，运河通航后，哥伦比亚政府每年可从经营运河的收益中按小比例提成，为期 99 年。

尽管在今天看起来似乎很奇怪，因为这些运河建设项目到目前为止都发源于法国，但在 19 世纪后期，巴黎的确是全球的工程中心。世界上最好的学校在那儿，那个时代的许多工程巨头都生活在巴黎，包括 Gustav Eiffel（代表作埃菲尔铁塔）。如此复杂的工程项目很难在其他地方出现。

确定巴拿马项目过程的开端很不错。1879 年，de Lesseps 组织了一个国际会议，研究用运河连接大西洋和太平洋，贯穿中美洲的可行性。来自多个国家的 100 多名代表聚集在巴黎开会，虽然大部分代表是法国人。在考虑了很多条航线后，穿过尼加拉瓜地峡和巴拿马地峡的运河都被推选为可能的开凿路线。而建造方案，包括水闸和大坝的概念（有些类似于最终建成的运河）也被提出。最终，尽管几乎所有的工程师都认为这个想法不可行，并投票反对，但大会还是投票支持了在巴拿马地峡的海平面式运河项目。不听取技术人员的想法去启动一个项目是很危险的。巴拿马运河不是第一个也不是最后一个面对技术投入不足导致自身问题的项目。

项目规划的优先级也不高。de Lesseps 很少关心技术问题。他相信需求会导致创新，就像苏伊士运河一样，且未来能自然发展。他看重自己的观点，忽略了那些与他意见不同的观点，甚至被公认为权威的观点。作为一个顽固的乐观主义者，由于自信，他坚信自己不可能失败。这些态度都不利于良好的风险管理。对一个项目来说，没有比有个过于乐观的项目负责人更危险的事情了。他主要的风险管理策略似乎就是一直期待着最好。

de Lesseps 为他的法国洋际运河公司设定的伟大目标是用 12 年建成一条海平面式运河，在 1892 年通航。他通过公开募股从投资者手中募集到 6 000 万美元——虽然很多，但还不到超过 2 亿美元的初始工程估算成本的 1/3。除了资金短缺，在工作实际开始之前，他几乎没有制订详细的施工计划，而且大部分计划还是在 1879 年的巴黎会议上完成的。甚至 de Lesseps 在访问巴拿马和纽约寻求项目支持时，都没有聘请技术专家。

最终，工程师们到了巴拿马，在 1882 年开始动工开凿巴拿马运河。很快，所需挖掘量的估算上升到了 1.2 亿立方米，几乎 3 倍于在 1879 年做决定时所参照的估算。但 de Lesseps 并没有随着工作量增加改变他的成本估算或完工日期。

项目风险管理一开始做得不够充分，在执行的早期阶段有些微改进。很多问题显现出来。巴拿马地处热带，当年多次暴雨造成的洪水妨碍了在该地区的挖掘工作，施工也变得很危险。频繁的降雨使巴拿马的黏土变成了流动的、黏糊糊的泥浆，进而阻碍了施工，而热带潮湿的含盐分的空气和黏稠的泥浆一起毁坏了所有施工机械。还有一个问题是海拔高度。按照北美洲或南美洲的标准，巴拿马的大陆分水岭并不高，但它实际高出海平面 130 多米。因为运河要穿越中美洲，所以需要挖一条超过 15 千米长、130 米深的沟，开挖量前所未有。余下的 80 千米的挖掘要穿过峡谷，令人生畏。

项目所需的资金不足也是一个问题，因为 de Lesseps 募集到的资金只有一部分被用于施工建设（大部分的钱被用作宣传，其中一份影响最大的周刊《运河通报》就被用来吸引眼球和获取赞助）。最严重问题的是疾病，特别是疟疾和黄热病，对很多非热带地区出生的工人来说，这两种疾病是致命的，有成百上千名工人死亡。随着工程的进行，原来就对此持怀疑态度的工程师越来越坚信开挖一条海平式运河的计划注定要失败。

靠着项目极高的关注度和源源不断的新工人的加入，工程得以继续，而且《运河通报》对外报道说进展良好（不管实际发生了什么）。然而随着项目的不断进展，变化出现了。在项目进行了几年时，1885 年，成本估算终于增加了，投资者注入了新的资金，4 倍于当初的项目预算，增至 2.4 亿美元。预期的运河开航日被推迟到"某个时候"，但没给出具体日期。当时对外公开宣称运河已经开凿了一半，但真相应该是只开凿了接近 15%。有关这个项目的信息远无法让人信任。

到了 1887 年，成本估算再次被修改，增加到超过 3.3 亿美元。额外的资金都是借来的，因为 de Lesseps 找不到新的投资者了。在几年的奋斗和挫折之后，工程师们终于赢得了海平面式运河建设之争的胜利。计划改变为在每处海岸附近的河上建造水坝，围造出一个巨大的人工湖来承载大部分交通运输。需要几套水闸先将船只升高送进人工湖，再使其下降离开人工湖。虽然这在某种程度上会减缓船只的运送速度，但它大大减少了挖掘工作量。

即使有了这些变化，问题仍在继续。至 1889 年，项目需要更多的变更，甚至更多的资金。在多次筹资失败后，de Lesseps 清算了法国洋际运河公司并终止了项目。这一崩盘让所有投资者的投资打了水漂。至 1892 年，丑闻猖獗，到处都是坏消息和指责的声音。很快，法国的律师和法院就忙着处理该项目的善后事宜了。

法国似乎并没有做一个正式的项目回顾分析，但回顾项目十多年的工作，可以直接看到的是，花费超过 3 亿美元，进行了大量的挖掘，但没有建成运河。经过几年的施工，工地破败而混乱。这个项目的成本还包括至少 2 万人丧生（很多来到巴拿马的工人在来后不久就死亡了，以至于他们的死亡都未被记录下来；一些对死亡人数的估计高达 2.5 万人）。作为这个项目失败的直接结果，当时的法国政府在 1892 年倒台，结束了一个历史上最混乱、失败代价最高的项目。

项目领导者在灾难之后的情形也很糟糕。Ferdinand de Lesseps 不懂技术，盲目相信设备和药品在需要时就一定会有。他的报告一直夸大了进展（没有经过分析，甚至是欺骗，也缺乏清楚的记录来说明情况）。此后不久，他在贫困中颓废而死。如果他从来没在巴拿马做过项目，他就会被铭记为修建苏伊士运河的英雄。现在，他的名字主要与巴拿马运河的失败联系在了一起。

项目也有一个积极的结果，那就是清楚地表明因为下雨、洪水、地质和其他挑战等，在巴拿马建造海平面式运河几乎是不可能的。即使在今天的技术条件下，这些问题也依然存在。

尽管在19世纪80年代人们不可能知道是否能在巴拿马地峡建造运河，但当时广泛存在的较好的项目和风险管理实践会有很大的帮助。设定一个更合理的初始目标，或者至少能及时修改的目标，将提高项目成功的可能性。诚实而频繁地沟通——一个运行良好的项目的基础——几乎可以肯定能够强制做出这些变化或据此提早放弃项目，从而拯救成千上万人的生命和节省大量的金钱。

第 2 章

规划风险管理

见微知著。

——Yogz Berra

风险规划需要集中注意力。当我们不认真关注时，项目就会失败。

有多少项目会失败呢？经常被引用的一个统计结果是 75%。这个结论来自 1994 年美国一家研究公司 Standish 集团所做的一项研究，并记载于"混沌报告"。我们有理由怀疑这个数字。如果 4 个项目里有 3 个是失败的，那么就不应有那么多项目存在了。Standish 集团在其研究中发现，抽样项目的 1/4 在交付结果之前就被取消了。此外，大概一半的项目是"缺陷"型项目，即虽然完成了可交付物，但是有延期或超支，或者两者兼而有之。其他 1/4 项目则被视为成功完成。

虽然多年来 Standish 集团已经做了进一步研究而且得到了类似结果，但是实际项目的情况可能并不是如此糟糕。Standish 集团只研究了预算多于 200 万美元的大型 IT 项目。此外，调查信息不是来自项目负责人，而是来自项目所在组织的高管报告。大项目更容易失败，特别是在 1994 年，200 万美元的项目都是大型 IT 项目。这些数据源也引发了一个问题，那就是比较的对象是什么。这些项目已经陷入麻烦，还是从一开始就由于不现实的期望造成先天不足？然而，不管失败项目的真实数量是多少，还是有太多的项目并不必然会失败，如果采用更好的风险管理机制，应该能对此有所帮助。

尽管有不能预见的所谓"上帝之手"给某些项目带来厄运，但是大多数失败产生于下列三个原因之一：

- 不可能实现。
- 约束条件过多（在 Standish 集团模型中，称为有"缺陷"）。
- 没有被恰当地管理。

一个项目，当其目标超出目前的技术能力时，是不可能完成的，如"设计一台反重力装置"。或者虽然技术上完全可能，但是时间不够或资源不具备，如"由两个非全职的大学生，用两周时间重写公司所有财务软件，以便软件能使用不同的数据库软件包"。这就是约束条件过多的项目。遗憾的是，有些项目即使有了可行的可交付物，以及合理的时间和合理的对预算的期望值，还是会失败。这是糟糕的项目管理造成的，简言之，就是没有花工夫、动脑筋去产生有用的结果。

风险和项目规划能使你区分并应对上述三种情况。对于那些按照目前能力显然不能实现的项目，规划和其他分析数据通常会提供足够的信息以确定是否终止项目或至少能修改项目目标（如购买一架直升机，而不是自己做一台反重力装置）。第 3 章将通过识别项目范围风险来讨论这些情况。当项目有不切实际的进度、资源及其他约束条件时，风险和规划数据会提供令人信服的依据辅助你进行项目谈判，以达到更加合理的目标（或者某些情况下对于一个实际项目得出结论：缺乏足够的商业理由去交付这样的项目）。第 4～6 章对于进度、资源和其他方面进行风险识别，并针对约束条件过多的项目具有的普遍问题进行讨论。第 10 章将讲述如何通过针对合理项目基线的谈判来应对"缺陷"型项目。

第三种情况，一个有希望成功的项目由于错误的执行而失败，应该是完全可以避免的。通过对项目的足够关注和风险规划，这些项目是可以成功的。经过充分计划的项目可以快速启动，限制效率低下的混乱，而且会使返工和缺陷最小化，使人们能够保持繁忙的交付工作，这将有效推动项目进展。对项目进行扎实的分析，也会暴露出可能导致项目失败的问题，并为项目团队迅速解决问题做好准备。除了使项目执行更加有效，风险规划也提供更快的洞察和更好的项目决策。对于前两种项目，需要变更才能取得成功。第三种项目则只能依赖你和你的项目团队去应用本书中介绍的项目管理概念。本书的后半部分（第7～13 章）将专门讲述这类项目。

项目选择

即使在项目形成之前，项目风险也是一个重要的因素。项目的启动是一个组织为了某些创新或改变而做出的商业决策的结果。项目在当今组织中占了总体工作的一大部分。在任何时间，都会有很多更具吸引力的项目，但是缺乏相应的资金或足够的人员。对于处于萌芽期的项目的假设可能是不切实际的，这加剧了项目面对的挑战。项目选择流程既造成项目风险，又依赖项目风险分析，所以项目选择流程和项目管理流程是紧密相连的。选择和保持合适的项目清单需要项目组合管理。项目选择在很多方面影响项目风险，糟糕的项目组合管理会加剧一些常见的项目风险：

- 对项目结果和收益过分乐观。
- 太多的项目争夺有限的资源。
- 项目的优先级偏离了总体战略。
- 项目资金不足。
- 项目截止日期不切实际。
- 对组织能力的估计过于乐观。

项目风险管理数据也是项目选择流程的一个关键输入。项目组合管理把项目风险评估作为关键选择标准，依此标准在任何指定时间内决定将哪个项目列入计划。对于候选项目，如果没有高质量的风险数据和可信的估算，则会造成项目数量过多和很多不切实际的要求，这会导致很多项目失败。第 13 章将详细探讨项目组合风险管理。

项目总体规划流程

对于所有项目而言，项目选择流程是风险的主要来源，但总体项目管理方法带来的风险甚至更严重。当组织中进行的项目缺乏足够的项目管理流程时，风险将是未知的，而且可能非常高。如果没有对项目进行足够的分析，则没有人能说清什么是项目"进展顺利"，因而不可能识别和管理风险，项目可能会出现麻烦。项目管理流程提供你所需要的"放大镜"去检查项目，以发现可能的失败模式。

定期对管理项目所采用的总体方法和流程进行审查是好的风险管理的必要基础。如果在组织内部有足够的项目信息和控制，而且多数项目是成功的，那么说明流程运行良好。然而，对于很多高科技项目来说，事实并非如此，管理项目工作的方法太随意，而且缺乏适当的结构。选择哪个流程并不重要，重要的是你正在使用一个流程。如果选用复杂和正式的流程，则对应的是重量级的项目管理工作。如果选用敏捷的流程，则对应的是轻量级的项目管理工作。自适应的方法论也可以满足你的需求。风险管理的重要需求是采用一套有效的项目管理流程。

太多的现代项目对于规划都采取漠视甚至敌视的态度。这种情况有很多原因，而且来自组织内部的不同层级。在项目层级，其他工作可能有更高优先级，或者规划被认为是在浪费时间。在项目层级之上，项目管理流程可能会产生不必要的开销，或者这些流程被项目团队认为剥夺了他们用以赢得和经理层争论的一些依据。无论使用哪种方法，没有规划，也就几乎没有风险管理。如果没有基本的规划，项目的大多数潜在问题和失败模式将不会被发现。

下面几页将针对项目流程的投入给出支持立场，如果你或你的管理层认为有需要，可以读一读。如果在你的组织中，项目规划和相关的管理流程已经合乎需要，请跳过这几页。

▰ 在项目层级

项目负责人会经常找出许多原因以躲避做项目规划。有些项目没有进行认真仔细的规划是因为变更非常频繁，以致看上去规划似乎是徒劳的。相当多的负责人知道项目管理方法是有益的，但时间有限，他们觉得他们必须做的只是"真正的工作"。越来越常见的原因是，大家认为在互联网时代，思考和规划是不再负担得起的奢侈品。对上述这些说法的响应如下。

不可避免的项目变更不是不做规划的理由。事实上，频繁的项目变更是最具破坏性的风险因素之一，管理这类风险需要良好的项目信息。如果项目团队有可信赖的规划数据，则可以抵制不适当的变更，可以利用项目规划论证变更的后果，以此拒绝或推迟变更。当变更必要时，通过修改现有的规划继续工作比重新开始会更加容易。此外，很多高科技项目的变更是错误的项目假设造成的结果，这些假设源于不充分或不完整的项目规划。更好的理解会带来对于项目可交付物的更清晰的定义和更少的变更理由。

规划需要时间也不是拒绝项目管理流程的一个合理的理由。尽管没有项目有足够的时间，然而让人不能理解的是没有时间去做规划。任何项目的所有工作必须规划好。可以选择在项目早期或定期完成主要规划，或者贯穿项目期间去识别每天要做的工作。这必须通过必要的分析来做出最终选择。如果选择用一种专门的方法，则此方法需要相当的工作量，而且会带来一系列问题。首先，如果没有一个有意义的指标，跟踪项目进展充其量只是猜测。其次，大多数项目风险，即使容易识别的风险，也会在其发生时让人们感觉很意外。越早、越全面的规划还会提供其他好处，人们宁愿提前而不是滞后地掌握项目信息。因此，当效果如此明显时，为什么不在规划上投入呢？

关于互联网时代的说法也是不可接受的。必须尽快执行的项目需要实施更多而不是更少的项目规划工作。交付具有价值的项目成果需要有序地排列项目工作，并确保需实施的项目活动具有真正的必要性及高优先级。在需要快速完成的项目中，并没有返工、纠正大量缺陷或实施不必要的活动所需的时间。特别对于时间约束型项目来说，项目规划是一项非常重要的真正的工作。

▪ 在项目层级之上

人们通常基于项目将产出的价值这一假设来实施项目，但通常情况下极少考虑项目所需的流程类型及数量。特别是在高科技环境中，几乎没有任何项目管理是强制性的，并且通常情况下甚至不鼓励实施项目管理。

如果你所处的组织中当前仅具有少量项目管理标准及实践方法，则改善该状况将使你所处的组织获益。你可以通过两种方法完成该改善进程。其中最佳方案是说服管理人员及其他干系人，采用更正式的项目定义、规划和跟踪将会给业务带来总体价值。如果该方案成功，所有项目都将因此受益。如果该方案未能成功，则可采用第二种方案，即仅在你当前的项目中采用更正式的项目体系。你可能需要秘密采取该方案，以避免出现诸如"为何要浪费时间制订项目计划？为何你不从事实质性工作"等批评和非议。

在费用及开支处于严格控制状态的组织中，你可能很难说服管理人员采用更为正式的项目体系。构建正式的项目体系需要花费大量时间，并需要适当的指标及示例，你可能发现部分高层管理人员即便面对可靠的数据，依然极不愿意建立正式的项目体系。尽管如此，建立正式的项目体系仍可带来实质性的益处，因此你值得尝试建立该体系。随着时间的推移，做任何你能做的，为有效项目流程提供支持，都将有助于项目的实施。

如果你拥有一些可靠的本地数据，可证明项目管理的价值或与项目管理不足相关的成本，则需管理好这些数据。绝大多数拥有这些数据的组织同时拥有良好的项目管理流程。如果当前存在与项目管理不足相关的问题，则最有可能的状况是尚未拥有构建项目管理流程所需的充足信息。对于缺乏结构化方法的项目来说，很少建立度量标准，使用你拥有的数据构建具有说服力的项目管理流程实例也许比较困难。

典型的项目指标应可以为你的项目管理流程实例提供有效支持，包括实现规范、管理预算、满足进度，以及交付价值。项目管理流程将对前三项造成直接影响，但对最后一项仅会造成间接影响。项目可交付物的最终价值取决于大量相关因素，其中包括诸多项目外界因素并且可能处于你控制范围之外。尽管如此，有价值的业务数据可能是你可利用的最佳数据信息，因此应有效利用你所能找到的数据。

即使你能找到或创造的证据并不能充分说明更好的项目管理流程将是有益的，也并非完全没有希望。利用其他方法足以帮助你构建项目管理流程，如利用观察数据、模型和案例研究等。

你需要根据具体状况决定使用哪种方法。高层级管理人员在项目管理方面拥有广泛且统一的认知。部分管理人员倾向于从本质上支持项目管理。你可以在付出少量努力或无须游说的情况下说服此类管理人员，并且你所采用的任何方法都极有可能获得成功。其他管理人员可能对项目管理流程持高度怀疑的态度，并在重点关注项目管理流程可见成本（毫无疑问，项目管理流程将肯定产生相应的可见成本）的同时，对项目管理流程带来的益处产生疑虑。在此情况下，最佳的方法是尽可能多地收集本地数据，并尽可能明确地展示未利用更佳项目管理流程所产生的高昂成本。对于持高度怀疑态度的管理人员，试图说服并使其相信项目管理是一项良好投资最终可能会被证明是浪费时间。此时，好的风险管理将只能依靠你，并且可能需要不引人注意地完成工作。

幸运的是，绝大多数管理人员持既不完全相信项目管理，也不长期敌对的中立态度。对于持有此类矛盾态度的管理人员来说，实现项目管理流程改善的可能性极大。利用观察数据、模型、案例研究和实施项目管理的其他原因将是你可采用的有效方法。

观察数据。利用概述项目管理流程的益处和成本及可以展示项目管理流程净收益的故事，创建项目管理流程案例。项目管理课程已提供大量有关项目管理流程益处的信息。此类益处包括：

- 更好的沟通。
- 更少的返工。
- 降低项目成本，缩短项目时间。
- 可降低意外事件发生的概率。
- 减轻混乱状况，减少"救火"事件数量。

要发现项目管理可提供上述益处，以及缺乏项目管理流程将产生相关问题并不是一项困难的工作。

项目管理需要花费相应成本，其中部分为直接成本，部分为较为隐蔽的隐形成本。你需要处理有关项目管理成本的问题。明显的项目管理成本之一是项目管理的日常费用：会议、文档、投入项目管理活动的工作量等。其他直接成本为在组织中建立良好实践方法所需的初始（和持续）成本（如培训、工作辅助、新流程文档）。你需要对所需的投资做评估工作，并需综述相应的结果。

对于组织中的管理人员来说，对项目管理设定高标准将产生更多隐形成本：在组织中可能会出现权力平衡的改变。在未设定项目管理流程的条件下，组织中的所有权力均掌握在管理人员手中；所有谈判问题均趋向于采用行政策略和情感策略予以解决。在仅拥有极少数据或无任何数据的条件下，项目团队通常极易支持组织管理人员的选择；在拥有相关数据的条件下，将转变为基于事实数据的讨论及谈判。即便你已决定不采用直接方式处理此类成本问题，仍需在讨论中明确提出此类问题。

在回答"是否值得实施项目管理"这一问题时，你可以使用观察数据，这些数据基于项目管理带来的益处能否明显超过项目成本。如果你能找到最佳实例，那么你的案例将是最有效的，使用尽可能类似于你的环境的项目。

模型。另一种可行的方法是基于逻辑模型，确定项目管理流程的价值。对流程的需求随着项目规模和复杂度的增加而增多，项目管理同样如此。你可以按照诸多不同的方法确定项目规模，但常见的方法是将项目规模分为三类：小规模、中等规模和大规模。

小规模项目极为常见，几乎每个人都可以完成此类项目。通常情况下，小规模项目无须构建特定的流程或正式流程。对于小规模简单项目来说，在未构建特定流程或正式流程的条件下更容易成功完成。耐克式［"想做就做"（Just Do It）］项目管理就是该类型的绝佳实例。尽管现实中存在其他成效略佳的项目工作方法（通常情况下事后结果可提供明显证据），但这种简单的直接深入项目工作的方法带来的相关问题是微不足道的，因为这类工作本身并不重要。项目管理狂热者同样会认为此类小规模项目无须采用任何严格的项目管理流程，原因在于，在采用严格的项目管理流程的条件下，相关开支可能会使项目工作费用翻倍。

与小规模项目相比，中等规模项目持续时间更长且复杂度更高。绝大多数人都明显意识到，至少花费少量时间慎重思考相应的项目工作将对项目有益。对于中等规模项目来说，应至少先确定任务清单。在未提前慎重考虑的条件下，卷起袖子立即着手实施项目工作通常会浪费大量时间及资金。随着任务清单的完成，项目管理流程开始展现其实际作用。项目实际的复杂度在很大程度上取决于项目团队经验、背景和成员个人处理问题的能力。很多中等规模项目虽然成功了，但是未能实现部分关键目标（或项目完全失败）的可能性呈现逐渐增加的趋势。

对于大规模项目来说，实施项目管理是永远毋庸置疑的。当项目超过一定规模时，如果未构建管理项目工作所需的流程，则至少会造成最终未实现部分

项目目标的状况。对于大规模项目来说，即便在采用全面项目管理之外再采用
项目集管理方法和系统工程流程，最终成功的概率仍较低。

　　对于不同规模的项目，在已有效建立或未建立项目管理实践方法的条件
下，实施项目所需的成本有所不同。图 2-1 展示出在最佳努力或利用蛮力的条
件下实施项目，以及在主动采用项目管理方法条件下实施项目所产生项目成本
的比较图。该图的假设条件为，如果采用项目管理方法，则项目成本将随着项
目规模呈现线性变化；但如果未采用项目管理方法，则项目成本将随着项目规
模呈现几何级数的变化。尽管绘制该图形的基础并非经验数据，但是其根植于
大量的观察数据。

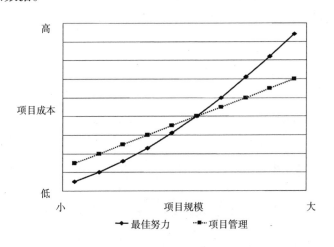

图 2-1　项目管理的成本效益

　　鉴于该图中的交叉点（项目整体规模和成本）是高度情景化的，因此该图
中的数据并未带有任何单位。如果按照常见的项目指标"工作量—月数"测量
项目规模，则通常情况下交叉点应处于 1 ~ 4 项目整体"工作量—月数"范围
之内。对于复杂项目，我们鼓励采用敏捷开发法和迭代法，将长期项目转化为
连续的短期项目，以便更简单地完成项目计划和项目管理工作。

　　在成本效益接近交叉点或处于交叉点下方时，如果项目仅为小规模项目，
则项目管理将处于净成本或仅可带来较小财务收益的状态。（尽管项目成本是
最重要的因素，但该状况并不表明项目成本是唯一值得考虑的因素。你可能会
因需遵守法律规定等其他原因，通过采用项目管理方法更佳地管理项目风险，

或者改善独立项目之间的协调。)

与上述图形相类似的模型，特别是包含项目成功和失败数据的模型，可作为需采用更佳项目管理实践方法的强有力论据。

案例研究。为抵消项目管理成本，你需要确定可测量的（或至少是合理的）项目管理收益。在过去数年中，研究人员已开发出诸多用于评估项目管理收益的研究案例。图 2-2 综述了相应的研究案例之一。该图所示的特定研究数据来自惠普公司在 3 年多时间内实施的 200 余个项目。对于每个项目，研究人员均已对项目进度变更实施标注及特别处理。此外，研究人员还汇总具有相同根本原因的进度变更，并利用帕累托分析图对进度变更和值排序。在帕累托分析图中，纵轴用于表示变更幅度，横轴用于表示进度变更的根本原因。

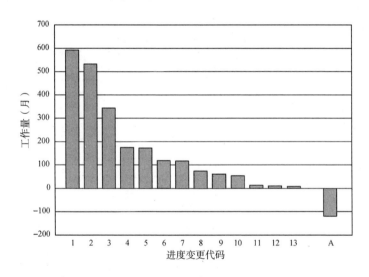

图 2-2 进度变更帕累托分析图

额外增加的项目工作量——数百个"工作量—月数"——均与最常见的根本原因之间存在相关性。按严重程度分类的根本原因代码为：

1. 未能预见的技术问题。

2. 对工作量/自上而下的项目进度的估算错误。

3. 产品/系统设计的失误或存在集成问题。

4. 变更产品定义。

5. 其他原因。

6. 不可预见的项目活动/与项目无关的活动过多。

7. 人员数量不足或资源未能及时到位。

8. 软件开发系统/流程问题。

9. 相关的项目延迟（内部供应商延迟）。

10. 服务领域内支持不足。

11. 硬件开发系统/流程有问题。

12. 有财务约束（工具、资本、原型）。

13. 项目搁置。

尽管并非每个根本原因都与项目管理原则之间存在直接相关性，但非常明显的是，绝大多数根本原因与项目管理原则相关。对于严重程度最大的问题之一"未能预见的技术问题"，产生大多数此类问题的原因是项目计划不足。对于第二个问题"对工作量/自上而下的项目进度的估算错误"，同样属于项目管理因素问题。尽管良好的项目管理无法完全消除此类问题，但肯定可以降低此类问题的发生次数。本项研究中的每个项目，位居前两位的根本原因在"工作量—月数"方面，平均造成约 5 个月的时间浪费。如果把此类问题的发生减少一半，将可使每个项目至少节省数千美元。本章及本书其他章节的内容中，针对项目经验风险信息（Project Experience Risk Information Library，PERIL）数据库中相关实例的分析，也会得出类似的结论。

诸如上述实例中的案例研究数据，特别是与你当前项目工作直接相关的案例研究数据，具有极强的说服力。你可以获取类似的案例研究数据，或者应在返工、"救火"工作、危机管理、工作缺失和缺陷成本方面针对近期项目实施评估。

实施项目管理的其他原因。 在组织中采用项目管理原则的一个主要动机是，采用项目管理原则可以降低项目的不确定性。绝大多数技术人员不喜欢风险，并会不遗余力地避免风险。曾经有一位强烈支持实施项目管理实践方法的管理大师使用"沿着湍急河流向下游前进"的比喻描述此类问题。在无项目管理的条件下，你可能会遭遇能见度极差、河水冰冷、难以呼吸和头部多次不慎撞击到岩石的状况。在利用项目管理的条件下，你将可乘坐木筏向下游前进。尽管路途中仍困难重重，但你至少可以观察前方数十米之内的环境状况，并避开最糟糕的旅行障碍；你可以更容易地自由呼吸，无须受冰冷河水的影响并尽量避免河水弄湿身体；你可以对于成功完成项目更加自信。对于由管理人员组成的团队来说，尽量降低不确定性非常重要，而制订计划是唯一可行的方案。

另一个动机是，管理人员期望（或要求）项目具有更强的流程导向性。美国及全球范围内其他国家当前实施的企业风险管理标准和法规，强制性地要求企业必须采用正式的风险管理流程（第 13 章将详细介绍此类标准和法规与项目风险管理的直接联系）。对于向客户提供解决方案的企业来说，使用经明确定义的方法可拥有更容易赢得业务的竞争优势。部分组织认为证明流程成熟度极为重要，因此此类组织立志于建立具有更高成熟度的组织标准（如软件工程研究所等）。在其他组织中，可能需要建立与项目工作紧密相连的特别流程，此类组织诸如政府项目承包商，以及金融、生物技术和其他高监管度行业中的企业。在上述状况下，无论项目成员或组织管理人员是否认同项目管理属于良好方法，至少在一定程度上，项目管理可被视为强制性要求。

◼ 项目管理方法论

项目风险管理依赖全面且持续地应用有效的项目管理原则。项目管理方法论的精确性可能会存在广泛差异，但在风险管理与组织整体采用的流程相一致的条件下，风险管理更容易成功。原因在于，在此条件下风险管理可以获得更多可用数据，并可获得持续实施风险管理所需的长久性支持。如果你需要更好地管理项目风险，并且现实状况表明，你无法为实施更有效的项目管理原则获得广泛支持，则你应至少在自身项目中应用项目管理原则，并严格开发管理风险所需的信息。

定义项目风险管理

除了基本的项目规划，风险管理还涉及具体的风险应对计划。制订风险应对计划通常开始于回顾项目初始假设条件。项目章程、数据表或项目启动所使用的其他文件中通常包含有关项目风险、目标、人员配备假设条件的信息及其他相关信息。需要关注此类项目早期说明文件中包含的任何风险信息。基于此类文件中列述的信息，部分项目可被视为风险性项目。部分文件中可能已列出有关项目风险的相关证据。被视为低风险的项目可能会有一些假设条件，导致出现不切实际地减少人员配备和资金的状况。需要特别注意你自身对于项目风险的认知和项目发起人对于已知（或隐含）风险的认知之间的差异。风险应对计划应建立在与项目整体假设条件和项目目标相一致的基础之上。特别是，你需要努力了解项目干系人的期望，并采用适合项目环境的风险管理方法。

■ 干系人风险承受能力及风险量化

不同行业中的组织拥有不同的风险应对方法。初创企业及具有投机性的企业（如石油勘探企业）必须具有高风险承受能力。此类企业实施的大多数项目均可能最终失败，但仅少量的项目成功即可补偿失败项目花费的成本。大多数保守性组织（如政府组织及通过向客户提供解决方案获取费用的企业）通常会规避风险，并期望在每个项目上都得到相对合适且持续的回报。组织的政策可以反映组织的风险承受能力，相关实例之一是组织可能规定禁止执行固定价格合同的项目。

除此之外，项目干系人对于项目风险可能具有较强的个人观点。尽管部分干系人可能热衷于承担风险（以及获得与风险相关的机会），但其他干系人的风险承受能力可能相对较低，并且可能存在期望通过采取措施避免项目风险以及最小化极端结果的其他干系人。技术人员通常倾向于选择低风险方案。

在干系人风险偏好方面，常被重复提及的实例是美国航空航天局的宇航员。宇航员必须利用由数以百计的系统构成且每个系统由出价最低的投标人负责建造的发射台前往太空。从该实例可知，风险承受能力通常取决于你所处的环境。

你需要识别关键干系人（特别是发起人）的风险偏好。在与干系人交流的过程中，通过向干系人提出以下问题，你可以发现有关干系人风险承受能力的线索：

- 在最坏的情况下，干系人愿意提供多少投资？
- 干系人可接受的最差结果是什么？
- 干系人对于项目最担心的问题是什么？

风险管理策略

你需要把你所了解的干系人风险承受能力整合到整体项目计划中。如果项目关键干系人偏好规避风险，则你需要通过整合流程，明确定义项目需求、确定带有精确估计的详细进度，并对不确定性和最坏情况进行定量分析。你需要在项目规划文档中包含完整的风险分析内容，并计划在项目进程中定期检查和更新。

即便你的项目具有高投机性、新颖性或创新性，仍需要将风险识别包含到所有计划流程中，并需针对发现的任何重大风险进行充分的分析。风险承受并非允许你接受风险的一纸授权书，毕竟，你的目标是使项目成功实施并交付商业价值。

规划数据

项目规划信息可为风险管理提供支持。基于已定义的项目范围及已创建的规划文档（如项目工作分解结构或基于迭代的发布计划），你会发现潜在的项目风险。其他规划流程同样可为发现风险提供支持。本书第 3～6 章将详细介绍利用规划流程去识别风险的适当方法。

风险管理流程和工具

作为本书主要主题的风险管理，并非项目负责人在项目规划结束后如果仍有空余时间才需实施的工作。风险管理贯穿所有项目，因此最佳的工作方式是将风险识别流程集成到项目规划及相关流程中。利用该方式除了可增加项目成功的概率，还可提供另外两项益处。通过将风险作为项目管理的基本组成部分，你将发现更多项目风险，并可尽量降低项目未知风险。从整体来看，利用该方式还可降低风险管理工作量。原因在于，管理风险已成为项目实施的一小部分工作，而不是一个额外的计划（和工作量，这可能导致一些不必要的开销）。

风险识别是定义和分析项目范围、进度、成本和制订其他项目计划的基础。在准备规划文档期间，应对未知事项提高警觉——包括缺乏专业知识、不确定性估计、基于不完整或可靠度不高的数据进行的分析，以及其他知识差距。你需要表明定量估算的误差值，以便显示估计结果的不确定性并着重强调最差状况。在项目实施期间收集有关差距、漏洞和潜在问题的具体信息，并同时列述项目中可能遇到的其他风险。本书第 3 ~ 6 章将详细探讨这些方面。

检查（或创建）项目风险登记册。这将是你识别项目风险的基础文件。确保在其中列出风险分析、风险优先级排序及风险应对措施制定所需的信息。第 8 章将提供这方面的指导。此外你还需要使用"分享排名前十的风险清单"等技巧，制订计划以确保在项目整体生命周期中，当前项目风险处于可见状态。

利用基于统计建模技术的蒙特卡罗风险模拟工具，可以改善整体风险评估。第 9 章将详细介绍选择及使用此类软件工具的方法。

通常情况下，当你确定项目流程及用于追踪、沟通和管理项目的工具之后，应确保此类流程及工具与你监控及管理风险的工作相一致。

■ 优先级和风险评估标准

通过与项目发起人及干系人讨论风险承受能力数据，确定你在评估风险进程中可能遇到的风险类型（如高风险、中等风险及低风险），并确保你提供的风险类型说明与组织内的风险管理实践方法及干系人的风险态度相一致。对于在风险量化评估中使用的每个风险类型，你需要确定明确的类型说明。举例来说，对于你将在设定风险优先级进程中使用的高影响、低概率风险及任何其他风险类型，你需要设定相应风险类型的范围并完成相应风险类型的定义。

■ 风险分解结构、模板、统计和指标

当使用预先定义好的模板用于规划、项目信息收集和风险评估时，风险管理将更加容易且全面。对于指定类型的项目来说，利用名为风险分解结构（Risk Breakdown Structure，RBS）的工具（该工具已预先设定描述典型风险类型的层级结构），可更有效地开始项目计划流程。在通常情况下，RBS 还可作为组织及讨论 PERIL 数据库中风险数据的有效工具。本章及本书的其他章节将详细讨论利用该工具的方法。

对绝大多数项目而言，利用预先加载常用信息的模板，可以更快地完成计划工作，并降低出现忽略必要性工作状况的概率。基于组织内广泛采用的项目

进度计划应用程序，创建与该应用程序相一致的模板，可在组织内更容易地共享项目信息并改善项目沟通进程。如果组织内当前已存在此类模板，则请使用此类模板。如果组织内当前尚无此类模板，则请创建并与实施类似项目工作的其他人员共享拟定的常用文件版本，并同时设立适当的标准。

收集信息及风险测量同样属于风险管理的核心。你需要为项目进程中监控项目进度延迟状况、整体成本控制状况、可交付物性能所需使用的项目参数，以及计划收集的其他任何量化状态数据，设定项目参数临界值。此外，你还需提前确定在项目数据未能符合已界定临界值的条件下，应采取哪些适当措施。本书第7章将着重介绍范围和临界值设定方法，第9章将着重介绍风险管理可用指标的实例。

项目数据归档

长期风险管理需要坚实的历史数据基础。归档的项目数据可为项目评估、定量化项目风险分析，以及项目追踪和控制提供支持。创建可共享的项目指标、经验和风险库，可为一般性流程改善（特别是实现效果更佳的风险管理）提供宝贵的趋势性数据。本书第12章将详细介绍利用项目数据改善项目风险管理的方法。

风险管理规划

对于小规模项目来说，你可以按照非正式的方式制定风险管理规划，但对于大规模且复杂的项目来说，你需要开发并发布书面文件形式的风险管理规划。风险管理规划应包含干系人信息、计划流程信息、项目工具信息及指标信息，并应明文列出项目风险管理标准及目标。尽管风险管理规划中的绝大多数信息经开发后可作为适用于组织内所有项目的一般性信息，但每个特定项目都至少具有部分特定的风险元素。

正如上文讨论内容所述，风险管理规划制定流程通常开始于概述风险管理方法，而且包括你的风险管理规划信息。在你的风险管理规划中，应明文列出将使用的方法论和流程，并明确界定相应负责人的职责。此外，你的风险管理规划中还应包含计划使用的定义和标准及任何风险管理工具、定期实施风险检查的频率和检查事项、风险管理报告格式，以及与风险相关的项目状态信息收集要求及其他风险追踪要求。

除此之外，对于主要项目和项目集来说，你还需界定所有重要的风险识别、分析、控制和检查活动，并确保获得向此类活动提供支持所需的人员及资金。你需要在计划文件中明文列出专用于实施风险分析、应急计划和风险监控所需的预算。

风险管理规划的另一重要事项是，需确保风险管理规划能充分关注包含项目机会的不确定性事项。项目中的不确定性能够双向摇摆，部分项目活动或其他相关项目工作可能会获得高于预期的成果。在风险管理工作中，你应在管理潜在风险威胁的同时，至少分配适当时间考虑可能产生更佳结果的相关事项。本书第 6 章将详细讨论管理不确定性项目机会的方法。

组织的风险管理框架

严肃对待风险的组织将更有效地在项目层级中实施风险管理。在此类组织中，你可以充分利用任何有助于完成风险管理的资源。如果在你的组织中极少存在管理风险所需的结构化支持，则你应鼓励同事及组织中的管理人员共享有效的风险管理实践方法及数据。本章内容已从组织层面上简要介绍了若干有关项目风险管理的问题。本书第 13 章将从管理项目集、项目组合及企业风险管理方面，详细介绍项目风险管理方法。

◾ 教育及培训

如果你所处的组织可提供有关风险管理的研讨会、学习班或其他正式开发的课程，请积极参加此类活动。如果你所处的组织并未提供此类活动，你就需要向组织提议聘请顾问或讲师，以便开办有助于你掌握改善项目成熟度，以及更彻底地发现和处理项目风险所需技能的培训课程。

如果无法获得正规教育，你应至少定期组织由担任项目负责人职位的同事参加的非正式聚会，以建立关系网络并分享经验。午餐会和类似聚会，可作为在你所处环境中交流思想、了解风险和风险管理策略，以及分享实践方法的有效做法。

如果你所处的组织已建立项目管理办公室（Project Management Office, PMO）或专门向项目管理工作提供支持的类似集中化职能部门，你应和此类部门的工作人员一起召开网络会议，并鼓励此类部门的工作人员通过咨询和类似互动活动提供正式帮助，同时提供其他形式的非正式帮助。

无论你所处的组织中是否已建立 PMO 或是否存在其他正式建立的项目资源管理部门，你都应当寻求富有项目管理经验的专家的建议，这些专家擅长管理困难项目。在新进人员和富有经验的项目管理人员之间建立指导关系，是提高组织整体项目流程成熟度的良好方法。

■ 流程检查及改进

在完成每个项目后，你应当通过实施回顾性分析，获得应吸取的经验教训，了解有效的实践方法，并识别需改进的流程事项。应当利用该机会收集已发生的风险信息，并从事后角度确认可避免或更好管理风险状况的适当方法。你应至少关注项目完成后有关风险管理流程的分析信息，并在下一项目开始前修正流程，以弥补相应的缺陷。与同行的项目负责人分享你的发现及对于流程的更新，并检查其他已完成项目的报告，以便吸取其他项目的经验教训。

■ 沟通及归档

在实施每个项目期间及在完成每个项目之后，你需要记录已识别的风险、管理风险的经验（包括有效及无效的），以及你认为可有效管理风险的实践方法。把文档归档，并向其他项目负责人、PMO 人员或其他支持性团队成员、关键干系人或其他可从归档信息中获益的人员提供访问权限，以使他们获取此类档案文件的信息。

促使整体更好地了解组织所面临的挑战和风险的有效方法之一是召开由其他项目负责人参与的项目会议（如项目启动会议、项目检查会议及完成项目后的项目回顾会议）。除了关注与你的项目类似的其他项目，你还需邀请其他主管参与会议。你还可以提出良好的互助意愿，并要求其他项目主管邀请你参与其他项目会议。增加参与项目分析的不同视角，有助于发现更多项目风险、更彻底地了解组织面临的挑战，更好地进行全面风险管理。

■ 管理组织偏见

在绝大多数组织中，均存在若干种可能会对有效实施风险管理造成干扰的组织偏见。此类组织偏见包括但不限于否认风险、乐观主义、近期经验、缺乏对可能性的理解、错误的信息等。在组织层级中，你可以尽量降低组织偏见，但鉴于绝大多数偏见根植于人的大脑中，因此你无法彻底消除组织偏见。

可对风险管理造成影响的最普遍的组织偏见为否认风险。由于任何人都不希望遭遇风险，因此绝大多数干系人对风险视而不见，并在启动项目时假装项目不存在任何风险。项目投资回报分析的一般性假设条件为所有项目价值及收益处于最大化水平，并且项目成本不会出现任何困难或不可预见的障碍。在部分组织中，此类假设条件获得广泛认同，项目发起人和组织管理人员积极阻止识别及报告风险，并将提及项目风险的人员视为工作态度不良和绩效较差的人员。所有项目都存在风险。否认风险并不会使风险消失，仅会使风险更具破坏性和产生影响更大的意外事件。

乐观主义、近期经验和缺乏对可能性的理解同样会增加风险管理的难度。事实上，绝大多数类型的风险都不太可能发生。忽略不经常发生的风险或至少将此类风险视为极不可能发生的风险，似乎仍可使项目处于安全状态。对于可产生不良后果的不太可能发生事件（如绝大多数系统风险），低估此类事件的发生概率；但对于可能产生有利后果的不太可能发生事件，高估此类事件的发生概率，这都属于人类的天性。

人们通常会选择忽视近期未发生的风险（或尚未发生的风险）。我们通常趋于选择忘记，并一厢情愿地认为暂时未发生的事情永远都不会发生。我们还可能会假定近期发生的低概率风险不会立即再次发生（或如果再次发生，将会发生在其他项目中）。在组织层面上建立更广泛的风险数据基础，可降低绝大多数此类错误的发生概率。

对项目的乐观分析仅在面对可见的有说服力的数据时才能体现出来，否则很难做出乐观的判断。此外，促使组织内的每个成员了解风险（甚至极少发生的风险），可使得组织成员难以忽视风险。人类大脑在思考概率方面从来都不擅长，但一个组织可以投资于教育，以帮助组织成员更好地管理不确定性事件。

总体而言，绝大多数组织中存在项目风险管理偏见的原因在于缺乏可用信息。组织在收集和理解风险数据方面的投入越多，可能遭遇的"无知"偏见越少。在下一节内容及本书剩余的绝大多数内容中，我们将讨论项目中实际可能遇到的典型风险。风险数据同时还可为我们在风险管理流程中提供管理偏见所需的基础信息。本书第 7 章将详细介绍处理组织偏见的方法，该章内容主要讨论风险评估精确度及风险评估偏见。

PERIL 数据库

良好的项目管理来自经验。幸运的是，并非每个人均需体验痛苦方可了解相关经验。你可以通过借鉴其他人的经验，掌握可避免悲剧再次发生所需的第一手经验。PERIL 数据库可为你了解他人经验提供有效帮助。

20 多年以来，在举办项目风险管理研讨会和学习班的同时，我一直在从数百名项目负责人那里收集有关其自身过去项目问题的匿名数据。此类项目负责人提供的描述性信息中包含其自身实施的项目中曾出现的错误，以及相关错误对其项目造成的影响。我已在 PERIL 数据库中编辑此类数据，并将此类数据作为编著本书的基础。该数据库可提供过去项目中出现的大量错误，并从令人深思的角度提出未来项目中可能面对的问题。随着本书的每次版本更新，PERIL 数据库的规模也在不断增长，当前该数据库已包含 1 000 余个实际项目案例。

部分项目风险因与我们熟悉的工作之间存在相关性而容易被识别，但其他项目风险则难以被发现，因为它们是新的、不寻常的或有其他独特的需求。PERIL 数据库的价值在于，至少有助于你识别其他处于不可见状态的部分风险。此外，PERIL 数据库还总结了与关键项目风险类型相关的影响。可将实际的影响信息与项目风险估计中普遍存在的乐观评估结果进行对比。尽管 PERIL 数据库中的部分特定案例仅与特定项目类型之间存在相关性，或者属于不太可能重复发生的风险案例，但此类风险状况的近似描述几乎适用于绝大多数项目。

◾ **PERIL 数据库的信息来源**

PERIL 数据库中列述的信息主要来自项目风险管理学习班及研讨会的与会人员，并且可代表一系列不同的项目类型。该数据库中约占一半的项目为可提供有形可交付物的产品开发项目。剩余项目为信息技术项目、客户解决方案项目或流程改善项目。PERIL 数据库中所述的项目案例遍布全球，但大多数项目案例来自美洲区域（主要来自美国、加拿大和墨西哥），剩余项目案例来自亚洲（绝大多数来自新加坡和印度）、欧洲和中东地区（来自十余个国家，但大部分来自德国和英国）。就像绝大多数现代项目，对于 PERIL 数据库中所述的项目案例来说，无论其项目类型或实施现场所处位置如何，绝大多数项目案例均与新技术或相对较新的技术之间存在强相关性。大多数此类项目案例均涉及软件开发工作。尽管该数据库已同时提供长期项目案例和短期项目案例，但典型项目案例一般具有 6 个月至 1 年的计划工期；并且尽管数据库中有某些大项目，但典型项目案例中的项目团队人员数量很少超过 20 人。

表 2-1 列出了 PERIL 数据库中的原始项目案例数量。

表 2-1　PERIL 数据库中的原始项目案例数量（个）

项　　目	美　　洲	亚　　洲	欧洲/中东地区	总　　计
IT/解决方法	455	76	28	559
产品开发	353	76	36	465
总计	808	152	64	1 024

尽管 PERIL 数据库中列述的 1 000 余个案例可代表诸多项目类型及其相关风险，但距离全面包含所有项目类型及其风险的目标仍相差甚远。对于向我们提供相关信息的项目负责人来说，该数据库中列述的项目案例仅为此类项目负责人已完成的数以千计的项目中的极小部分。该数据库甚至未能包含此类项目负责人在项目实施进程中遇到的所有问题。鉴于此，针对 PERIL 数据库中所述数据实施的分析进程，仅可提供有关潜在项目风险的提示性信息，而无法提供确定性信息。尽管如此，针对该数据库当前数据实施分析后获得的分析结果仍可进一步证实先前利用规模较小数据库获得的结论及项目整体风险模式。

与此同时，该数据库中的任何数据均来自非随机性样本，因此不可避免地存在案例来源偏差。鉴于我们要求项目负责人仅提供与显著性项目问题相关的分析，因此该数据库中列述的数据包含主要项目风险偏差。受数据库设计的影响，该数据库未能包含琐碎的项目问题。除此之外，鉴于每个项目案例均采用自报告形式，因此可能存在有关案例自身的潜在偏差。

尽管该数据库中列述的所有信息均为匿名信息，但仍可能存在这样的情况：项目负责人有意忽略或尽量模糊令人尴尬的项目细节信息或影响评估结果的状况。此外，几乎所有信息提供者均为对项目管理及风险管理持有浓厚兴趣，而且愿意花费自身时间参加风险管理学习班或研讨会的项目负责人。在此条件下，此类信息提供者至少自身具有适当的项目管理技能。这可能意味着在该数据库里，与糟糕的项目管理相关的问题将被低估。

尽管存在上述各种不同的局限性及偏差，PERIL 数据库中的项目案例仍可证明当今项目中存在一系列不同的典型风险。该数据库包含建设性模式（及稳定性模式）和最主要的偏差源（仅关注主要项目问题），并可准确反映已被广泛认可的风险管理策略。尽管如此，在将下述分析盲目扩展至任何特定状况之前，你需要意识到自身项目的里程碑事件可能与该数据库所述项目案例的里程碑事件有所不同。

■ 在 PERIL 数据库中测量影响因素

PERIL 数据库所述的项目问题状况可能会导致一系列不同的风险影响，其中包括强迫成员加班、严重超支、项目范围缩减及难以量化的其他不良结果。尽管如此广泛且类型不同的不良结果极具吸引力，却难以拼凑成具有实际意义的结构化分析。因此，仅使用具有一致性的风险影响测量因素——时间，对该数据库中的所有定量化数据实施标准化进程，并以周为单位测量项目延迟时间。在当今项目着重强调遵守截止日期的条件下，该策略极具现实意义，并且鉴于该数据库项目案例中报告的最严重影响为截止日期延迟的影响，因此确定以时间作为风险影响测量因素并不困难。对于项目的三重约束——范围、时间及成本来说，时间是唯一一项完全处于我们控制之外的因素（时间流逝后我们无从挽回），因此专注于时间因素是恰当的。

对于已报告的主要影响并非时间的相关项目案例，我已与相关项目负责人评估此类项目案例的等效项目延迟时间，或者从数据库中删除该案例。举例来说，对于通过大量加班满足在截止日期交付的项目，我们已通过了解在夜间、周末和节假日加班的状况，评估该项目的等效延迟时间。对于需要显著缩减范围的项目案例，我们已基于按照初始项目范围交付项目，估算项目所需的额外工期。对于经上述转化列于该数据库中的项目案例，我们已按照保守性估计方法实施相应调整。

为了更好地反映典型项目的实际情况，我们已从 PERIL 数据库中删除了具有极端特性的时间数据。为和主要风险的数据库设计主题保持一致，我们并未在该数据库中列出时间延迟低于 1 周的项目案例。我们事先假设，对于超过截止日期达到或大于 6 个月的项目，很有可能存在更佳的项目实施方法。基于该假设条件，我们将数据库项目案例中报告的最长时间延迟上限设定为 26 周。上述措施可以避免项目案例时间延迟过短或过长造成分析偏移，并可同时保留项目问题的根本原因。鉴于此类项目案例中所述的风险具有超强性和破坏性的潜在影响，我们将在本书下文中详细介绍此类项目案例及其他具有显著性风险影响的项目案例。

对于所有已纳入数据库的项目案例来说，平均时间影响约为 7 周。对于典型的 9 个月项目来说，这也就意味着时间延迟幅度约为 20%。基于项目类型确定的均值与基于所有数据确定的均值之间具有近似一致性。产品开发项目的平均延迟时间略超过 7 周，IT 项目及解决方案项目的平均延迟时间略低于 7 周。在按照区域分类的条件下，美洲区域内项目的平均延迟时间略超过 7 周，亚洲、欧洲和中东地区项目的平均延迟时间略低于 7 周，但仍超过 6 周。按照区域和项目类型确定的平均影响数据均以周为单位，如表 2-2 所示。

表 2-2　项目的延迟时间（周）

项　　目	美　　洲	亚　　洲	欧洲/中东地区	总　　计
IT/解决方案	6.8	6.8	6.6	6.8
产品开发	7.6	5.5	6.8	7.2
总计	7.2	6.2	6.8	7.0

◾ PERIL 数据库所述项目案例的风险原因

尽管 PERIL 数据库所述项目案例报告的风险影响在时间方面具有一致性，但风险原因各不相同且具有广泛性特征。组织该类型数据的方法之一是利用风险分解结构（Risk Breakdown Structure，RBS），基于风险类型实施风险分类。在数据库结构化进程中，我使用的风险类型和子类型可构成风险分解结构实例。该数据库中每个项目案例所报告的项目问题均可基于主要根本原因实施层次结构特征化进程。该层级结构的顶层组织方法类似于本书前半部分介绍的相应方法，即按照项目的三重约束——范围、进度（时间）和资源（成本）实施组织进程。基于风险根本原因的进一步细分，可将该数据库中的项目案例分为不同的风险类型案例。对于绝大多数风险来说，我们可以直接确定风险的主要根本原因。对于其他风险来说，尽管项目案例中报告的项目问题存在各种不同因素，但对于每个项目案例，最重要的是为其项目风险分配适当的项目参数。

在各种不同的风险类型中，与范围问题相关的风险占主导地位。此类风险不仅是最常见的风险，而且从平均角度而言也是最具破坏性的风险。与资源相关的风险属于位居次席的重要风险，进度风险紧跟其后。资源风险及进度风险的有害性相当且其自身影响均略低于范围风险。每个主要风险类型造成的时间延迟为 6~8 周。不同风险类型的影响如表 2-3 所示。

表 2-3　不同风险类型的影响

类　　型	数量（个）	累计影响（周）	平均影响（周）
范围风险	425	3 368	7.9
资源风险	319	2 033	6.4
进度风险	280	1 765	6.3
总计	1 024	7 166	7.0

所有风险造成的时间延迟影响总计略高于 7 000 周，约为 140 年。基于风险类型确定的总体影响帕累托图如图 2-3 所示。

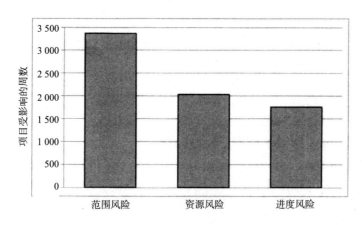

图 2-3　基于风险类型确定的总体影响帕累托图

对于三种风险类型中的每种风险类型，我们已使用表 2-4 中界定的因素，进一步基于根本原因类型进行细分。

表 2-4　基于根本原因类型进行细分

类　　型	定　　义	数量（个）	累计影响（周）	平均影响（周）
范围风险：变更	在项目进行中修订项目范围	309	2 533	8.2
资源风险：人员	因内部人员配置引起的问题	185	1 031	5.6
范围风险：缺陷	未能符合项目可交付物的要求	116	835	7.2
进度风险：延迟	项目控制范围之内的相关因素造成的项目延迟	144	756	5.3
资源风险：外包	因外部人员配置引起的问题	97	597	6.2
进度风险：估算	分配的工期不够	77	592	7.7
资源风险：资金	项目资金不足	39	412	10.6
进度风险：关联性	项目外部的相关因素造成的项目延迟	57	410	7.2

子类型风险的总体项目影响帕累托图如图 2-4 所示。根据该帕累托图可知，

在到目前为止该数据库收集的项目案例中，范围变更是影响最大的进度延迟来源。范围变更造成的进度延迟超过下一层级子类型风险所造成进度延迟的两倍。尽管该图展示的数据让人感到沮丧，但对于排行前五的风险子类型来说，此类风险子类型涉及的所有相关事项，至少部分属于项目负责人职责范围。该状况意味着项目负责人通过更加专注于可控制的事项，将可显著减少项目中意外事件的数量及降低意外事件造成的影响。在接下来的三章中，我们将进一步探讨此方面的内容，并将进一步细分风险根本原因类型。在第 3 章中，我们将讨论范围风险；在第 4 章中，我们将讨论进度风险；在第 5 章中，我们将讨论资源风险。

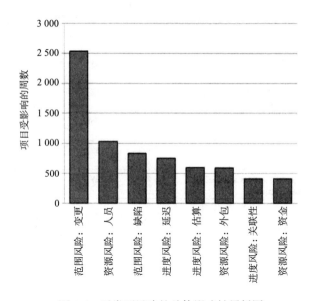

图 2-4　子类型风险的总体影响帕累托图

◾ 大风险

绝大多数项目风险管理书籍均花费大量篇幅介绍相关理论及统计方法。本书过去出版的版本并未遵循该传统，而是将 PERIL 数据库作为基础，专注于实际项目中实际发生的风险。本书旨在揭示实际项目风险来源，并具体介绍如何处理绝大多数严重风险的具体建议。在本书中，高影响风险事件也被称为"黑天鹅"（Black Swans）。

Nassim Nicholas Taleb 在其著作中先将此类高风险事件称为"黑天鹅"。"黑天鹅"的初始概念发源于欧洲，并随后在全球广泛传播。在逻辑研究中，"所有天鹅均为白色"的主张用于比喻无可辩驳的真实事实。鉴于在欧洲范围内观察到的所有天鹅均为白色，因此黑天鹅的存在被视为不可能发生的事情。但后来人们在澳大利亚发现了黑天鹅，这让人们感到震惊。人们利用从该事件中获得的认知，以比喻的方法使用术语"黑天鹅"描述在认知上错误地认为不可能发生的事件。

"黑天鹅"最初指代的是金融风险（Taleb 于 2001 年出版的著作 *Fooled by Randomness* 中已深入讨论该风险），但后来"黑天鹅"概念被定义为"影响大、难以预测且极少发生的事件"，并且该概念被广泛用于项目风险管理领域。对于某种状况来说，仅因该状况很少发生或尚未发生而将其视为不可能发生是严重错误的。项目负责人通常偏向于忽略主要项目风险；正如本章先前所述，出现该状况的原因在于项目负责人估计此类风险的发生概率极低。无论我们是否认知到此类风险，PERIL 数据库已提供了此类风险发生的大量项目案例，并且此类风险所造成项目问题的严重程度表明，忽略此类风险实在不是明智之举。

在接下来的三章内容中，我们将通过介绍 PERIL 数据库中最为严重的风险（约占总体风险数量的 20%，此类项目案例数量超过 200 个），重点强调此类可对项目造成破坏性影响的"黑天鹅"的可见性。

此类项目案例代表着可造成最大的进度延迟的项目案例。"影响大、难以预测且极少发生的事件"的定义仅是一个有效的出发点。该数据库提供的项目案例表明，最具破坏性的风险并不像我们先前认为的那样处于罕见发生的状态。项目经理在尽可能地了解此类风险之后，可以较为容易地预测项目中存在的此类风险。

超过一半的"黑天鹅"是范围风险。进度风险和资源风险所占比例相对较低，每种风险约占该数据库风险数总量的 1/4。范围风险造成项目至少延迟 3 个月，并占 PERIL 数据库所述项目破坏性影响总量的一半。此类风险造成的累计项目延迟时间约为 3 800 周。在接下来的三章中，我们将深入介绍此类风险的详细信息，以便向你提供在未来项目中识别此类风险的机会。在本书的后半部分，我们将进一步探索处理此类风险及其他显著项目风险的应对策略。

项目风险规划的关键方法
- 项目选择可对风险管理产生影响，但同时依赖风险管理。
- 项目定义和规划构成项目风险管理的基础。
- 项目风险规划概述你所使用的风险管理方法。

第二个巴拿马运河项目：赞助及启动（1902—1904 年）

一个人，一项计划，一条运河，巴拿马。

——著名的回文

成功的项目往往不是第一次尝试做某件事。通常情况下总是存在可触发项目的公认的机会。如果初始尝试项目失败，则会在短时间内给人带来挫败感。然而，如果机会仍旧具有足够的吸引力，人们将开始利用第一次尝试中完成的工作和吸取的经验，重新开始另一相关项目。巴拿马运河项目一直是具有吸引力的机会。在罗斯福于 1901 年就任美国总统之后，他决定成功完成美洲中部的运河项目，作为其总统就职期间为后代留下的光辉遗产。

先前法国实施巴拿马运河项目失败的原因在于项目管理的失误，而美国由于采用了好的项目管理原则，最终成功完成了巴拿马运河项目。事实上，Fred Taylor、Henry Gantt 及 20 世纪早期其他著名的管理顾问曾对第二个巴拿马运河项目产生强烈影响。第二个巴拿马运河项目的更好的项目和风险管理的结果将在本书的其余部分展开。

与首次尝试建设该运河的项目不同，美国实施巴拿马运河项目的初衷并非商业投资。单独维护美国东海岸和西海岸海军的成本日趋昂贵。将东西海岸海军整合为统一且更强大的海军需要在大西洋和太平洋之间建设便利的交通运输设施。因此，在罗斯福总统看来，巴拿马运河项目是一项战略性军事项目，而非商业项目。美国曾考虑若干种不同的河道路线，但最终决定仍选择法国先前项目中确定且位于巴拿马区域的河道路线。

与 Ferdinand de Lesseps 相比，罗斯福更像一名典型的项目发起人。美国总统罗斯福通过委派的方式，交予他人管理该项目。罗斯福总统对于巴拿马运河项目的直接贡献是"设计"并促进巴拿马从哥伦比亚独立。（这场独立"革命"通过两次强权外交完成，其中一次为墨西哥海湾强权外交，另一次为太平洋区域的巴拿马城强权外交。在未费一枪一弹的条件下，巴拿马脱离了哥伦比亚，成为独立国家。这一针对中美洲的美国外交政策持续时间超过一个世纪。）为使项目尽快实施，罗斯福总统还进一步收购了 Nouvelle Compagnie 公司（原公司股东仍持有部分股份，但持股比例相对较低）。

罗斯福总统在声称"我获得了巴拿马地峡所有权"之后，向美国国会申请批准建设巴拿马运河。受后续活动及公众支持的影响，美国国会几乎别无选择，只能批准并支持该项目。尽管该项目的具体细节仍处于模糊状态，但美国实施该项目的意图非常明确：在巴拿马区域建设一条可供美国海军最大战舰行驶的运河，并尽快完成运河建设。

从罗斯福就职总统之前两年（1899 年）发表的言论中，我们可以了解其对该项目的想法：

向强有力的事物发起挑战，去夺取辉煌的胜利，即使遭受挫折也比苟且偷安强得多，因为得过且过的人生活在暗淡的暮光之中，既体验不到胜利的欢乐，也尝不到失败的痛苦。

项目发起人通常"敢作敢为"，他们的风险承受能力通常大于绝大多数项目负责人及项目团队成员。好的风险管理规划可以在设立项目目标的流程中做到平衡，从而使我们实施的项目不仅具有价值和挑战，还具有可行性。

第 3 章

识别项目范围风险

好的开始是成功的一半。

——亚里士多德

虽然好的开始并不意味着真的已经完成了一半的项目，但不好的开始一定会带来失望、返工、压力及可能的失败。在项目工作的最早期阶段，在定义项目范围时，是能够发现大量项目风险的。

在与项目管理三重约束相关的风险中，范围风险通常排在第一位。有三种类型的项目会失败：超出控制范围的项目、约束过多的项目、不能有效执行的项目。第一种类型最重大，因为这种类型的项目确实不可行。识别范围风险可以揭示出你的项目是可行的，还是超出了你的控制范围。对于有重大范围风险的项目，明智的做法就是尽早决定减少部分范围或终止项目。

对"范围"的确切定义，在项目管理界缺乏共识。广义的定义是指项目中的每件事，狭义的定义是特指项目的可交付物。本章所讲述的范围定义与《PMBOK®指南》中的定义一致。范围这类风险主要考虑的是项目的结果。其他类型的项目风险将在后续章节讲述。

范围风险的来源

PERIL 数据库中数量最多的就是范围风险，占 40%。更重要的是，与范围有关的风险中接近一半都对进度有影响。PERIL 数据库中的两大类范围风险都与变更和缺陷有关。迄今为止，危害最大的是不当的变更管理（全部范围影响的 3/4 和全数据库中所有影响的 1/3 以上），但所有范围风险成了这些项目的重大问题。尽管有些风险，特别是缺陷类风险，是合理的"未知"风险，但还是有相当多的问题应该能被事先识别并作为风险来管理。范围风险的两类主要根本原因被进一步细化为几个子类，如表 3-1 所示。

表 3-1　范围风险根本原因的细分

范围风险根本原因子类	定　义	数量（个）	累计影响（周）	平均影响（周）
变更：蔓延	任何不必要的范围变化	121	1 041	8.6
变更：差异	项目后期发现的真正的范围需求	169	1 389	8.2
缺陷：软件	必须解决的系统或无形的可交付物的问题	53	410	7.7
缺陷：集成	程序层缺陷需要项目范围做调整	14	97	6.9
缺陷：硬件	必须解决的有形的可交付物的问题	49	328	6.7
变更：关联性	由于外部关联性导致的必要的变更	19	103	5.4

由差异产生的范围变更最为常见，但平均来说蔓延的变更危害最大。图 3-1 总结了范围风险根本原因子类的总体影响，详细分析如下。

◼ 变更风险

变更总会发生。很少有项目在结束时能保持原来的范围。管理与变更相关的范围风险需要在项目开始时明确需求，以及使用严格的变更控制流程。

PERIL 数据库定义了三种范围变更的风险：差异、蔓延及关联性。

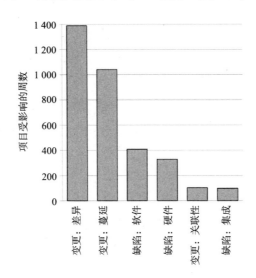

图 3-1　范围风险根本原因子类的总体影响

　　蔓延是最危险的变更风险，其导致进度延误的均值是 8 周。差异略微好些，虽然危险性没那么大，但也更普遍且影响较大。这两类原因产生的影响就占了 PERIL 数据库所报告的全部影响的 1/3。

　　差异。这些差异是在完成项目需求分析之前先对项目进行承诺所导致的结果。在项目随后发现真正的需求时，变更就不可避免。一部分被忽略的需求源自项目本身的创新性，另一部分是因为客户、经理、团队成员或其他项目干系人在项目初始阶段没参与（或没被咨询）。尽管可能有些范围差异不可避免，但大多数情况下这些差异是由不完整或仓促的分析引起的。一个更完整的范围定义和工作分解结构可以显示出项目范围中遗漏的或定义不准确的部分。

　　蔓延。这种类型的变更会危害所有项目，尤其是复杂的项目。随着项目进展而出现的新的机会、有趣的想法、未发现的备选方案，以及其他丰富的信息，都在不断地诱惑着你重新定义项目以做到"更好"。有些项目的此类变更通过清晰的业务分析可以加以验证并被接受，但大多数不必要的变更因为其结果并未经过分析或被严重低估而混入了项目。更糟糕的是，变更带来的所谓好处往往被不切实际地高估了。回顾过去可以发现，大部分范围蔓延所交付的内容带给项目的附加值极低。而且在一些特别严重的情况下，范围变更引发的项目延迟太多，以至于最终的可交付物完全没有了价值——这一需求不再急迫或已通过其他方式实现。因为需要新的工作量投入，同时可能导致对已完成工作的返工，所以范围蔓延代表着不曾预料的额外的时间和金钱的投入。在项目运行过程中，当全部新需求一起出现时，范围蔓延的危害最大。这些新增部分不仅使项目的成本更高且管理更难，也严重推迟了原来预期利益的交付。范围蔓延的管理需要有一个已经全面考虑了潜在备选方案的初始需求定义的流程，以及一个贯穿项目始终、管理项目规范的变更的有效流程。

范围蔓延可能来自任何方面，但其中危害最大的来自项目内部。项目每天都有进展，你也会学到一些新的东西，所以不可避免地会看到一些以前没发现的事物。这会使项目团队的一些人提出善意的建议去"改善"可交付物。有时，这类范围蔓延的发生没有任何预兆或发现时为时已晚，而且对项目局部的影响看起来无妨。只有在变更发生后，真正的有时甚至是灾难性的、意想不到的后果才出现。特别是对更大、更复杂的项目来说，所有的变更都应该经过彻底的分析和公开的讨论，而且对所有所谓的收益都要做怀疑性分析。范围蔓延和范围差异两者都是现代项目中存在的广泛和普遍的问题。

关联性。这些由于外部因素而对项目产生的影响是第三类与变更相关的风险。（关联性风险主要是由时间而不是需求引起的，因此在数据库中被归类到进度风险中。）关联性风险在 PERIL 数据库中出现的频率较低，与其他范围变更风险相比，关联性风险代表的是一个月内的平均变化。虽然 PERIL 数据库中的确有一些案例存在这样的情形，即不管怎么分析都无法预先发现这些关联性。但大多数情形是可以预先分析而不是要等到发生的时候才意外发现的。虽然有时未经通知就发生法律和法规的变更，但一般通过一些研究是能够提供预警的。项目还取决于基础设施的稳定性，以及在对安装和维护时间表的定期审查中发现的对新版本应用软件、数据库、远程通信、硬件升级或其他该项目需要预测和采取的变更等所做的计划。

▉ 缺陷风险

复杂项目要依赖很多事情才能如预期一样运行。很遗憾，新事物并不总是按承诺或按要求运行的。在一个新的应用程序中，即使正常、可靠的部分也可能会崩溃或不能按要求运行。在 PERIL 数据库中，缺陷占了范围风险的 1/3 和全部风险的约 1/7。缺陷风险的三大类分别是软件、硬件和集成。

软件和硬件。这些是 PERIL 数据库中最常见的缺陷风险，两者出现的频率大致相等。谈到影响，软件缺陷有平均超过 7 周的延迟，硬件缺陷则略少于 7 周。在有些情况下，风险的根本原因是新的、未经验证的技术缺乏所需功能或可靠性。其他情况则是因为由该项目创建的组件（如自定义的集成电路、一块电路板或一个软件模块）一开始就不工作且需要修复。还有一些情况是项目关键的外购组件出现故障且不得不更换。而几乎所有这些风险都是可见的，至少经过充分的分析和规划后有很大的可能性被发现。

一些硬件和软件的功能性故障与质量或性能不足有关。硬件可能运行太慢，需要的功率太大，或电磁干扰过多。软件则可能是不易操作，处理能力不足，或者在特定场景下无法运行。与其他缺陷一样，对项目工作的定义、规划和分析将有助于预测大多数这类潜在的性能问题。

集成。集成缺陷构成了 PERIL 数据库中的第三类缺陷风险。这些缺陷与组件层之上的系统问题相关。虽然在数据库中并不是很多，但它们具有相当的破坏性。集成缺陷造成平均约 7 周的项目延误。对于大的项目集，其工作通常被分解成较小的、可并行执行的多个相关的子项目。要成功地把每个子项目的可交付物集成为一个单一的系统可交付物，不仅要求每个组件都要按规范运行，还要把所有这些子功能整合为一个系统。所有的计算机用户都熟悉这种故障模式。每当所有在用的软件不能在一起正常运行时，系统就会被锁定、崩溃，或报告一些异常的"非法操作"。虽然相对于 PERIL 数据库中的其他缺陷风险，集成风险不太常见，但问题较大，因为它们通常发生在临近项目的最后交付期限时，而且很难诊断和修正。需要重申的是，依靠软件体系结构和系统工程等定义的规则进行深入分析，能确保及时地识别并管理可能出现的集成风险。

▪ 黑天鹅

如果考虑对项目进度的影响，PERIL 数据库的每个类别中的最严重的 20% 的风险——"黑天鹅"——值得更多关注。我们在本节中将探讨这些影响大、难预测、罕见的事件。每个"黑天鹅"都导致了至少 3 个月的进度延迟，所以可以认定每个事件的影响都非常大。"黑天鹅"是罕见的；PERIL 数据库有意选择了最严重的风险，它们不是（至少我们希望不是）我们想要经常看到的风险。本节的目的和在第 4 ~ 5 章中的类似讨论，都是为了使这些"黑天鹅"中的一部分更可见和更容易预测。

PERIL 数据库中最具破坏性的 206 个风险，107 个（超过一半）是范围风险。在整个数据库中，"黑天鹅"影响占全部风险影响的一半多一点。排名靠前的"黑天鹅"范围风险在总体范围风险影响中的占比超过 60%。细节如表 3-2 所示。

表 3-2　"黑天鹅"范围风险的影响

范围风险		风险影响合计（周）	"黑天鹅"范围风险影响（周）	"黑天鹅"范围风险影响占比（%）
变更	蔓延	1 041	644	62
	关联性	103	54	52
	差异	1 389	851	61
缺陷	硬件	328	171	52
	集成	97	26	27
	软件	410	246	60
总计		3 368	1 992	59

毫不奇怪，"黑天鹅"范围风险的主体是变更风险，超过 3/4 的风险会有影响。当重要的变更风险发生时，其影响是令人难以接受的。"黑天鹅"缺陷风险的破坏性并不大，但与变更风险一样，超过一半的影响是有记载的最严重的风险。

82 个"黑天鹅"范围风险与变更有关，占主导地位的是范围差异（共 47 个），因为大多数案例采用了"准备—射击—瞄准"的战术——在明白需求之前就开始工作了。一些范围差异的风险包括：

- 项目团队没能尽早让关键用户参与项目。
- 项目经理认为解决方案只是 1 项任务，但实际是 4 项任务。
- 没有考虑特殊国家的需求而导致设计不完整。
- 缺乏对规范的共识，导致后续的修改。

- 调研任务被分配给不同国家的几个人，而且每个人都认为其他人会完成这项工作。
- 开发计划未能包括全部 23 个所需的应用程序。
- 75%的需求对该项目的成员来说在最初是未知的。
- 项目范围从未被上层管理者签署确认。
- 项目中期审查时发现大量规则没有被执行。

其余的大部分"黑天鹅"属于与范围蔓延相关的变更风险。这 32 种风险包括：

- 合同详细说明了最新型的改型材料，而且对其的解释在 2 年内改变了很多次。
- 引进新技术不及时且分析不充分。
- 项目团队在项目中期同意了新的需求，其中有些甚至是不可能实现的。
- 在项目后期增加大量需求，需要大范围返工。
- 工程部门一直不停地为图形用户界面添加花里胡哨的功能。
- 范围扩大，包括增加日本用户，管理和控制不当。
- 出于政治原因，系统扩容，增加了 2 座城市。
- 为潜在的中国客户（其最终没有购买）更改了应用程序。

3 个"黑天鹅"变更风险是由外部关联性引起的，包括授权使用新技术和来自国土安全部的对进口需求的变化。

在范围缺陷类中有少量的"黑天鹅"（共 25 个）。软件缺陷导致的有 14 个，硬件问题导致的有 10 个，还有 1 个是不完善的集成计划的结果。一些最严重的范围缺陷风险包括：

- 打印机项目没能满足打印质量目标，要求重新设计。
- 硬件在为期 3 个月的最终测试快结束时出问题，不得不重新开发和测试。
- 在向顾客交付后发现缺陷。
- 软件有 20 个主要缺陷和 80 个其他问题，不能按时关闭。
- 测试显示了一个重大的缺陷，版本更新被推迟到下一个季度。

识别与这些例子类似的范围风险能暴露出许多潜在的问题。审查这些例子及书后附录 A 中所列的选自 PERIL 数据库的更多的范围风险，对于找出你的下一个项目中可能与范围相关的问题，会是一个很好的切入点。

定义可交付物

　　范围差异是 PERIL 数据库中排名靠前的风险。定义明确的可交付物是发现这些潜在项目风险的一个强大工具。定义项目可交付物的过程因项目的类型和规模而大不相同。

　　对于小型项目，非正式的方法就能适用，但对于大多数项目，采用更严格的方法是良好的项目风险管理的开始。对大多数项目来说，定义可交付物是项目负责人和团队开始发现风险的最初的机会。无论过程是什么，对可交付物定义的目的就是要形成特定的、书面的需求，而且这些需求要清楚、明确，并经过所有项目干系人和项目成员的同意。有些项目在开始时就完全做到了这一点，而且预期发生的只是随着工作的进展而出现的小的、易于管理的变化。采用敏捷方法的项目，是通过用一个严谨的流程形成暂时性的范围定义来设定特定的、优先的范围需求，然后利用每次迭代结果被交付后的反馈来管理这些定期的调整。在所有这些情形下，开始时项目干系人对初始需求的同意对范围管理至关重要。

　　一个好的、完整的用于定义项目可交付物的过程，一开始就要找出谁应该参与定义，包括每个对可交付物有否决权的人。关键项目干系人如果没有尽早参与项目，会增加项目范围风险。很多范围差异出现在项目后期，当这些人最终参与进来的时候才开始显现。如果无法与即将成为项目团队成员的一部人合作，那就寻找能代表所需视角和职能领域的人合作。如果需要，甚至可以通过请求、恳求他人帮忙，或者任何你能用的方法，争取到合适的人参与进来。

　　即使项目的所有核心团队都参与了对可交付物的定义，也还远远不够。还需要团队以外来自其他职能部门（如市场营销、财务、销售和支持部门等）的人员的参与。甚至还可能需要组织之外的人的意见，包括客户、用户、其他相关的项目团队和可能的分包商等。要考虑项目的全开发生命周期。考虑谁将参与设计、开发、制造或组装、测试、文档编制、市场营销、销售、安装、分发、支持和其他工作方面的所有阶段。

即使有合适的人并尽早参与了初始项目定义的活动，也很难一次完成。因为很多问题还没有答案，一些数据可能只是个范围，甚至是猜测。新方法或技术的特性增加了更多的不确定性。用于应对范围风险的三个有用的技巧分别是：使用标准的定义流程（需求管理），制定一个假想定义文档，采用严格的演进式方法论（敏捷及迭代法）。

需求管理

可交付物定义流程取决于项目的性质。对于产品开发项目，下面的指南可以作为需求管理的第一步。通过审核这样一个清单，记录你知道和不知道的，来确定基本的项目范围，并开始确定项目计划中用来弥补差异的项目活动。

典型的可交付物定义流程的主题：

1. 与业务战略一致。对描述的高层级业务目标，这个项目有何贡献？

2. 用户和客户的需求。项目团队已经获取了那些可交付物必须满足的最终用户需求吗？

3. 合规。团队已经确定了所有相关的法规、环境和制造需求，以及任何相关的行业标准吗？

4. 竞争。对所建议的可交付物，团队已确定了当前和预计的备选方案，包括放弃该项目吗？

5. 定位。是否有一个清晰和令人信服的利益导向的项目目标，以支持该项目的商业论证？

6. 决策标准。项目团队在成本、时间和范围方面是否有一个商定的、可衡量的优先级层次结构？

7. 交付。后勤需求被理解及可管理吗？这些措施包括但不限于销售、分销、安装、签署和支持。

8. 赞助。管理层级是否集体支持这个项目？他们会提供及时的决策和持续的资源吗？

9. 资源。该项目是否有并将继续拥有所需的人员和资金，以在规定的时间内实现项目目标？

10. 技术风险。团队是否评估了要面临的总体层面的风险？技术和其他问题被很好地记录了吗?

（这个清单要追溯到 1972 年英国苏塞克斯大学的 SAPPHO 项目。）

虽然这个清单并不详尽，但通过检查每个标准和记录已获得的信息，就可以为界定范围提供可信的初始数据，并协助你检查遗漏了什么。你了解每个元素的程度（范围跨度从一端的"一无所知"到另一端的"无所不知"）决定了那个最大的差异。虽然一定程度的不确定性不可避免，但这种分析阐明了风险在哪里，并帮助你和项目发起人判断风险水平是否过高。清单中的最后一项技术风险是范围风险识别的最核心部分。本章稍后将详细讨论对宏观项目风险的评估技术。

当需求成为关注点时，可以编制一个书面列表。这个列表不仅能为后续的项目规划提供一个可靠的、通用的数据源，还能为你提供一个基准，用其来识别冲突的不同方面，生成有用的干系人的反馈，以及帮助你对正在做的工作设定优先级并进行量化。

▇ 假想定义文档

大多数项目管理的书都会提到关于识别和记录所有已知的项目需求的内容。但说起来容易，实际做起来要难得多。让一个复杂项目的用户和干系人按照这个策略执行几乎不太可能。对一个项目了解甚少时，很多人只看到两个选择：或者接受与不完整定义相关的风险（包括不可避免的范围蔓延），或者放弃这个项目。然而，在两者之间，存在第三种选择。项目团队可以创建一个"假想"的需求定义，生成一个貌似真实的、特定的需求列表，而不是简单地接受缺少数据的事实。这些需求可能来自之前的项目，是假设、猜测，或者来自你的项目团队对问题的可能解决方案的理解，而这个问题正是项目预期要解决的。用这种方式构建的任何定义自然是不准确也不完整的，但正式化需求能带来至少两个可能的好处中的一个。

第一个可能的结果是这些虚构的需求被接受和批准，并作为你制订计划的良好基础。一旦被签字确认，任何不完全准确或被视为不完整的需求仍然是可以变更的，但只能通过严格的项目变更流程进行。（一些承包商用这种技巧挣了不少钱。他们通过一个固定价格合同来赢单，但其实这个价格比交付全部需求的成本都低，因为他们很清楚一定会有需求的变化。然后在无法避免的变更出现时再收费来实现盈利，产生大量增量项目计费。）即使对于项目发起人和项目团队在同一组织内的项目，当在项目后期提出变更时，签字确认的过程也会给项目团队带来很大的影响力。（整个过程让人想起一个古老的谜语。问：如何制作一头大象的雕像？答：先找到一块巨大的大理石，然后把任何不像大象的部分削掉。）

　　第二个可能的结果是大量的批评、修改、校正和"改进"纷至沓来。大多数人都会被一张白纸或一个开放式的问题吓到，而且每个人的内心深处都住着一个天生的批评家。一旦创建了一个假想的需求文档，项目负责人可以将其作为"非常接近，但还不是完全准确"的文档去四处传阅。尽管原作者可能会感觉不受尊重，但用这类文档来收集建议（并提供红色的笔让文档流转起来）是一种极好的生成范围信息的方式。不管是否令人尴尬，尽早识别范围问题远胜于在最终验收测试时才发现漏掉了一些东西。

■ 敏捷及迭代法

　　当有非常大的范围差异时，第三种定义范围的方法或许更为有效。敏捷（演进式或循环）方法论正越来越多地被用于软件及相关类型的开发，最终可交付物是真正创新的、无形的且不明确的。敏捷不是整体地定义一个系统，而是用更系统的方法定义待解决的问题和设定泛泛的整体目标。这些目标按照渐进阶段的顺序排定，每个都会生成一个功能性可交付物。这些渐进式技术在软件开发项目上已经应用了10年，而且自2001年的敏捷宣言出现以来，这种技术应用更加广泛。这种技术适用于由直接跟最终用户打交道的小的项目团队所承担的创新型的开发项目。在每个开发周期结束时发布的系统可交付物，都增加了附加值和功能，而且每次迭代都使项目更接近它的最终目标。随着工作的继续，利用前一个周期可交付物在测试时得到的用户反馈，来定义下一个或再下一个周期的可交付物的具体范围。典型的开发迭代周期为2~6周，取决于具体的方法（最常见的是Scrum，规定是30天）。对后续开发周期的可交付物仅进行笼统的定义，然后利用在用户评估和修正过程中收集的其他数据，逐步形成范围。

　　虽然在管理那些初始无法定义需求的创新项目时，这个方法很有效，但它或许也变相鼓励了范围蔓延，还可能导致所谓的"镀金"——因为可能而不是因为必须，就要交付额外的功能。

渐进式方法或许比其他项目方法的成本更高。一个项目如果能用更传统的"瀑布式"方法来尽早且精准地定义项目可交付物，那它将是一个交付更快且成本更低的项目。通过避免复杂的定义流程和减少每个周期里交付给用户再评估其反馈的需求，与用更传统的方式运行的项目相比，成本可能减少 1/3，时间也可能缩短一半。从风险的角度来看，渐进式方法主要关注在项目启动时没有明确的结束日期或预算的范围风险。如果缺乏严格的管理，这种项目或许永远都不能结束。

多周期项目的风险管理需要不断地重新评估目前的风险，并专注、认真地管理范围。使用敏捷方法管理整体风险，不仅要为项目整体，还要为间隔不超过几个月的那些检查点设立时间和成本的限定值。此外，每当在一个后续迭代里要设定或调整范围时，也要为其交付的价值设置严格的标准。

目前在渐进式软件开发中考虑的采用更强大的范围控制并纳入项目管理的做法，其目的就是要避免一些早期的渐进式开发模式中程序员被允许可以随意修改源代码而造成的问题。极限编程（Extreme Programming，XP）是其中一个很好的例子。XP 适用于项目团队与用户合作的相对较小的软件开发项目。它采用有效的项目管理原则来进行估算、管理范围、设置验收标准、规划和沟通。XP 将压力转移给用户，由他们在最初确定总体范围，然后在此基础上，项目团队确定要完成这些工作所需的工作量。按照用户排定的优先级，利用这些短开发周期来实现增量式交付，但只能由程序员确定在每个周期要交付的范围（被切分成"故事"）。XP 允许在项目运行过程中做范围的修改，但仅作为一个"零和游戏"——有增加就要有相应的删减（或至少推迟到以后）。XP 也严格避免在每个周期内的范围蔓延。

■ 范围记录

不管你用什么方式定义了需求，一旦需求被定义，就一定要记录下来。管理范围风险需要一个范围定义，明确定义你期望完成什么和准备不做什么。一个有问题的范围定义将项目需求分为"必须"和"想要"两类。虽然在项目前期的分析当中有些灵活性很不错，但将不确定性带入开发工作加剧了范围风险。维护一个"想要有的特性"的列表对许多高技术项目很常见，其使规划混乱，估算不准确，并最终导致后期（通常是代价高昂的）的范围变更。从风险管理的角度来看，"是或不是"的方法要远远优于"必须或想要"。"是"列表相当于"必须"，但"不是"列表则用来限定范围。要确定什么不在项目规范里会很难，但如果你不尽早这么做的话，一个变化的目标背后会始终隐藏着很多范围风险。一个"不是"的列表不能覆盖该项目包含的每件可能的事情。它通常是一个看似合理的具有理想特性的列表，这些特性可以包含进现在的项目，但事实上更适合作为未来某些项目的范围而不是确定现在的项目范围。

对那些有固定期限和有限资源的项目来说，"是或不是"方法特别重要，因为它为范围设定了与时间和预算的限制相一致的边界。它始终倾向于按时交付最低限度的需求，而不是完成不必要的范围目标，这些目标要么让你错过了最后完成期限，要么必须在接近结束时放弃项目。当记录项目范围时，为了最小化范围蔓延的发生，要限定该项目不包括什么。

定义范围的文档有几十种格式。在产品开发中，它可能是一个参考规范或一个产品数据表。在一个客户化解决方案的项目（以及其他类型的项目）中，它可能是项目建议书中的一个关键部分。对于信息技术项目，它则可能是项目章程文档的一部分。在其他类型的项目中，它可以包含在一份工作说明书或一套计划中。对于敏捷软件开发方法论，它可能是一个网页上的一个简短的总结、钉在墙上的一套索引卡片或贴在一个白板上的表格。不管它被称为什么或是什么的一部分，项目需求的有效的定义必须是书面的。具体的信息通常包括：

- 项目描述。你在做什么？
- 项目目的。你为什么这样做？
- 可测量的接受和完成标准。"完成的"看起来是什么？
- 计划的项目启动时间。
- 预期的最后完成期限和任何其他对时间的约束条件。
- 成本预期（至少有一个大致的数量级）和预算的约束条件。
- 有意向的客户或用户。
- 该项目将会及不会包括什么（是或不是）？
- 关联性（包括内部和外部）。

- 人员需求（在技能和经验方面）。
- 高层级风险。
- 需要的技术。
- 硬件、软件或其他基础设施要求。
- 详细需求、概述的功能、可用性、可靠性、性能、可支持性和任何其他重要问题。
- 其他常见和适用于你的项目的数据。

以上清单上的第三项对于识别缺陷风险尤其重要。如果项目结束时所引用的需求不清楚或不确定，那你几乎不可避免地会面临问题、返工和后期项目的延误。识别范围风险的关键是要发现你知道的，甚至更重要的是，要认识到什么还需要去发现。

高层级风险评估工具

一定层面的项目风险评估是项目启动时的核心。虽然用于此类早期风险评估的具体信息很少，但有几项技术能在开始阶段就提供对项目风险有用的信息，这些工具是：

- 风险框架。
- 风险复杂度指数。
- 风险评估网格。

前两个适用于任何通过技术开发过程产生真实、有形的可交付物的项目。第三个适用的是那些结果较抽象的项目，如软件模型、新流程、商业应用、网络架构或互联网服务产品。这些工具软件开始时都要回答同样的问题：对于项目需要的工作，你有多少经验？该工具如何利用这个信息区分及分别构建在不同方向的技术风险的评估？这些工具相互并不排斥；它们取决于项目类型，它们大都能提供对总体风险的洞察。

虽然在项目开始时可以用这些工具中的任何一个来发现项目风险的标识，但这三个工具都不精准。每个工具的目的都是提供有关一个新项目的相对风险的信息。这三种技术中的每种都是快速的，并且可以在新项目的早期提供对风险的洞察。三个都不是万无一失的，但其结果为决定是否跨越初步研究进入下一步的项目工作提供了良好的基础。（你也可以使用这三个工具在项目后期对风险再次评估。第 9 章讨论了重复使用这三个工具，以及一些附加的项目风险分析方法，它们依靠规划的详细信息来改善整体项目风险的评估。）

◼ 风险框架

这是三个高层级工具中最简单的。要评估风险，应考虑以下三个项目因素：

- 技术（工作）。
- 市场（用户）。
- 制造（生产和交付）。

对于每个因素评估项目所需的变化量。对于技术，这个项目仅使用了熟悉的方法和技能，还是需要新的技能（或需要开发）？对于市场，使用可交付物的人（或一类用户）你很熟悉，还是你不认识项目需要满足其需求的那些人？对于制造，考虑项目可交付物需要提供给最终用户的是什么；是否有任何未解决的或正在变化的制造或交付渠道的问题？

对每个因素来说，评估都是双重的：变化或者微不足道（小），或者重大（大）。保守地评估：如果需要的变化看起来介于两者之间，最安全的做法是假定它是"重大的"。

几乎所有的三个项目因素中至少一个需要重大的变化。无变化（或变化很小）的项目甚至都不值得做。然而，也有些项目可能两个甚至所有三个因素都需要大的变化。对于复杂的项目，变化意味着风险。一个项目所固有的变化及变化的种类越多，风险就越高。

一般来说，如果你的项目只有一个因素有重大的变化，那它的风险是可接受、可管理的。对现有的产品或解决方案进行升级、利用或改进的渐进型项目往往属于这一类。如果你的项目同时改变了两个因素，则风险相对较高，所以在进行管理决策时，甚至在进一步的检视和规划中，都应该反映这一点。那些开发要作为未来项目工作基础的新平台的项目，常常依赖新的方法用于技术开发和制造。对于此类项目，要在较高风险与潜在收益之间寻找平衡。

如果你的项目需要三个因素全都有大的改变，那风险将是最大的。许多在这个风险类别的项目，即便不是大多数，都是不成功的。体现这一重大变化的项目是革命性的，并能被真实的财务数据或成功完成项目所带来的其他收益所验证。通常风险看起来很大或非常不可知——一个真正革命性的项目需要有一个富有前瞻性的高层的项目发起人做后盾。

常常听到的一个有关惠普的故事是始于 20 世纪 70 年代初，Bill Hewlett（两个惠普创始人中偏技术的那个）承接的一个项目。团队展示了一个手持设备的样机，这个机器能做精确的十进制科学计算。该样机是木制的，但上面有贴了标签的所有按钮，而且拿起来的重量感觉就像成品。Bill Hewlett 检测完功能和显示屏后，微笑着拿起设备，放在衬衫口袋里。HP-35 计算器体现了所有三个因素的巨大变化：市场是未知的；其制造不同于以往惠普的任何产品；最值得商榷的是，电子业的技术发展是否能够将数块小芯片塞进这样一个微型设备中。HP-35 的研发主要是因为 Bill Hewlett 想要一个这样的产品。而最终它成为一个非常成功的产品，一个月内卖出的数量比预期全年要卖出的都多，且带来的利润惊人。HP-35 也从根本上改变了全球计算器市场的方向，并彻底摧毁了计算尺和机械计算设备的市场。

这个故事因为项目的成功而众所周知。类似的故事也发生在其他许多革命性的产品上，像苹果的 Macintosh、雅虎（然后谷歌）的搜索引擎，以及家用录像机。很难一一表述有风险的项目失败（或远未达成目标）的故事，大多数人和公司宁愿选择忘掉它们。按照硅谷新兴公司失败的比率计算，有史以来失败和毁掉的创新想法的比例为 90%左右。这类项目的较高风险总可以用可观的收益和一个强大、清晰的愿景来证明。

▣ 风险复杂度指数

风险复杂度指数是评估项目风险的第二种工具。在风险框架工具中，技术是起点。而这个工具更深入地研究了所用的技术，将其分为三部分，并给每部分分配了一个困难度评估。除了技术的复杂性，该指数还着眼于项目风险的另一个来源：大型项目团队或规模的风险。下面的公式结合了这四个因素：

$$指数=（技术+架构+系统）×规模$$

其中，技术被定义为项目开发的基础。架构是指高层级功能组件和任何外部接口，系统将用于产品内部的软硬件。依靠你的经验去评估三项中的每项，并分配 0 ~ 5 的一个值：

- 0——只需要现有技术。
- 1——在一些领域中需要对现有技术进行较小扩展。
- 2——在一些领域中需要对现有技术进行重大扩展。
- 3——几乎可以肯定可行，但在某些领域需要创新。
- 4——可能可行，但在许多领域需要创新。
- 5——完全是新的，技术的可行性被怀疑。

以上三个因素通常相互关联，但有些差异是通用的。三个因素相加的和为 0 ~ 15。规模，按照预期参与项目的人数（包括内部和外部的所有全职参与人）分配一个值：

- 0.8——12 人以内。
- 2.4——13 ~ 40 人。
- 4.3——41 ~ 100 人。
- 6.6——超过 100 人。

该指数的计算结果为 0 和 99 之间的一个数。指数低于 20 的项目通常是低风险项目，而且持续时间为一年以内。指数为 20 ~ 40 的是中等风险项目。这些项目更容易出现问题，而且常常需要一年或更长的时间。指数在 40 以上的大多数是高风险项目，如果最终能完成，其持续的时间往往超出规定的完成日期。

◾ 风险评估网格

前两个高层级风险工具适合可交付物为硬件的项目。如果项目的可交付物是无形的，则不太容易应用上述模型，而风险评估网格则是用于早期风险评估的较好方法。

与风险框架类似，风险评估网格检测三个项目因素。这里的评估基于每个因素的两个选项，且技术又是第一位的。其他因素则不同，而且三个因素有不同的权重。如果按优先级排序，顺序分别是技术、结构和大小。

最大的权重因素是技术。根据所需的变化，按照项目团队是否有经验使用所需的技术及是否建立在与现有项目相类似的情形下，技术被评为低或高。

结构。按照一些指标，如明确的、正式的规范，项目发起人，以及适合项目的组织内的实践，结构也被评为低或高。当人员编制、职责、基础设施问题、目标或决策过程中有重大的未知因素时，结构会被评为"低"；有良好的预先定义则被评为"高"。

大小与风险复杂度指数中的规模因素类似，评估的值为大或小。对于这个工具来说，大小不是一个绝对的评估值。它测量的基准是团队负责人过去已经成功地领导过这样规模的项目团队。团队规模比这个基准只要大 20%，就被视作大项目。其他评估大小要考虑的是项目的预期时长、总体预算，以及执行项目的不同工作地点的数量。

在做完三个因素中每项的评估后，项目将落在网格的某个部分，A~H（见图 3-2）。右边的是风险最高的项目，而左边的那些项目更易于管理。

除了做风险评估，这些工具也可指导项目早期的风险管理。通过使用替代技术，对人员做调整，将较长的项目分解成一系列较短的、有不太激进或渐进目标的项目，或者改善所建议的结构，来指出降低项目风险的方式。如何用这些及其他技巧管理项目风险将是第 10 章要讨论的内容。

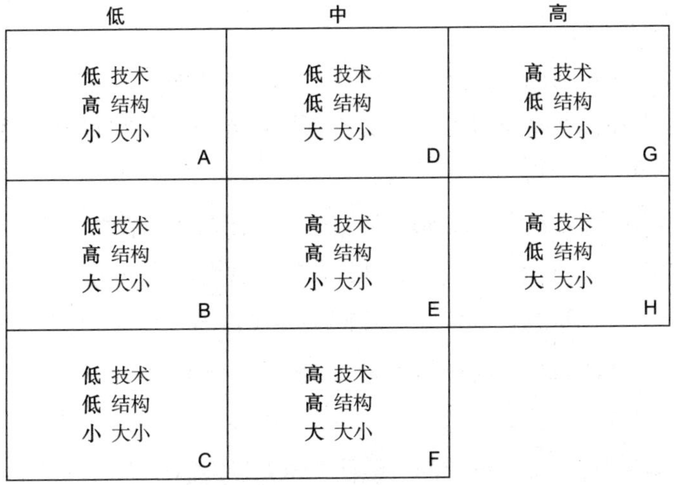

低	中	高
低 技术 **高** 结构 **小** 大小 A	**低** 技术 **低** 结构 **大** 大小 D	**高** 技术 **低** 结构 **小** 大小 G
低 技术 **高** 结构 **大** 大小 B	**高** 技术 **高** 结构 **小** 大小 E	**高** 技术 **低** 结构 **大** 大小 H
低 技术 **低** 结构 **小** 大小 C	**高** 技术 **高** 结构 **大** 大小 F	

A=风险最低，H=风险最高

图 3-2　风险评估网格

设定界限

虽然许多范围风险来自具体的可交付物和整体技术，但无法尽早为项目建立明确的界限也导致了范围风险。

在风险管理的研讨会上，我用一个练习演示了范围风险的另一面，这个练习从简单的 1 美元纸币开始。我给小组看了美元钞票，同时定了 2 个规则：

- 美元钞票将送给出价最高的人。所有人的出价必须是一个整数——不能有小数的美分。第一次出价必须至少为 1 美分，后面的每次出价必须高于先前的出价（和所有拍卖一样）。

- 出价第二高的出价者也要支付他出价（最终赢标之前的那次报价）的金额，但得不到任何回馈（这与正常的拍卖不同）。

作为拍卖师，一开始我先询问是否有人想用 1 美分买。在第一口价后，我寻求第二个低标价："有人认为值 5 美分吗？"在报了两个低标价后，拍卖开始。出价可以允许到（且几乎总是超过）1 美元，直到拍卖结束。如果出价到了 1 美元，出价节奏放缓，这时我就会提醒出价第二高的人，他的 1 美元白花了，这通常会让出价继续。当不再有新的出价时，拍卖结束。这两个最终的出价几乎总是超过 2 美元。

一切都令人相当兴奋。有人用超过 1 美元的价格买了 1 美元。第二个出价差不多高的人却什么都没得到。大家平静下来之后，我把钱收好，解释说，这是风险管理的一个教训（不是诈骗），并向那些看起来很沮丧的人道歉。

那么，美元拍卖的风险管理是什么呢？这个游戏的结果与一个项目不能满足最后完成期限（或预算）时，延期或超支并继续进行的情形类似。"可是我们就快结束了，几乎就要完成了。我们不能现在停止！"拍卖会形象地模仿了人们会有的或被认为会有的各种反应，以及对一项工作投入过多而不得不放弃的情形。

通过预测没有回报的投资的可能性，预先设限然后强制执行，可以最小化在美元拍卖中的损失。合理地看，美元拍卖的预期是 0.5 美元的收益（总收益 1 美元，分布在最终的两个中标人之间）。如果每个参与者都设置 50 美分的出价上限，输的就总是拍卖师了。对于项目，明确界定限制，然后监测中间结果可以提供对问题的早期预警。项目指标，如挣值（将在第 9 章中描述），帮助通过尽早检测项目超支来中止或修改有问题的项目，减少徒劳的投入。用足够的细节和界限来定义项目的范围对风险管理很有效。

工作分解结构

范围定义揭示出一些风险，但规划项目范围越深入，未知的风险就越多。利用产品定义文档、范围说明和其他书面资料将项目的工作分解得越来越细，使它能被理解，被委派、估算和跟踪，这个过程就是创建项目的工作分解结构（Work Breakdown Structure，WBS）——揭示潜在的缺陷风险。

开发 WBS 的一个常用方法是以范围或目标说明开始，进而把项目分成更小的部分，从整体项目工作开始自顶向下地进行。分解后的工作应该是易于理解的、简单的，而且能快速完成的。如果项目工作难以被分解成更小、更易于管理的部分，就存在范围风险。当对项目的任何一部分不能分解时，则表明你缺乏对这部分工作的理解，那么这部分就是有风险的。

工作包

WBS 过程的最终目的是用小的分项描述整个项目，有时也被称为工作包（Work Package）。每个工作包应该面向可交付成果，并有清晰定义的输出。描述 WBS 最底层的工作包所代表的工作大小的一般规则是用时间段（如在 2 个和 20 个工作日之间）或工作量（大致不超过 80 个人时）。如果很难分解到这个颗粒度水平，通常出于对项目理解的差距。这些差距要么作为项目范围定义的一部分加以解决，要么就视为范围风险。（估算和风险过程之间的关系，将在第 4~5 章中探讨。）

在 WBS 最底层定义的工作也可以被称为活动、任务或其他术语，但最重要的是你要知道如何去完成它。无法将工作分解成可理解且符合一般规则的子项的所有情况，都应记为风险。

◼️ 聚合

WBS 是一种分层的、帮助检测是否有工作被遗漏的方法。WBS 的聚合（Aggregation）原则确保汇总层所需的每项工作内容在其下层的 WBS 中都有定义。如果工作包中的所列事项不能代表其完整的待办事项列表，则 WBS 就是不完全的。可通过添加遗漏的工作来完成 WBS，或者将 WBS 的差异记录为项目的范围风险。任何在 WBS 中无法被准确描述的工作，都增加了项目的风险。

在系统地把它们找出来之前，WBS 中不易被分解的部分不太容易被发现。WBS 的开发流程提供了一个工具，帮助你把了解的那部分工作和不了解的工作分开。在继续一个具有重大未知因素的项目之前，你必须识别这些风险，并确定是否考虑了最坏情况下的成本或其他后果。

◼️ 负责人

有些项目的工作很难分解成更小的部分，原因很多，但最常见的是缺乏此项工作的经验。这是在开发 WBS 中发现的最常见的风险，在分派负责人时会显现出来。完成项目 WBS 的一个关键目标是每个最底层的工作包（或任何你认为的名称）都要分派给即将负责这部分项目工作的负责人。在管理学理论中，分派和负责人制是很好的激励手段，有助于团队的开发和对项目更广泛的理解。

分派的最有效方式是自愿。比较常见的做法是至少在第一轮，允许人们报名出任 WBS 中项目活动的负责人。尽管有的活动会有不止一个人想做，常有一些冲突，但通过平衡工作量，选择更有经验的人，或者采用其他一些合理的决策过程，通常都能解决。相反，如果没有人想要成为某项活动的负责人，则表明项目有风险。没人愿意做的任务是有风险的，但你可以挖掘一下为什么。很多共性的根本原因，包括没人能很好地理解这项工作。也许项目团队目前没有一个人具备完成这项工作所需的关键技能，或者完成这项工作所需的技术非常不确定，以至于没人相信能完成。或者工作或许可行，但没人相信 WBS 最底层定义出来的活动能在"大约 2 周"内完成。其他的情况，还包括可能可交付物的描述很模糊，以至于没有人愿意做。

还有许多其他可能的原因，这些也都是风险。当中最常见的是时间不够。

如果项目上的每个人在这个项目的工作已经超出了在其他项目和工作的全部负荷，那么没有人会主动要求做这个项目。另一个可能的原因是，这项活动需要与一个大家都不喜欢的人一起才能完成。如果需要的工作关系被预期不易相处或不愉快，那么没有人会自告奋勇，而且工作是否能成功完成也变得不确定。一些项目团队持怀疑态度的活动可能取决于外部支持或需要外部的输入。因为无法控制的问题而可能失败的工作，很少有人愿意为此承担责任。

此外，工作本身或许有问题。如果有人认为它是吃力不讨好或不必要的，那么即使简单的工作也是有风险的。所有的项目都或多或少地有一些需要但没人喜欢做的工作，包括写文档或其他一些枯燥的日常工作。做好了，没人会注意到，因为这被认为简单。但如果出了问题，就会引起很多关注。如果活动的负责人把一项容易的项目工作管理成了一个灾难，他免不了被人责备。所以大多数人都回避这些活动。

另一种情况是不必要的活动。至少从团队的角度来看，项目也有很多这类活动。生命周期、阶段检查点和项目方法论所要求的内容，似乎是（在某些情况下，可能实际上是）项目不必要的开销。有些项目工作可以安排进来，主要因为所用的计划模板有这部分，或者因为"我们通常都这样做"。好的项目经理会将实际上不需要的工作拿掉。

在项目风险列表中，对开发 WBS 时识别的每个风险增加清晰的描述，包括你对每个根本原因的理解。如果 WBS 很难开发到某个合适的详细程度，或者很难为最底层的活动找到自愿的负责人，这些困难都意味着风险。列表上一个典型的风险可能是："项目需要将现有数据库转换到新平台上，而目前的项目团队成员都没有所需的经验。"

WBS 的大小

项目风险与项目规模相关；当项目规模过大时，风险变得很大。范围风险随复杂性而增加，复杂性的一个标准就是 WBS 的大小。一旦你分解了项目工作，请计算最底层的活动的数量。如果数量超过 200 个，项目风险会很高。

单一项目负责人必须了解的工作越独立，其越可能成为该项目被遗漏的关键部分。随着工作量和项目复杂性的增加，基础的项目管理工具和实践变得越来越难以适用。

从管理整体复杂性的角度看，在管理上最好采用以下两种方式之一：分为一组按顺序逐个实施并做阶段性交付的短项目，或作为一个由一系列小项目组成的项目集。这两种情况下，把项目分解成顺序或并行的过程在开始时很像WBS 的分解。在顺序执行时，可以在过程中使用如本章之前讨论过的敏捷的方法。对有多个项目团队并行工作的项目集，由分解的结果创建了多个项目。每个项目都将由一个单独的项目负责人使用项目管理原则来管理，而整体项目集的管理由一个项目集经理负责。项目风险由项目负责人管理，项目集风险由项目集经理管理。管理项目及项目集风险的关系将在第 13 章讨论。

当特别长或复杂的项目由单一的项目负责人来负责计划、管理风险并执行时，成功完成的可能性很低。

其他范围相关的风险

并不是所有的范围风险都严格地局限在项目管理的实践内，譬如市场风险和保密风险。这些风险是相关的，虽然它们不太可能出现在所有项目中，但还是相当普遍的。忽视这些风险是不妥当的，也是危险的。

企业的资产负债表有两个方面：资产和负债。项目管理主要集中在负债、费用和执行方面，采用了与范围、进度、资源的三重约束有关的方式。市场和保密风险往往与资产、价值或业务总账方面有关，如果有项目技术和团队，其参与也是间接的。项目管理主要是交付你被要求交付的，但这并不总是等同于市场上的"成功"。虽然很明显，"准时、在预算内、在范围内"不能保证使项目绝对成功，但独自管理这些方面是巨大的工作，而且是真正需要一个项目负责人担负的全部责任。市场和保密风险的主要负责人甚至可能不是一个积极的项目参与者，虽然许多复杂的项目现在引进跨职能的业务团队，使这些风险对项目更集中。任何情况下，风险都是真实的，而且与范围有关。除非识别并管理它们，否则可能会导致项目失败。

■ 市场风险

　　第一类风险是关于定义错误的。市场风险可以与特点、时间、成本或可交付物的几乎任何方面有关。当开发工作持续时间很长时，待解决的问题可能会变化、消失，或被一个新出现的技术更好地解决了。一个满足要求的可交付物进入市场的时间或许刚好比竞争对手的一个本质上相同的产品滞后一周。甚至当一个项目精准地完成了由发起人或商业买家所要求的成果时，它仍然有可能会被计划中的最终用户拒绝。有时，负责推销和销售一个好产品的人没有（或不能）贯彻始终。有很多种可能会导致那些满足规格并按时且仍在预算内的可交付物从未被使用或不能达到预期。

　　越长、越复杂的项目，市场风险越大。项目负责人通过积极、持续地参与所有的市场研究和与客户的互动，而且与参与项目可交付物的所有干系人频繁地沟通，来对这些风险进行管理。

　　已经讨论过的一些技术可以帮助进行这一管理。可交付物定义的全过程探测了市场风险的很多来源，而且前文提到过的高层级风险评估工具有助于理解项目周围的环境。

　　此外，通过访谈、调查、市场研究和其他技术，持续地与预期的用户接触，有助于发现项目实施的假设前提中的问题和偏移。敏捷方法让用户始终参与到短小的、串行的项目周期的定义中，通过项目团队和最终用户紧密合作，最小化"错的"可交付物的风险。

　　如果该项目正在开发一个产品，准备和竞争对手的同类产品进行竞争，那么预测其他人正计划什么，这类持续的竞争分析很有用（但是，当然竞争对手不会轻易让你办到，这是保密性风险，随后会讲到）。这种持续努力的责任可能完全是项目的一部分，如果不是，项目团队应该一直审查所学到的是什么。如果必要，要鼓励营销人员（或其他干系人）去保持信息的及时性。

　　项目团队始终应该透过特定的需求（声明的需求）来了解要求说明源自何处（真正的需求）。了解实际需要什么远比简单地理解要求什么更重要，这是机会管理的一个关键部分。尽早使用模型、原型、实物模型和其他可交付物的仿真模拟，有助于发现要求说明中是否提供了真正的需求。短开发周期，重要功能（和价值）在项目全周期中的阶段性发布，也可以减小这类风险。规范、测试要求和验收标准需要建立在明确、具体的条款上，并定期与确认可交付物的人一起审查。

保密风险

第二类通常超出了项目团队控制的风险与秘密有关。虽然一些项目在一个开放和相对无约束的环境中进行，但对许多高科技项目来说，保密性是至关重要的，特别是长周期的项目。如果有关该项目的信息被公开，它的价值就会降低甚至消失。员工更多、资金更雄厚的竞争对手或许在知道了你正在做的工作后，会抢先完成它，从而让你的工作变得无关紧要。当然，管理好这个风险很可能又增加了市场风险，因为你不能再随意地从最终用户处收集信息。原型、模型、实物模型的使用，甚至详细的描述都可能把你不想暴露的数据提供给竞争对手。在有些项目中，保密性也是一个约定的合同责任，如政府项目。即使可交付物不是秘密，但你可能正在使用那些具有专有的竞争优势的技术或方法，而这种知识产权的损失也是一种保密风险。

在项目团队中，有几个技巧可用。一些项目是需要才知道，仅提供给团队成员用于完成目前工作所需的信息。尽管这样做常常会伤害团队合作和动力，甚至可能导致不合格的交付（人们常常只完善他们知道的内容，而不是针对整个项目），但这依然是一种保护机密信息的方式。

强调保密的重要性也有帮助。定期对所有团队成员重申保密要求，特别是承包商或其他外部团队。当需要引入外部团队时，在合同条款里定义具体的保密性要求，并确保所有保密条款和条件可以被清楚地理解。任何外部的市场研究或与客户的接触，同样要有充分的讨论以明确保密的需求及需要有效的保密协议。

除此之外，项目文件和其他的沟通必须恰当地标明"机密"（或按照你组织的规定要求）。项目信息，特别是电子版本，仅限于提供给需要此信息且理解并同意保密原因的人。用密码保护存储在计算机网络或云上的信息，并经常改变这些密码以限制未经授权的访问。酌情使用法律保护，如版权和专利权，建立知识产权的所有权。（决定什么时候对知识产权申请专利可能比较微妙。一方面，他们保护你的工作；另一方面，他们是公开的，可能将你正在做的工作泄露给竞争对手。)

虽然保密风险是项目团队责任的一部分，但很多问题是无法控制的。经理、发起人、营销人员和客户是许多泄密的源头。项目管理工具主要用于工作的执行，而不是保密。有效的项目管理在很大程度上依赖良好的、频繁的沟通，所以管理有大量保密要求的项目很困难。管理保密风险需要纪律，经常提醒所有参与者（特别是那些间接参与者）有关保密的要求，限制参与人数，而不仅仅靠运气。

记录风险

当项目需求、范围定义文档、**WBS** 和其他项目数据初步形成时，你可以开始发掘一系列具体的问题、顾虑及与项目范围和可交付物相关的风险等。在完成这些后，回顾风险列表，检查是否有遗漏或不明确的信息。如果项目范围的某些部分看起来可能会发生变化，也记录下来。典型的范围风险包括性能、可靠性、未经测试的方法或技术，或者超出你经验的交付要求的组合。明确为什么每个列出项是项目问题，在对某项风险的描述中列举所有超出以前已成功交付的相关规范和措施，使用明确的量化标准。譬如，"所交付的系统的执行速度必须两倍于前一代产品"。

具体范围风险来源包括：

- 有可能改变的需求。
- 强制使用新技术。
- 发明或发现新功能的需求。
- 陌生或未经尝试的开发工具或方法。
- 极高的可靠性或质量需求。
- 外包一个关键部件或工具。
- 定义不完整或很差的验收测试或标准。
- 技术的复杂性。
- 规格冲突或不一致。
- 不完全的产品定义。

- 大的 WBS。

计划和定义范围的过程可以揭示出许多特定的技术及其他潜在风险。为你的项目列出这些风险，包括原因和后果的信息。随着项目计划的执行，风险列表会持续延长。作为注册风险的基础，你可以用风险列表来分析和管理项目风险。

识别范围风险的关键思路

- 明确定义所有项目的可交付物，并标注面临的挑战。
- 根据可交付物的价值设定项目的限制条件。
- 把所有的项目工作分解成更小的部分，并找出不太容易被理解的工作。
- 为所有项目工作分配负责人，并探讨任何不情愿背后的原因。
- 记录预期的项目工期或复杂性所带来的风险。

第二个巴拿马运河项目：设定目标（1905—1906 年）

建设巴拿马运河，从开始时失败的尝试到后来成为一个好的项目，主要区别之一就是应用了好的项目管理实践。然而，第二个项目在开始时并不稳定。本来它被看作一个由美国政府投资的军事项目，因此在一开始，第二个巴拿马运河项目的范围和目标就应该是明确的。但事实并非如此。

该项目的前期工作开始于 1904 年，最初的项目经理是 John Findlay Wallace，伊利诺伊中央铁路公司前总经理。Wallace 是个有远见的人，他做了大量的调查和试验，但遗憾的是大都不是在巴拿马完成的。他并没有管理类似项目的经验。除了要面对其他项目困难，他做的任何事都要征得在美国设立的一个七人委员会的同意才可以实施，而恰恰这个委员会几乎不会同意任何事。此外，几乎每个决定，无论大小，都需要准备大量的文档。一年后的 1905 年，在已花掉了 1.28 亿美元以后，仍没能确定最终的计划，同时大多数工人仍然处于等待分配任务的状态。这个项目从多方面接手了之前法国项目遗留的全部事项，包括所有的问题。甚至在一年之后，对运河是海平面式还是利用水闸和大坝的提升式的方案仍然不清楚。在 1905 年，被各种限制约束太多的 Wallace

宣布修建运河就是一个错误，然后辞职离开。

John Stevens 很快接手了 Wallace 的工作。Stevens 也来自铁路行业，但他的经验是在建设而不是经营方面。作为美国最好的工程师之一，他通过在太平洋地区修建的铁路而赢得声誉。在任命 Stevens 之前，罗斯福总统取消了七人委员会，并极大地减少了繁文缛节和拖延症。作为总工程师，Stevens 与 Wallace 不同，他完全有效地控制了工作。一到巴拿马，Stevens 马上进行清查评估并立即停止了运河上的所有工作，宣称"不管受到多少批评，我一定要做好施工前的准备工作。我相信，如果能始终坚持这一点，未来将证明这一决定的明智"。事实也的确如此。随着 Stevens 的到来，管理项目范围变成了最高优先级的工作。他将自己所有的时间都放在了工作的准备上。他为工人建造了宿舍和食堂，建造了存储设备和材料的仓库，以及项目所需的其他基础设施。William Gorgas 是负责该项目工人健康的医生，他曾经争取了一年以获得 Wallace 的支持来对付蚊子——当时被认为是传播黄热病和疟疾的根源。Stevens 很快就给予这项工作以全力支持，Gorgas 医生不断努力来消灭这些疾病。在得到 Stevens 的支持后仅六个月，Gorgas 医生就征服了巴拿马的黄热病，并且在抗击疟疾上也取得了极大的进展。

在 Stevens 的指导下，所有工作都采用了行之有效的、现代化的项目管理方法进行定义和规划。他说："聪明的管理必须建立在对事实准确认知的基础上。猜测是不行的。"他没有夸夸其谈，而是问了很多问题。人们评论说："他让我思考并发掘出所有信息。"他一丝不苟的文档奠定了整个项目工作的基础。

Stevens 也明确了运河应该如何修建，直至最小的细节。根据他的建议，1907 年该项目的目标最终确定：美国将在巴拿马建立一条长 80 千米的水闸和大坝式运河来连接大西洋和太平洋，预算为 3.75 亿美元，预计在 1915 年通航。随着范围的明确，前进的路变得清晰。

第 4 章

识别项目进度风险

工作随着为完成其而投入的时间而扩展。

——C. Northcote Parkinson, Parkinson's Law

尽管 Parkinson 的观察并未基于任何经验数据，但其真实性很少受到质疑。它似乎特别适合今天的复杂项目，这是因为，人们除了由于明显的原因会用完可用的时间，现代项目还有另外的原因。复杂项目牵涉的大部分人员是分析型的，他们喜欢精密、准确和全面。如果有时间可用于尝试以使某件事更完美，大多数工程师都会试着去做。

然而，世间却鲜有完美的项目。项目是实用主义的，其交付的是一个"足够好"的结果。实用性并不是特别激励人心，并且很少有乐趣，因此复杂项目经常偏离大路，进入荆棘丛中。完全识别进度风险需要察觉到这一点，同时恰当地使用项目管理规划工具以创建合适的项目进度，从而避免过度计划。

在前面的章节中，我们考虑了若干导致项目无法开展的因素。在本章和关注资源风险的第 5 章中，我们的关注点在于约束因素，这些因素导致本应合理的项目转变成了注定要失败的项目。项目的进度安排和资源规划的流程提供了发现项目风险的土壤，这些项目风险由这些约束因素引起。

进度风险的来源

在 PERIL 数据库记录中，进度风险案例构成略少于 30%。这些风险具有平均超过 6 周的影响，大致与资源风险相同，并且它们在 PERIL 数据库中的所有影响中约占 1/4。进度风险分为三类：延迟、估算和关联性。延迟风险是数量最多的，它们被定义为由至少是名义上受控于项目的因素而导致的进度延迟。估算风险在平均意义上是最具破坏性的进度风险，估算风险将不充足的工期分配给了项目活动。关联性风险也很严重，由于与项目外的因素相关联而导致项目延迟。（这些关联性都与时间有关，关联性风险主要由具有范围变更风险的可交付物需求导致。）每类根本原因都可进一步分为子类，总结如表 4-1 所示。

表4-1　进度风险根本原因细分

进度风险根本 原因子类	定　　义	数量 （个）	累计影响 （周）	平均影响 （周）
关联性：法律	法律、法规的改变	9	83	9.2
估算：学习曲线	假定新的工作比原来更容易	36	329	9.1
关联性：项目	在项目集中项目的关联性造成延迟	25	198	7.9
估算：截止日期	自上而下推行的截止日期是不现实的	13	98	7.5
延迟：信息	由于规范或其他需要的数据不到位造成的延迟	32	199	6.2
估算：判断	估算流程不完善或分析不充分	28	165	5.9
关联性：基础设施	基础设施不到位或支持不足（打印、IT、运输等）	23	129	5.6
延迟：部件	由于等候需要交付的部件造成延迟	60	319	5.3
延迟：决策	由于未按时对呈报、批准和阶段退出予以决策而造成延迟	24	122	5.1
延迟：硬件	所需设备晚到或不能工作	28	116	4.1

所有进度风险根本原因子类的总体影响均总结在图 4-1 中。最大影响的子类为"估算：学习曲线"，紧随其后的是"延迟：部件"。

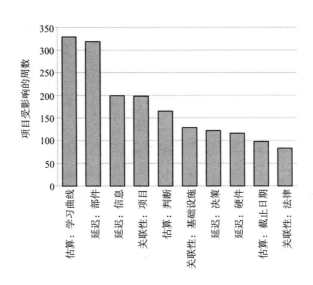

图 4-1　进度风险根本原因子类的总体影响

◢◤ 延迟风险

在进度风险中，超过一半是延迟风险，约占 PERIL 数据库中所有风险的 1/7。延迟带来的影响在数据库中任何其他子类中具有最低的均值，但是，仍然超过了 1 个月。PERIL 数据库中延迟风险的类型包括部件、信息、硬件和决策。

为完成项目交付所需的各种部件是最经常被报告的延迟根源，具有平均超过 5 周的进度影响。交付性和可用性问题是常见的这种延迟的根源所在，但是也有一些涉及国际货运的问题，包括海关、批文和相关事宜。延迟同样会来自按期抵达但被发现有缺陷的部件，需要时间来更换或修理那些不能正常工作的部件是项目延迟的重要原因。

项目需要的信息的延迟在延迟分类中占了多于 20% 的案例。这些通常也是最具破坏性的，代表了平均超过 6 周的项目延迟。一些信息延迟由分布在全球不同时区的团队导致。由于沟通时间滞后和误解而导致常规性地损失一天或多天已经司空见惯。在其他情况下，延迟由于信息获取不足或所需的报告交付中断导致。

接近 1/5 的延迟风险由延误的硬件导致，这些硬件对项目工作而言是必需的，包括系统和其他设备。这类风险平均延迟约 1 个月。

迟缓的决策同样导致项目延迟。粗略地看，约 1/6 的延迟案例由经理或其他干系人导致，他们没有快速行动以保持项目如期进行。有时是因为很难接触到决策者，或者决策者对项目本身缺乏兴趣。对其他项目而言，延迟是长时间辩论、讨论和犹豫不决的结果。面临这些问题的项目通常会为了等待对一个项目请求的反应而丧失平均超过 5 周的时间。

潜在的延迟风险可能难以预见，并且它们中的许多似乎都是未知风险。然而，在项目规划的每个阶段对输入需求进行全面的分析，将能标记出许多这样的风险。

■ 估算风险

项目所有类型的进度风险中，估算是最明显的。当你询问项目经理什么是其最大的困难时，估算即使不排第一，也会排在榜单前列。尽管如此，PERIL 数据库中的估算风险案例数量并不太多，大约有 8%，同时只占所有进度风险的约 1/4。估算风险的平均影响仅比整个 PERIL 数据库略高，为低于 2 个月的延误。复杂项目中一个常被引用的估算问题是在工作中发生的相当快的变更。标准建议是基于历史做出好的估算，但是当环境处于变化中时，历史可能并不总是像看起来那么有用（在本章后面将有更多描述）。估算风险根本原因子类涉及学习曲线、判断和截止日期。

学习曲线问题是最常见的估算风险。它的影响位于数据库的均值之上，超过 9 周。当涉及新技术或新人（或更坏的情形，两者皆有）时，估算的质量并不好。如果项目的部分工作是项目成员从未做过的，那么这个项目总是有风险的，并且尽管对工作进行详细分析能够显示出项目计划的哪个部分面临最大风险，但精确的估算是困难的。

估算中的判断是 PERIL 数据库中第二类最常见的估算风险。对大多数情况而言，估算都是简单而过于乐观的——这是最常见的项目偏差的原因之一。有些估算的工期过短，是因为仅基于三个或四个因素就得出结论。处理这些估算风险的根源，需要进行详尽的计划，具有对工作的恰当理解及分解，从而了解所需的工作量和步骤。同时需要良好地保存记录。指标及项目数据的归档在创建未来的估算中是非常宝贵的，这些估算更多地与现实相一致，而不是与过去的估算相符（即使对那些快速变化的项目而言）。拥有一些数据总比猜测要好。揭示和打击乐观估计的另一个强大的工具是最坏情况分析。"什么可能出错？"这一问题不仅能发现可能的工期的一些问题，而且能揭示一些新的潜在风险源。

截止日期是估算风险排名第三的子分类。这些不准确的估算导致接近 2 个月的延迟，并且其根源在项目之外。现代项目经常具有干系人事先设定的、激进的截止日期，干系人确定此截止日期时几乎没有或完全没有来自项目团队的输入。甚至当项目规划显示这个截止日期不现实时，这些可望而不可即的时间目标仍经常得以保留。这样的项目从一开始就注定要失败。

◢ 关联性风险

关联性风险约占进度风险的 1/5。关联性风险的影响大致与整个 PERIL 数据库的均值相同，会造成平均略大于 7 周的延迟。有三种关联性风险的子分类：项目、基础设施和法律。

具有共享关联性的其他项目不仅是数量最多的关联性风险，它们也具有相当的破坏性，会造成平均接近 8 周的延迟。在较大的项目（经常被称为"项目集"）中，一系列较小的项目相互作用，并且彼此之间相互关联。除了相互提供信息和满足定义明确的（具有范围风险敞口）可交付物，大型项目中的每个小项目必须也在进度安排上同步，以避免被其他项目拖后腿（或拖其他项目的后腿）。在复杂的项目集中，管理这些关联性是困难的，并且随着时间推移，所造成的破坏性也在增加；PERIL 数据库中的许多这类风险仅在项目临近结束时才被注意到。即使事先定义好了接口，延迟也相当常见，这是由于每个项目中的不确定性和相互关联的项目中至少会有一个项目很有可能遇到某些困难。由于存在如此多的可能失败模式，可以肯定的是，有些事情一定会出错。分析存在于项目之间的联系和接口是项目集管理的一个主要方面，通过接口管理技术就能看到项目面临的诸多风险。

在 PERIL 数据库中，基础设施关联性也会干扰项目进度。这类问题发生的频率稍微低于那些因项目相互关联性所致的情况，它们的影响通常较小，低于 6 周。这些情况包括技术服务中断，如项目所需的计算机系统的宕机或网络的中断，以及得不到足够的支持，如缺乏帮助桌面、系统支持、了解旧的应用系统的人员等。一些项目由于维护中断而延迟，而维护中断不为项目团队所知，即使他们已经事先做了安排。

与法律和监管的关联性同样成问题。尽管案例数在所有关联性风险中低于20%，但平均影响在这个子类中是最高的，超过了 9 周。国际货运法律和文书需求的突然变化也会导致问题。对法律及强制性标准的可能变化进行监控能够预警许多潜在的监管问题。

黑天鹅

在本书中，我们提到 PERIL 数据库中最严重的 20%风险为"黑天鹅"。这些影响大、难预测、罕见的事件导致至少 3 个月的进度延迟，并且略少于 1/4（206个最具破坏性的事件中的 46 个）是进度风险。将"黑天鹅"作为一个整体来看，最严重的进度风险占观测到的影响总数的一半。表 4-2 对此做了详细的总结。

表 4-2 "黑天鹅"进度风险的影响

进度风险		风险影响合计（周）	"黑天鹅"进度风险影响（周）	"黑天鹅"进度风险影响占比（%）
延迟	决策	122	51	42
	硬件	116	26	22
	信息	199	91	46
	部件	319	125	39
关联性	基础设施	129	54	42
	法律	83	50	60
	项目	198	140	71
估算	截止日期	98	47	48
	判断	165	83	50
	学习曲线	329	20	64
总计		1 758	876	50

如表 4-2 所见，"黑天鹅"进度风险分布相对均匀。有 19 个估算风险，11 个与学习曲线相关。大约 2/3 的学习曲线风险的影响由以下情况所致：

- 德国团队缺乏关键中间步骤测试所需的专业知识。
- 雇用了新的开发团队成员，而未考虑他们缺乏业务知识。
- 量产需要 40 个新的测试工程师。
- 项目新员工缺少系统的专业知识。

由估算判断导致的主要的项目出错有 5 种情况，这 5 种情况都与对项目工作过度乐观评估有关。3 个"黑天鹅"进度风险由截止日期所致，大多数是由于"为赢得业务"而做出不现实的承诺或没有项目团队的输入。PERIL 数据库中的进度延迟引发或造成另外 15 个"黑天鹅"。这些重大风险中的 6 个由于部件延迟。典型例子如下：

- 订购的组件太长，需要国际货运，因此被切割成几块运输。结果运抵的东西只能作为原材料使用，并且替换它极其昂贵。
- 送交合同实验室的测试材料数量不足。

5 个更长的延迟由迟到的信息导致，包括：

- 需要融合多个标准以支持重组。一致性定义的缺失导致项目数据转换延迟。
- 必须更新的一个旧应用程序缺少文档，找源代码花费了数周的时间。

3 个"黑天鹅"进度风险由迟到的决策所致，项目暂停以等待干系人的决策。另一个"黑天鹅"与硬件相关，原因是需要的服务器在运输中被滞留在海关。

还有 12 个"黑天鹅"关联性风险。PERIL 数据库中的 7 个"黑天鹅"关联性风险与程序相关，包括以下案例：

- 项目经理允许干系人经常变动项目范围，导致波纹效应和延迟。
- 很晚才查明复杂程序中的关联性。
- 另一个项目舍弃了一个关键项目组件所需的固件。

还有 3 个明显的基础设施例子，包括像意外的操作环境升级的情形，这样的升级会导致大量的重复工作和很大的开销。

另外 2 个项目也遇到了监管延迟，它由意外的重新验证和其所需的新的验证调查导致。

来自 PERIL 数据库的进度风险的其他例子可在本书的附录中找到。

活动定义

制订项目进度计划先要适当分解项目并定义项目工作。当处理经过分解的项目工作时，估算和排序更容易，并且风险较小。尽管整个项目可能是大型的、复杂的且容易混淆的，但分而治之的原则允许独立地考虑每个小块的工作，从而使项目团队在混乱中建立秩序。

进度计划制订（像资源规划那样）的起点是第 3 章讨论的项目工作分解结构（WBS）。如果 WBS 的最低层次描述的工作与持续 2 ~ 20 天工期或 80 小时工作量的指导方针相一致，则最低层次的每项工作就可作为制订进度计划的实际依据。如果 WBS 的分解还没有达到那样的颗粒度水平，则隐藏的风险和令人怀疑的估算就将存在，直到完成更进一步的分析和分解。管理风险依赖于了解什么是"走对路"（Going Right），因此以小的、独立的、面向交付的项目部分来开展工作是最好的选择，这样你就能对项目进行准确的估算、进度安排和监控。

WBS 的最低层级是制订进度计划的依据，但使用的术语各不相同。一些人称其为工作包，进度工具软件经常使用的术语是任务，敏捷方法论中如 XP（极限编程）则使用用户故事。在《PMBOK®指南》中的"项目时间管理"章节中，这类工作分解内容被称为活动，因此这里使用了这个术语。

制订项目进度计划需要工期估算和活动排序。你先做哪项计划任务在很大程度上取决于个人偏好。《PMBOK®指南》一书表明这两个过程在现实中是并行的。在制订项目进度计划时，工期估算和活动排序两者都是迭代的过程，同时在两者之间存在大量的相互作用。如果在工期估算之前以活动排序作为开始对你的项目来说显得更为自然的话，那么就以此顺序使用本章所述的材料。风险管理的本质就是要彻底处理这两个活动，因为每个都会揭示独特的进度风险。

工期估算

估算风险在 PERIL 数据库中提供了大量的条目，它们代表了最高的平均影响，其值接近 2 个月。好的估算过程是识别这类进度风险的强有力的工具。当能够从那些不确定中分离出准确的估算时，就更容易看到项目的风险部分。当估算自上而下或基于猜测时，项目中的风险敞口就仍然被隐藏着。相当多的失败项目是不准确的估算的结果。

在字典中，估算是"粗略的或近似的计算"。项目需要在时间和成本两方面进行粗略估计。本节的关注点是与时间相关的风险。所有的项目估算都是相关的，这里引进的许多概念将在第 5 章加以扩展，并通过估算工作量和成本的过程来识别资源风险。在项目期间引入的不同精度的估算，从用于启动项目的"粗糙的数量级"估算到随着项目运行而细化的更准确的估算，用于控制和执行项目工作。在复杂项目中，单点估算的准确度很难保证。因此，使风险可见的估算被表述为范围，或者以百分比（加或减）来标示精度，或者使用概率分布表示预期的可能性。

◢ 估算障碍

估算项目的工作极具挑战性，并且大多数项目负责人会承认他们做得不如他们所预期的好。了解造成准确项目估算困难的因素，会提供对项目风险源的洞察，并帮助我们改善未来的估算。四个关键的估算障碍是：

1. 回避
2. 乐观主义
3. 信息缺失
4. 颗粒度

或许对估算而言最严重的问题是人。在大多数项目中，人们不喜欢估算，他们避免做估算这件事。复杂项目的吸引力在于以下工作——设计、规划、工程、建造和其他活动，这些工作是项目中的理性人愿意去做的。人们避免去做估算（和通常意义上的规划），这是因为估算被视为开销，或者是乏味无趣的"例行公事"。估算被快速和勉强地完成。大多数技术人员毫无估算经验或没有接受过估算培训，因此他们的估算技能水平很低。几乎没有人愿意做他们不擅长的事情。更糟糕的是，由于提供的估算经常是不准确的，因此他们得到的大多数反馈是负面的。避免从事可能会招致批评和惩罚的活动是人的天性。

过于乐观是好的估算的另一个敌人。在 PERIL 数据库中，最常见的导致不良估算的原因是学习曲线和判断，这两者可能是非常普遍的人类乐观倾向的特征。估算不足造成了许多额外的项目问题，包括项目后期工作量的急剧增加和截止日期的延迟。乐观的估算经常基于最佳情况分析（假设每个活动都不会出错），与人们对完成项目工作的时间的假设和对项目团队的才能和速度的过度自信有关。PERIL 数据库中的第三种估算风险是自上而下的截止日期的压力。当发起人和干系人不适当地乐观时，会给项目强加不切实际的时间约束，强迫项目团队只能基于可用的时间而不是工作实际情况来制订进度计划。

第三个问题是信息缺失。项目初期的估算是较早分析的结果，可获得的项目信息的数量和质量都处在较低的水平。通常，范围定义仍然处在变化和未完成状态，在进行估算时，对工作的重要部分的理解也非常肤浅。此外，在大多数现代项目中，很少（有时没有）使用历史信息进行估算，并且没有使用事先定义的估算流程。经常使用的估算方法是猜测。

第四个导致低劣的估算的因素是工作的颗粒度。对项目而言，早期的估算基于对工作和可交付物的描述，因而缺乏许多细节。当估算基于缺失细节或验收标准的项目可交付物时，从长期来看，它是不准确的。长期项目活动的估算质量同样低劣。基于 WBS 的最低层次的项目活动的指导方针——粗略地说，2周工期或 80 小时工作量——会得到更好的估算结果。如果项目活动工期超出 1个月，则针对持续时间的估算会很不准确。

回顾一下，数据指标、定义良好的估算流程、清晰的范围、严格的规划和定期审查对改善估算和降低估算风险都是有帮助的。

■ 估算方法

PERIL 数据库中的大部分风险被归类为判断和学习曲线问题。所有受这些风险影响的项目都出现了重大延迟，这些延迟由不切实际的短期估算导致。许多项目未能合理地考虑工作中复杂性的增加或新技术的采用。其他项目则长期低估交付时间和其他常见的项目依赖关系。即便不能消除这些风险，更好的流程和对性能数据更多的关注也将有助于识别这些风险。

所有有效的估算方法都依赖历史。对一个项目的工作工期（或工作量）而言，最好的预测是采用对较早完成的同样（或类似）工作进行过的测算值。所有有效的估算要么直接使用历史数据，要么以历史数据为基础。合适的数据源对进行好的估算和降低估算风险都是必要的。好的估算基于：

- 历史数据 。
- 专家和专业判断 。
- 规则和公式。
- 相对规模和规模评估。
- 德尔菲法估算。
- 进一步分解。

对那些上述方法都失效的估算，将存在估算风险。

历史数据。最简单的估算方法是查找答案。对所有类型的项目而言，最有用的历史数据是在以前工作中遵循规范精心收集的确凿数据。遗憾的是，对大多数项目负责人来说，这样的项目数据库可能很少涉及近期的项目，从而缺少有用的信息。有关项目活动工作量和工期的潜在信息源可以通过查看以下数据找到：

- 项目事后分析和经验教训报告。
- 来自最近项目的个人笔记和状态报告。
- 来自项目团队成员的笔记。
- 发表的技术数据（在组织内部或公开发表的）。
- 参考资料和工程标准或其他标准。
- 互联网（提供不同可靠性的数据）。

能观察到的历史信息很多。与其他人讨论项目以探索他们的记忆。书面记录下来的历史数据更可靠，但是轶事类信息更容易得到。记忆可能并不可信，但是任何历史信息都能够作为初步估算的很好的起点，特别是当数据是最近的、相关的和可信的时。

文档化的历史数据的缺失是很容易解决的问题。测量和生产率分析对正在进行的估算风险管理来说是至关重要的，因此，至少对于你自己的项目，你要下决心开始并继续收集实际的活动数据。第 9 章将对风险管理有用的指标进行详述。

专家和专业判断。当项目中没有人具有相关的经验或数据时，在项目之外可能存在其他人具有相应经验或数据。找一找同行、经理和你的组织中其他的技术人才。寻求专业协会的同事的意见，这些同事在其他公司从事类似的工作。技术或管理领域的外部顾问也许会有有用的信息，他们将以收费的方式分享这些信息。甚至来自服务提供商的报价和建议也会包含有用的数据，你可以使用它们估算项目工作。

规则和公式。当经常重复一类工作时，随时间收集到的数据可能演变成有用的公式，用于估算工期和工作量。这些公式可能是非正式的经验法则，它们提供了关于活动输出的可测量的近似估计值；或者它们可能是复杂的、准确的（或至少看上去是准确的）解析方程，它们通过使用以前项目的数据进行回归分析而被导出。一个在软件开发领域经常被引用的公式是构造成本模型（Constructive Cost Model，COCOMO），由 TRW 的 Barry Boehm 在几十年前第一次引入，然后基于数年在南加州大学的工作和其他很多人的工作改进而成。如果你的组织支持这种基于规模的估算方法，请使用它们，并贡献来自你的项目的数据以提高其准确性，同时保持数据是最新的。

相对规模和规模评估。类似 COCOMO 使用量化指标来获得工期和成本的估算，基于规模的估算可能也是有用的，即使它们更多地基于定性评估。对小型项目（或使用敏捷管理的较短迭代项目）而言，所谓 T 恤估算法可能对规划是有用的。活动被定义并分类为诸如小型、中型、大型或超大型活动。在这些类别中，定义的工作能够被比较，并且可以对那些表现得与定义不符的工作进行调整。相对估算在定义了标准的情况下（如"小型"等于 1~3 人天）效果最好。团队具有足够的经验使用这个技术，以确保在每个类别中可以在一个月内完成的活动数量之间的合理相关性。相对估算也可以是介绍估算方法的一种合适的方式。

德尔菲法估算。个人不能告诉你的事，团体却可能告诉你。德尔菲法估算使用来自几个人（最少 4~5 人）的输入，以建立数值估算范围和激发讨论。这个方法依赖以下事实，即尽管没有一个人能够自信地提供可靠的估算，但由若干干系人组成的团体经常能够提供一个现实的预测（以及对评估不确定性有用的范围信息）。德尔菲法估算是一个借助群体智慧进行历史数据挖掘的过程，不这样做的话，这些数据就将保持隐藏状态。这种方法是协作性的，因而有助于提高认同感、归属感。

进一步分解。在缺乏历史数据时，你可以使用的另一个方法是创建一些数据。先把要估算的活动拆分为更小的工作，然后选取一个具有代表性的部分。执行这部分工作，并测量完成它所需要的工期（或工作量），从这部分工作的实际测量结果推断出整个活动所需的工期（或工作量）。如果将活动看成小型项目，则一些活动也可以被更好地估算，如调查、分析、开发、文档和测试等阶段。

如果这些方法对于活动估算都没有作用，你将面临估算风险。

■ 估算流程

好的项目估算需要许多输入，它们以项目活动的全面清单为起点。另一个是资源计划，涉及项目可获得的人员和其他资源的信息。资源计划是《PMBOK® 指南》（第 6 版）的"项目资源管理"章节的一部分，并且是第 5 章的一个主要话题。需要获得资源信息的一个主要原因早在第 3 章就已提及：你需要了解项目 WBS 最低层次活动的负责人。活动负责人通常负责活动工期的估算。无论该负责人是一个人，还是领导一个团队，或者作为另一团队的联络人，工作的估算最终都是该负责人的职责。

准确的估算需要关于每个活动的明确、具体的信息。记录那些可能影响估算的任何活动工期的约束条件或项目假设。当具有不止一个可交付物的活动可以被进一步分解，进而为每个可交付物都创建新的、更小的活动时，它们会更容易被管理，并具有较少的风险。验收标准和明确、可测量的需求同样也对准确估算有益。如果规范不明确，澄清它们并说明项目风险。

有 3 种不同种类的项目估算：

1. 工期估算，按活动工作时间（通常是工作日）测量。

2. 工作量估算，用人和时间的组合（人天或类似组合）进行测量。

3. 日历估算，按持续时间（日历天数）测量。

每类估算在规划过程中都有其位置。工期估算被用于进度分析。工作量估算基于资源分析并与项目成本相关。日历估算支持项目在截止日期前完成并提供准确的跟踪。项目规划需要所有三种类型的估算，并以工期估算或工作量估算之一作为开始。接着做其他估算，最后生成日历估算，用于制订项目进度计划。不论你喜欢用怎样的估算顺序，好的规划和风险管理依赖自下向上的项目分析所导出的估算。避免钉死日期的或随意、人为的估算。用不切实际的估算制订进度计划会产生风险，并削弱你进行必要的项目变更的能力。

有些项目负责人喜欢先导出工期估算，然后随着其他规划数据，如活动顺序信息的就绪，生成工作量估算。工作量估算可能会被用于验证和调整日历估算。此估算流程如图 4-2 所示。你也可能喜欢以工作量估算作为开始，不论使用哪种顺序，你都必须考虑同样的问题、因素和风险。

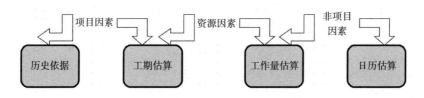

图 4-2　估算流程

项目因素和工期估算。如上所述，项目估算方法（包括猜测）始于以某种途径获得的来自历史和经验的信息。从每个活动的最佳可用历史数据和经验开始，生成工期估算。

基于当前项目和较早项目的区别，使用项目特定的信息来调整初始评估。

项目因素包括：

- 明确的项目规范。

- 重大规范变化的可能性。

- 新的资源需求。

- 更长的总体项目工期。
- 不寻常的技术复杂性。
- 需要的新技术。
- 对可靠性的要求极高。
- 项目团队的地理分隔和文化多样性。
- 基础设施和环境的差异。
- 培训需求。

每个 WBS 的最低层次活动都需要工期估算，它们以工作日（或其他合适的单位）来测量。除了为调整历史数据提供输入，这些项目特定因素也会揭示重大的项目风险。如果是这样的话，给它们列个清单。

估算本身也可揭示风险。任何具有不确定性的估算活动都是有风险的。然而，对估算缺乏信心也是风险的征兆，而不是风险本身。当你的任何项目估算看起来都不可靠时，要探究原因，并注意风险的根本原因。低信度估算的常见来源是缺乏工作及活动经验，它会导致若干不同结果。

资源因素和工作量估算。工期估算与项目的人员和团队信息相结合，为工作量估算提供了基础。初始的资源规划提供资源因素的信息，例如：

- 每个项目成员每天花费在项目工作上的时间数量（项目小时数）。
- 为每个活动工作的人员数量。
- 每个项目成员的技能、经验和生产力。
- 培训和指导的需求。
- 每个人的非项目职责。
- 分散性团队的沟通不畅和其他后果。
- 项目期间可预见的人员周转或流失。
- 项目（和其他）会议的数量和持续时间。
- 项目沟通和报告的数量。
- 旅行需求。
- 还未被分配到项目的所需人员数量。

清单上的第一个因素，即一天的项目小时数，是低估的常见原因。人员工作的每小时并非都用于项目活动。会议、沟通（正式、非正式或两者皆有）、休息、就餐和其他中断都占用时间。甚至每天 5～6 小时的项目活动的假设对许多项目来说都可能明显高于实际情况。生产力同样是一个充满变数的来源，对单个团队成员而言，它有很大差异。任何为分派特定人员从事相关工作而做出的工作量估算和工期估算都是有风险的。这些和其他与资源相关的风险将在第 5 章中详细讨论。

通过按照资源因素考虑每个活动所需的工作量，你能够以人时（或人天，或其他的人员与时间组合）为单位确定活动工作量。

非项目因素和日历估算。最后的估算步骤是把工期估算转换为日历估算。为把工作日工期估算转换为日历估算，你需要考虑所有不能用于项目工作的日子。计算机进度工具简化了这一过程，可以将以下许多因素输入日历数据库中，以便于软件进行计算。一些非项目因素包括：

- 节假日。
- 周末。
- 休假和其他带薪休假。
- 其他项目。
- 其他非项目工作。
- 冗长的非项目会议。
- 设备停机时间。
- 中断和停机。
- 定期体检。

日历估算包括每个活动开始和结束之间的所有时间。每个活动的特定日期通过结合工期估算、非项目因素和我们将在本章后面讨论的活动排序信息而得出。全球项目的一个特殊风险是在地理上分隔的若干项目团队分布在不同时区，因而他们在计划休假时间上存在差异。由于不同的民族和宗教节日，项目团队可能会频繁中断工作，而项目负责人对这些中断会感到意外，他们可能根本没有意识到这些相关的节日。

◾ 应用估算方法

表 4-3 总结了可用于各种情况的估算方法。对每个项目活动而言，团队要

么具有经验，要么毫无经验。对于涉及的工作类型，相关指标要么存在，要么不存在。

表 4-3　估算方法

	存在相关指标	没有可用数据
具有经验	<ul><li>回顾会议</li><li>数据库</li><li>参数公式</li><li>经验规则和"尺寸"（size）法</li><li>笔记和状态报告</li></ul>	<ul><li>任务负责人的输入</li><li>同行的输入</li><li>检查</li><li>德尔菲法</li><li>WBS 里的短期任务（最长 20 天）</li><li>进一步分解</li></ul>
毫无经验	<ul><li>公开发表的信息</li><li>供应商报价</li><li>专家咨询</li></ul>	<ul><li>猜测</li><li>外部帮助</li><li>老办法</li></ul>

最高的估算风险在最坏的情况下被发现，其位于表格右下方：毫无经验且没有可用数据。这一情况非常普遍。在复杂项目中，对于一系列需要你估算的活动而言，这可能是经常发生的。最常使用的估算方法涉及猜测，有时借助神秘规则；在此情形之下，猜测可能是你的最佳选项。你同样也可以考虑替代的方法，如找一个有经验的人，向其咨询你的项目，或者基于你的团队成员具备经验的方法去重新规划工作。

当你没有经验，但已经找到了一些外部信息时，情况会得到轻微的改善。基于外部某些人的测量结果的估算好于什么都没有，但是，除非你的项目与被测量的项目类似，否则那些测量数据可能与你的项目毫不相关。在这两种情形下，当你对项目活动的工作缺乏经验时，估算是高风险的，同时你应将活动工期估算的潜在不准确性加入项目风险清单中。

表格右上方是之前已经完成，但没有数据留存的活动。尽管这种情况不应该发生，但在现代项目中其实相当普遍。如德尔菲法那样的分析可以提供充分的估算，但仍存在估算风险。随着时间的推移，更多的数据收集能够帮助你更好地管理这些风险。

最好的情形是表格左上方。经验和测量指标这两者可以为项目活动提供可信和可靠的估算。最终，积极主动的风险管理和训练有素地应用其他项目流程将推动（虽然不是大部分但也很多）活动向左上方移动，甚至在高科技项目上也是如此。

另一个重大的估算风险源是派遣到项目上从事工作的人员。"好的"估算需要被相信，这意味着这些估算来自有意义的数据和方法。这是一个好的基础，但是，如果不能获得项目团队的认可，即使最好的估算方法也会产生不可靠的估算。不论将多少数据用于估算，如果从事工作的人员不认可它们，则它们是有风险的。好的估算必须既是可信的，也是被相信的。

▪ 不确定性导致的工期估算的调整

刚刚讨论的所有方法都为项目活动生成了确定的单点估算。但这类估算远离现实的精准度。为了更好地处理不确定性和风险，20 世纪 50 年代后期，美国军方开发了项目评估和审查技术（Program Evaluation and Review Technique，PERT）方法。PERT 的最早形式对每个活动使用三点范围估算：乐观估算、最可能估算和悲观估算。（PERT 可以用于时间和成本这两方面的分析。这里聚焦于时间分析。成本分析将在第 5 章讨论。）

传统上，PERT 映射为一个具有 β 分布的钟形分布，如图 4-4 所示，它要么向乐观倾斜，要么向悲观倾斜。三点估算定义了图中分布曲线的范围和峰值，并且期望活动工期（曲线 50%的点）可以使用公式推导出来：

$$t_e = \frac{t_o + 4t_m + t_p}{6}$$

式中　t_e——计算的期望工期（均值）；

　　　t_o——乐观工期（最佳情况）；

　　　t_m——最可能的工期（分布的峰值）；

　　　t_p——悲观工期（最坏情况）。

PERT 也被用于定量评估估算风险。对 PERT 而言，可能的结果范围允许你在估算每个活动工期时接近标准偏差（σ），其中：

$$\sigma = \frac{t_p - t_o}{6}$$

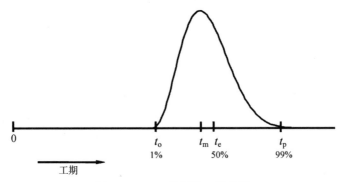

图 4-3　PERT 分析的工期估算

PERT 的理论朝正确的方向迈出了一步，但在实际中，PERT 分析可能是有问题的。PERT 最常见的三个问题是分析所需的时间和工作量、数据质量，以及对这些信息的滥用。

PERT 需要更多的数据——三点估算。这需要更多的时间来收集、输入和分析。收集过程对项目团队来说是令人烦恼的，而且使用通用的项目管理工具不容易整合三点估算。鉴于此，PERT 分析的成本可能超出结果所表现出来的价值。

如上所述，估算的质量令人怀疑，准确性通常较差。乐观和悲观的定义可能是不一致的、任意的和令人困惑的。PERT 最初定义了"1% 尾部"的范围限度。其建议人们想象做一个活动 100 次，并选择估算结果。这个估算结果仅是把一次低于乐观估算的工期和一次超过悲观估算的工期排除在外。对于大多数活动，这些估算通常是胡乱猜测的，或者固定地加减百分比。正因为如此，PERT 通常是垃圾数据的受害者。

或许 PERT 未被广泛采用的最大原因在于对所涉及信息的潜在滥用。许多组织在这个问题出现之前一度尝试使用 PERT，但最终还是放弃使用。一切事情最初都是好的。项目团队使用令人难以理解的 β 分布和"1% 尾部"（或"50% 尾部"——有许多变种）来尽力找出每个活动可能涉及的三点估算。项目的 PERT 分析进行了一段时间，对项目不确定性的深入了解开始显现出来。这种状况一直持续，直到一些聪明的中层管理人员注意到了"乐观估算"。由于项目团队至少暗示了这些估算实际上是不可能的，因此项目经理就开始坚持仅依赖最激进的估算来制定进度计划，并以此来定义项目的截止日期。PERT 的统计基础则预测，这样的进度计划基本上没有成功的机会，并且经验总是证明预测是正确的。如果在此之后仍保留有对 PERT 的兴趣，则说明接受了经验教训的项目团队，为了把估算做得更为合理，开始对乐观估算使用不同的定义。

尽管 PERT 方法，特别是用其传统的形式会带来麻烦，三点估算仍然有用。乐观估算分析是探索项目机会的一种重要工具，因此我们在第 6 章中将讨论使用 PERT 分析以探索项目机会。

甚至更重要的是，悲观（或最坏情况）估算是项目风险信息的丰富来源。在收集活动之后，使用如下的问题来调查最坏的情况：

- 什么可能出错？
- 问题最可能产生的后果是什么？
- 员工在这一领域有相关的经验吗？
- 我们之前类似的工作遇到过问题吗？
- 这一活动依赖我们无法掌控的输入、资源或其他因素吗？
- 我们对这项工作的哪些方面理解不到位？
- 假如你押注于这些估算，它们会改变吗？

对这些和相关探寻问题的响应将提供两个重要的项目风险数据。你所揭示的潜在后果，包括进度的落后、附加的成本和其他信息，对后期的项目风险评估是有用的。更为明显的是，任何潜在的进度延误（或其他重大影响）的根源或根本原因都是你的风险清单里的项目风险。

进度影响信息也可用于 PERT 的简单变体，以提供对进度风险的洞察。这一分析使用了初始的活动估算，它们为乐观和最可能这两种 PERT 估算，本章的帕金森定律则预言了这点。你在任何活动期间收集的最坏情况信息为你的悲观估算提供了数据。这意味着分布将基本上是三角形的，与图 4-4 类似。期望工期的近似公式为 $t_e = (5t_m + t_p) / 6$。

尽管 PERT 技术如三点估算与活动估算相关，但是 PERT 分析和更复杂的模拟技术实际上也是项目风险评估工具。第 7 章和第 9 章将详细地探讨 PERT 和相关工具的使用。

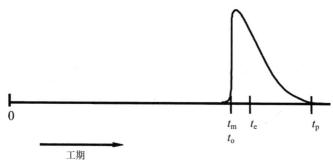

图 4-4　PERT 三点估算

活动排序

当你结合活动排序信息和活动估算来制订项目进度计划时，额外的进度风险变得可见。活动排序需要你确定每个项目活动的关联性，这会揭示许多项目延迟的潜在根源。延迟和其他关联性风险是 PERIL 数据库中大多数进度风险的根源。

一个将与活动排序相关的进度风险最小化的有效方法是将长期的、复杂的项目分解成一系列更小的项目。这个原则是敏捷（进化的、循环的）软件开发方法的基础。如果周期足够短——在如 Scrum 方法中，大约 4 周为一个普通周期——关联性要么变得无关紧要，要么变得足够简单，使得管理它们变得轻而易举。对大多数情况而言，除了在冲刺或迭代循环中的特殊情况，Scrum 会忽略任务的关联性。同样的原则也适用于一般项目，项目的整体弧线越短，则因活动关联性而产生的风险就越少。

在更加复杂的项目中，许多可能的关联性会与项目活动相联系，但是它们大多数是完成—开始关系—— 一旦一个活动或一系列活动完成，则其他项目活动就可以开始。有时，一些活动可能需要通过同时开始或结束来进行同步，并且项目工作的逻辑也可能依赖各种各样的中断和滞后。尽管项目规划可以包括一些更加异乎寻常的关联性，但在一个典型项目网络图中，大部分的关联性是完成—开始的关系，因此正是这些活动的关联性最可能导致工作流问题和延迟。

发现由活动关联性引起的风险需要所有项目活动都与其前后活动相联系。

进度计划的制订需要一个无间隙的项目活动（和里程碑）的逻辑网络。为你的项目建立一个逻辑工作流，使每个项目活动都毫不例外地具有一条向后回溯到项目初始里程碑的连续路径，以及一条向前前进至项目截止日期的连续路径。如果存在间隙或无连接，则项目分析和风险标识将不完整（且可能毫无意义）。为了使用计算机工具规划项目，应避免使用诸如必须开始和必须结束的日期锚定逻辑等功能。软件将生成甘特图，它与项目计划看起来很像，但是你无法执行进度分析，可进行合适的项目跟踪或有效地识别进度风险。

◾ 关键路径方法论

关键路径方法论（Critical Path Methodology，CPM）分析将工期估算和关联性信息相结合，以计算最短项目工期。对大型项目而言，最好使用计算机工具来完成分析。一旦活动、工期估算和关联性全部都被输入计算机进度工具的数据库中，软件就会自动分析项目网络图。构成最长序列的活动集合就是项目的关键路径，它通常以适当的醒目红色加以强调。每个红色的活动都承载着进度风险，因为如果它超出了工期估算，则项目中后续的每件事情都会延迟，其中包括项目的截止日期。

CPM 同样也计算非关键活动的浮动时间，并显示任何可用的灵活性。如果浮动时间少，即使一个给定的活动被标以使人宽心的蓝色，它也是有风险的。当最坏情况估算超出了计算的浮动时间时，即使拥有大量浮动时间的项目活动也可能是有风险的。那些拥有大量浮动时间和看起来估算可靠的其他非关键活动也与风险管理相关。它们可能代表了重新规划的机会，使项目保持在正确的轨道上。

计算机进度工具可以轻松地进行假设分析，并且揭示有风险的活动，这些活动不在项目关键路径之上。第一步是制作一份项目数据库拷贝（你可以操作这份拷贝以标识出附加的进度风险，保证原始进度完好无损）。通过删除拷贝中的所有关键活动，你能够看到由此产生的项目的结果，并且能够生成一份关于下一步需要密切注意的风险活动的清单。

更有启发性的是，以最坏情况估算替代所有初始估算，以观察会发生什么。当一次执行一项活动时，你会发现项目整体对每个潜在的问题有多么敏感。如果你输入了所有的最坏情况估算，你就获得了一个计划的版本，计划的进度远远长于可能的时间，而其终点则显示出每件事都犯错将导致事情会如何糟糕。（同时记住，你的分析是基于已知风险的，如果存在重大的未知项目风险，即使你的最坏情况估算也可能是乐观的。）

现实中，项目中的每个活动都至少代表了一个低层级的进度风险。计划中的任何一项工作都可能导致你的项目失败。CPM 分析是有用的技术，它确定了哪些进度风险在你的风险清单上。

◤ 多重关键路径和时间不确定性

项目可以而且经常有不止一条关键路径。多重关键路径进一步增加了进度风险。为了解原因，考虑如图 4-5 所示的简单网络图。路径 A-D-J 和 C-H-L 这两条路径都被标记为关键路径，并且在此分析中，我们将假设期望工期，其中，活动提前或按时完成的概率与活动延迟完成的概率是相同的。如果项目有单一关键路径，则整个项目提前或按时完成与延迟完成具有相同的概率——50%对50%（假设所有事件和活动是互相独立的，本文后面还有更多关于这方面内容的讨论）关于图 4-5 所示的项目，我们可以说其有两条关键路径吗？

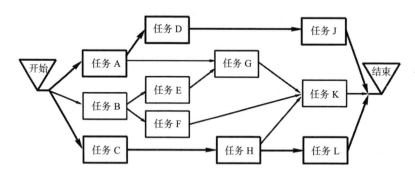

图 4-5　有两条关键路径的项目网络图

对每条路径按时或提前完成的期望和对活动的期望是一样的，50%的概率，但有两条路径。如果与这两条路径相关的风险是独立的，则图 4-6 的矩阵表明了每个可能结果的概率。项目仅有 1/4 的机会提前或按时完成，因为这需要两条路径都提前或按时完成，这只有 25%的概率。

当有多于两条的关键路径时，情况会更为糟糕。如果有三条关键路径，提前或按时完成的概率就下降到 1/8，并且每增加一条关键路径，概率又会降低一半。存在越多潜在失败的模式，项目延迟的可能性就越大。更复杂的项目甚至会面临比这更高的风险。很少有项目使用约等于略早或略晚的估算来进行项目规划。鉴于在前面章节中已经讨论过的原因，包括乐观偏见、缺乏经验和政治压力等，比较激进的估算对现代项目而言是通常的做法。如果实际估算为提前或按时完成的概率为 10%，与图 4-6 类似的项目将仅有 1% 的成功概率。

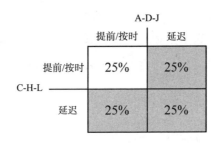

图 4-6　有两条关键路径的项目的结果矩阵

除此之外，这一分析假设所有的事件在统计上是独立的。尽管独立性的假设可能对某些项目是有效的，但对大多数项目而言，所有工作都是由相同的项目团队人员完成的，而且大部分工作是彼此相关的。假设一个指定活动的结果不影响其后续的活动是不切实际的。项目问题趋向于级联，并且项目活动之间经常存在明显的正相关性。所有这一切的结果就是由于多重并行失败模式，进度风险和时间的不确定性显著地增加了。

安排有风险的工作

活动时间也会增加项目风险。当一个活动具有高不确定性时，将其安排在项目后期再开始是人类的天性。如果完成一个活动需要发明一些新东西，或者具体的工作不是很清楚，你可能很想推迟此活动至项目后期，理由是推迟或许能给你提供弄清楚它的一个机会。把有风险的工作安排到项目的结束阶段也允许你少写一些状态周报，周报中没有关于问题活动的坏消息。

尽管充满诱惑，它却是一个坏主意。把风险较大的活动推迟至项目后期会导致既增加项目风险，又增加项目成本。通过更早地安排有风险的工作，你能够更快地以更少的工作量就知道是否有哪些活动会使整个项目不可能完成。当你更早地发现了这些问题时，项目的决策者就具有更多的选择，包括改变目标、利用剩余时间寻找其他方法来继续执行项目，或者直接放弃全部工作。如果一个有风险的活动被推迟至项目后期，变更可能是不可能的或花费巨大，并且仅存很少的时间或没有时间去寻求另外的方法。或许所有情况中最坏的是发现项目不可行，并在付出几个月（甚至几年）的努力之后被取消。当在较早阶段安排有风险的工作时，在仅仅付出小部分的项目预算而不是几乎全部预算之后，就能做出取消的决定。除了浪费时间和金钱，迟到的取消决定会使项目团队失去活力，这将使在未来的项目中找到充满热情的项目成员变得困难。

◤ 进度路径收敛

另一个项目风险是所谓的"扇入"（Fan-in）导致的。具有大量前向依赖的项目网络图中的很多地方是里程碑，而项目网络图中的任何收敛点都代表着进度风险。当任何前置活动未完成时，项目工作都停止于一个里程碑或活动处，因此每个附加的路径都代表了一个附加的失败模式并增加了延迟的可能性。在一个大型项目集中，里程碑、阶段出口、关键点和其他生命周期检查点经常由于单点未满足需求而被延迟。即使当所有其他工作都令人满意地完成时，项目也会停顿，直到最后的前置依赖完成。

对许多项目而言，最大的"扇入"是最后的里程碑，它通常具有大量的前置活动。即使在图 4-5 这一简单的项目网络图中，完成里程碑也有三个前置依赖。

◤ 接口

项目外的关联性风险也在 PERIL 数据库中充分地表现出来。所有类型的关联性都可能代表进度风险，但是接口——关系到一个或更多项目的关联性是特别有风险的，这些风险的影响处于 PERIL 数据库中所有进度风险的最高等级，平均每个项目几乎需要 8 周。对一个包括若干项目的大型项目集而言，项目之间的联系几乎是普遍的。当每个项目团队规划其工作时，必须很好地计划和管理与其他项目的关联性。项目内部关联性会带来进度风险，但接口的风险更大。对进度互联而言，每个项目仅包含一半的连接，要么为前置活动，要么为后继活动。可交付物可以是组件、服务、信息、软件或一个项目创建的要作为另一项目的输入的任何产出。预期接收可交付物的项目会潜在地面临进度和范围这两种风险。如果移交晚了，依赖其的项目将会出错。即使准时交付，但如果可交付物不可接受，项目（并且整个项目集）就可能有麻烦。由于在分别管理的项目之间关于项目进展的能见度有限，接口对识别和管理风险来说具有特殊重要性。

管理这些接口和相关风险的流程最好在项目集层级进行，第 13 章关于项目集风险管理一节将对其加以描述。

接口管理需要在涉及的每个项目之间制定书面协议和承诺，即使如此，它也是有风险的。应将你的项目的每个接口关联性增加到项目风险清单中。

◢ 规划范围

另一个进度风险源与项目工期有关。当你夜晚在黑暗的道路上驾驶一辆汽车，除了前大灯之外没有其他的照明时，你仅仅能看到前面有限的距离。前大灯射程为几百米，因此你必须保持警惕，并经常检查前方道路，以看到进入视线的东西。

项目也具有可见性约束。项目随其可能达到的规划准确度而有很大变化，但所有的项目规划都有其限制。对于一些项目，甚至提前三个月进行规划都是困难的。敏捷方法提供了一种处理高度易变的项目环境的方法。对其他项目而言，规划时间可以更长，但项目规划通常超过 6 个月就不准确了。过于超前规划的工作所固有的不确定性是任何长期项目重大进度风险的一个来源。对任何超过 3 个月的例外、异常或无人值守的活动应做具体的说明。定期明示项目规划中的活动，以审查估算、风险、假设和其他项目数据。风险管理依赖根据这些审查结果对项目规划做调整的定期建议。

项目审查在项目自然过渡时最有用。最常见的是项目里程碑，例如，生命周期的结束阶段、开发迭代、阶段关口或检查点。当项目目标有任何重大变更、有项目团队的主要参与者离开或有新的参与者加入项目团队，以及在商业重组

之后进行一次审查是很有用的。对于长期项目，至少每 3~6 个月应安排一次
审查。

风险记录

在整个规划和进度流程中，进度风险变得可见。下面这些具体事例都是项
目风险：

- 长期活动。
- 重大的最坏情况（或悲观）估算。
- 不确定性高的估算。
- 过于乐观的估算。
- 全部关键路径（以及接近关键路径的）活动。
- 多重关键路径。
- 逻辑网络图的收敛点。
- 外部关联性和接口。
- 超出规划范围的截止日期。
- 跨职能和分包工作。

扩大项目进度风险清单，增加每个识别的进度风险并对风险状况进行清楚
的描述。在整个项目规划流程中，风险清单不断扩展，并作为项目风险分析和
管理的基础。

识别进度风险的关键思路
- 确定所有不确定估算的根本原因。
- 识别所有不基于历史数据的估算。
- 注意造成延迟风险的若干关联性，包括所有接口。
- 识别有风险的活动，并在项目早期安排它们。
- 查明与多重关键路径（或接近关键路径）相关的风险。
- 在项目进度的扇入点处识别最具风险的依赖。
- 注意与漫长的项目相关的风险。

第二个巴拿马运河项目：规划（1905—1907 年）

在巴拿马运河项目的早期，John Stevens 几乎把所有的时间都花在工人身上，问各种问题。他追求的是全面的项目规划。Stevens 把他了解到的一切都融入了规划，建立了他所需要的推动项目向前的基础。

主要的施工工具是 Stevens 熟悉的一种：铁路。他意识到挖掘大量的沟渠仅是部分工作。挖出的土必须运离中巴拿马的切口处，在那里轮船将在某一天通过，同时土必须被放置在海岸附近，以建造需要的巨大土坝。在刚进入 20 世纪的巴拿马雨林中，铁路不是做这件事仅有的最佳方法，但它是唯一可行的方法。Stevens 所做的规划大部分围绕着铁路这一工具，并且早在 1906 年，他就已经准确地写出做这件事的方法。当挖掘工作恢复时，他精心设计的、使用铁路的方式使得工程顺利进行，并且一直持续下去，直到工作完成。

当 Stevens 将工作分解为更小的、容易理解的活动时，运河项目才开始看起来是可能的。工作的每个部分现在都被理解为曾在之前某地做过的某些事。它变成了这样一件事：一次一个活动。

就其才华和能力而言，John Stevens 从未想过自己能完全胜任管理整个项目的工作。他在勘测和建造铁路方面经验丰富。运河项目涉及建造巨大的混凝土船闸，它们将船从海平面升到接近 30 米高，然后再下降到海平面，共有 12 个这样的设施。这个项目同样需要大量的水利知识，这对运河的高效运转是基本的。Stevens 对这些工程类型都毫无经验。他不喜欢这里湿热的气候，以及无所不在的昆虫，这导致他在两年后，即 1907 年，辞去了总工程师的职务。

辞职没有得到罗斯福总统的同意。失去如此称职的项目负责人对项目来说意味着巨大的进度风险。在完成这一最重要的项目之前，两个项目负责人现在都已经辞职，罗斯福总统下决心不让此类事情再次发生。为了接替 John Stevens，罗斯福总统选择了 George Goethals，一位非常合格的工程师。他曾经主持过数个类似的、较小规模的项目，同时他具有丰富的经验，而这几乎是巴拿马运河项目全部工作所需要的。

　　然而，罗斯福总统要的不仅是能力。对这个项目而言，他想要"一些人，他们将一直留在工作岗位上，直到我厌倦了他们在那里，或者直到我说他们可以放弃它"。这次挑选的新的总工程师和项目负责人，对罗斯福总统来说是稳定的：George Goethals 是一名美国陆军少校（不久就变成了陆军中校），如果他试图辞职，他将面临军事法庭的审判并被送进监狱。

第 5 章

识别项目资源风险

> 想要一支田径队赢得跳高比赛，你要找到一个能跳 7 英尺高的
> 人，而不是好几个能跳 6 英尺高的人。
>
> ——Frederick Terman，斯坦福大学工程学院教授、院长

Frederick Terman 是著名的 "硅谷之父"。他鼓励 Bill Hewlett、Dave Packard
和 Varian 兄弟，还有其他数百人在三藩市南部的斯坦福大学附近开始创业。从
20 世纪 30 年代开始，在意识到该地区缺乏就业机会时，Terman 开始帮助他的
学生们创办公司，成立了斯坦福工业园区，建立了全球最大的高科技中心。
Terman 善于识别和培养技术人才，并且深知这点对任何企业都至关重要。

对于复杂项目来说，缺乏技术技能或无法获得合适的人员是项目风险的一
大来源。对这些项目进行风险管理，需要仔细地评估项目所需的技能，并得到
有此类技能的人员对项目的承诺。

资源风险的来源

资源风险是位列范围风险之后的数量多且危害也大的风险，在 PERIL 数
据库记录的占比超过 30%。在 PERIL 数据库中风险造成的所有影响中，资源
风险的影响占比超过 1/4，平均影响超过 6 周，与进度风险大致相同。有 3 种

资源风险类别：人员、外包和资金。人员风险来自项目团队内部。外包风险是由于项目的关键任务用了项目团队之外的人员与服务。资金是 PERIL 数据库中最少的风险子类，因为被报告的问题很少主要由资金引起。但是资金的平均影响最大，而且项目资金不足会对项目的很多其他方面产生关键性的影响。将资源风险根本原因细分，如表 5-1 所示。

表 5-1　资源风险根本原因细分

资源风险根本原因子类	定　义	数量（个）	累计影响（周）	平均影响（周）
资金：限制	由于资金限制，项目超支	39	412	10.6
人员：动机	团队失去了凝聚力和兴趣，常见于长期项目	10	94	9.4
人员：流失	由于辞职、晋升、调动、健康等原因引起专职成员流失	65	452	7.0
人员：晚到位	成员到位晚，通常由前一个项目的延迟交付引起	20	131	6.6
外包：逾期或交付质量差	供货商延迟交付，包括排队、周转	79	506	6.4
外包：延迟启动	合同审批相关事项延迟	18	91	5.1
人员：排队	由于资源瓶颈推迟到位（包括特定的设备）	42	170	4.0
人员：暂时流失	由疾病、热站点、支持优先级等引起的暂时性的人员流失	48	184	3.8

资源风险根本原因子类的总体影响如图 5-1 所示。在所列的资源风险根本原因子类中，虽然人员风险占据主导地位，但外包风险和资金风险均位列前三。

■ 人员风险

人员风险是数量最多的资源风险，在整个数据库中占近 20%，在资源风险类别中则占 50% 以上。人员风险细分成五个子类：

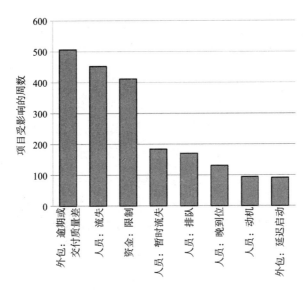

图 5-1　资源风险根本原因子类的总体影响

1. **流失**。固定员工由于辞职、晋升、调动、健康或其他原因从项目中流失。

2. **暂时流失**。员工因疾病、之前项目的可交付物出现问题（热站点）、支持优先级或其他原因导致短期流失。

3. **排队**。其他项目占用了需要的资源或专业人员，导致人员延迟到位。

4. **晚到位**。项目初期人员无法到位，通常由前面项目的延迟交付引起。

5. **动机**。团队失去了凝聚力和兴趣，常见长期项目。

固定员工的**流失**是目前为止所有风险类别中影响最大的，项目平均延迟 7 周。固定员工的流失在人员风险中大约占 1/3。固定员工流失的原因包括辞职、晋升、调动或到其他项目，以及人员裁减等。很难事先发现这些风险，但良好的跟踪记录和趋势分析有助于设定一个切实可行的项目预期。

人员**暂时流失**是又一个最常见的与人员相关的风险，大约占全部风险的 1/4。其整体影响比固定员工的流失低，影响项目延迟平均在 4 周以内。引起人员暂时流失的一个典型原因是之前项目的可交付物出现问题。其他造成人员暂时流失的原因还包括疾病、出差，以及组织重组。

排队问题约占 PERIL 数据库中与人员相关的风险的 1/4，对项目进度的平均影响是 4 周。大多数组织通过将投资在专业知识及昂贵的设施和设备上的资金最小化来优化运营。这导致了人员或设施的可能短缺，以及项目之间的资源争抢。大多数项目要依靠一些与其他项目共享的特定的专业技能，如在项目开始阶段需要的系统架构师，在收尾阶段需要的测试人员，以及全过程都需要的其他专业人员。如果一个项目准备开始工作，而恰好有一个空闲的专家，那没有问题；但如果在你的项目需要专家的同时，已经有其他 5 个项目在排队等候，你将不得不紧急叫停项目，然后排队等候。排队论很容易理解，它广泛存在于各种制造、工程、计算机网络领域，以及很多其他商业系统中。任何与队列有关的系统都需要一些过剩的产能，以最大限度地提高吞吐量。仅出于对成本的考虑去优化组织内项目所需的资源，有时不得不剔除必需的资源，进而引起项目的延迟。

在项目开始时主要成员无法加入，也是导致大量项目延迟的原因。虽然其在与人员相关的资源风险中只占约 10%，但对项目进度的平均影响远远超过 6 周。有很多原因会引起项目人员**晚到位**，但最常见的是被某项目负责人贴切地描述为"起伏的大锤"的情形。无论何时，一旦先前项目延迟，一部分甚至全部新项目所需的人员都仍然在忙着完成先前项目。其结果是所有后续项目不得不缓慢且以不完整的人员配备开始，等待关键人员从先前项目中出来，才能开始致力于新项目。甚至在这些人加入后，项目也仍然可能有进一步的延迟，因为来自一个延迟项目的人员通常已经被压力和加班加点的工作弄得精疲力尽。"起伏的大锤"形成了非良性的且难以打破的循环。每个延迟的项目都引起了后续项目的延迟。

动机问题是最小的子类，在与人员相关的资源风险中的占比略高于 5%。然而，这些风险的平均影响却超过 9 周，在 PERIL 数据库的所有子类中位列榜首。动机问题通常是项目周期过长而导致的兴趣减少或人员间冲突的结果。

全面的计划和预先做好的可靠的进度安排有助于发现部分潜在的、最严重的与人员相关的风险。资源需求的直方图分析也能帮助你深入了解某个项目将面临的人员风险，但除非项目资源的分析可靠地整合了用于其他项目的综合资源数据和所有业务内部的非项目需求，否则其结果可能无法提供足够的洞察。你需要持续地关注人员数量与项目需求的匹配。一个人员不足的项目，根本原因是很少或根本没有在组织层面使用项目计划信息来制定或修改项目选择的决策，导致了同一时间有太多项目在执行的问题（第 13 章讲述了如何管理此类组合风险）。随着时间的推移，项目回顾分析也是一种有效的检测和测量人员配备准确与否的方法，特别是对于长期问题。

外包风险

外包风险占资源风险的近 1/3。虽然在 PERIL 数据库中出现的频率比人员风险低，但外包风险的影响更大，对项目进度的影响超过 6 周。外包风险被分成两个子类：逾期或交付质量差和延迟启动。

源于外包合作伙伴的**逾期或交付质量差**的问题，在 PERIL 数据库中显示得很清楚。近年来外包的增长主要出于节省费用的考虑，而且通常也达到了这一目的。但是，应权衡费用节省和可预测性之间的关系。在企业外完成的工作是看不见的，在企业内通过努力就很容易发现的问题，此时或许还没有表现为一个问题，到发现时为时已晚。超过 80% 的外包风险都是因为外部供应商延迟交付或可交付物不符合要求，这些事件的平均影响超过 6 周。这些延迟发生的大多数原因与人员风险相同——人员变化、排队问题、人员的可用性，以及其他问题——但可能无法知道确切的原因。延迟接受项目需要的任何东西都是一种风险，这些情况因为额外的因素而加剧，问题一直隐匿着，直到违约之日才看到（在连续几周都报告"事情进展顺利……"之后），那时候做再多的事也为时已晚。在 PERIL 数据库的案例里，延迟加剧了问题的严重性，因为项目团队不得不返工修改那些不符合规范的工作，这引起了进一步的延迟。

延迟启动也是很常见的外包风险，约占外包风险的 1/5。在任何外部工作开始之前，合同必须经过谈判、审批和签署。这些步骤都很费时间。你与企业以外的人建立新的、复杂的关系所花的时间比预计的要多得多。对于有特殊需求的项目，仅仅为了找到一个合适的供应商就可能会引起很大的延迟。在数据库中，这些延迟启动的平均影响超过 5 周。

外包风险可以通过项目规划的过程，以及仔细分析和透彻了解所有合同条款来识别。项目团队和外包合作伙伴都必须理解合同的条款和条件，特别是对工作范围和工期的要求。

▰ 资金风险

这类资源风险在 PERIL 数据库中比较少见，在资源风险中的占比略多于
10%，占全部风险的大约 4%。然而它非常重大，因为当资金成为问题时，往
往就是一个非常大的问题。它的平均影响是所有子类中最高的，超过 10 周。
资金不足严重拉长了项目周期，而且是引发许多其他风险子类的一个根本原因
（例如，由裁员导致的人员离职，以及合作的外包由于预算的削减所引发的延
迟交付等）。

▰ 黑天鹅

在本书中，我们已经提到了 PERIL 数据库中最糟糕的 20% 的风险为"黑
天鹅"。这些事件对项目进度的影响至少是 3 个月，在最具破坏性的 206 个风
险中，有 53 个是资源风险，比 1/4 略多。如果把"黑天鹅"作为一个整体来
看，最严重的资源风险大约占总体影响的一半。表 5-2 中给出了细节。

表 5-2   "黑天鹅"资源风险的影响

资源风险		风险影响合计（周）	"黑天鹅"资源风险影响（周）	"黑天鹅"资源风险影响占比（%）
资金	限制	412	276	67
外包	延迟启动	91	12	13
	逾期或交付质量差	506	250	49
人员	晚到位	131	58	44
	流失	452	150	33
	动机	94	73	78
	排队	170	50	29
	暂时流失	184	25	14
总计		2 040	894	44

"黑天鹅"资源风险分布不均。动机和资金类在总数中占了较大的比重，
其他几个子类则接近 50% 的均值，若干与人员相关的风险类则低得多。

毫不奇怪，资金风险占了"黑天鹅"资源风险的相当一部分。15 个案例
都在这一组，几乎是这个类别所报告风险的 1/3。案例几乎全涉及项目资金不

足或预算被大幅度削减，其中的情形有：

- 为了节省费用，项目专家被要求离开项目。
- 由于裁员，没有马上能用的人，因此审批被推迟。
- 项目预算被削减，延迟修复问题花费了大量资金，且所需资源被分配到其他工作。
- 项目预算预算被限制到估算值的下限。
- 资金大幅削减（项目团队的 66%）。

还有 17 个"黑天鹅"外包风险，其中 16 个由于逾期或交付质量差，包括：

- 主要的供应商被另一家公司收购并重组，被迫寻找新的供应商。
- 研发工作被外包，但关系管理不善，最终所有的工作都要重做。
- 合同制造商未能按时交货。
- 同意变更，但供应商交付延迟，而且可交付物不能用。
- 组件被推迟交付，而且承包商被派到其他项目工作，只能兼职完成本项目。

有 1 个"黑天鹅"外包风险是由延迟启动引起的，因为解决协议条款和合同谈判往往历时数月，造成项目晚于计划启动。

有 21 个其他的"黑天鹅"人员风险。在这些严重风险中这一类的数量最多，但影响较小。固定员工流失也对项目造成了不小的伤害，导致了 9 个"黑天鹅"人员风险。下面是几个例子：

- 医学专家不再有时间支持这个项目。
- 唯一拥有产品知识的员工离开了公司。
- 经理因为母亲生病而辞职。

尽管 4 个与动机有关的"黑天鹅"风险不到全部动机风险的一半，但它们的影响占了这个子类的近 3/4。这些风险是：

- 管理者受托管理项目，但从来没有被团队接受。
- 程序员是一群志愿者，最终所有人都离职了。
- 工作人员相处不好，频繁争吵。
- 产品经理不喜欢项目经理。

还有 3 个"黑天鹅"风险是由排队引起的，项目因无法找到特定的资源而进度迟缓，例如：

- 没有可用的系统架构师，关键决定被搁置。
- 几个项目只能共享一位专家。

还有 3 个主要的人员风险是由人员配备不能按时到位造成的，因为人员被困在前一个延迟的项目里。

人员暂时流失仅造成 2 个"黑天鹅"风险。在 PERIL 数据库中，大多数人员暂时流失的问题都可以在 3 个月内得到解决。在附录 A 中，你会发现更多资源风险的例子。

资源计划

资源计划作为一个有用的工具，能预测大部分有关人员，外包和资金的风险。资源计划过程的输入包括项目 WBS、范围定义、活动描述、工期估算，以及项目进度。资源需求计划可以通过多种方式完成，如手工方式、直方图分析或计算机辅助工具。

◾ 资源需求

根据每个项目活动初步的进度安排和假设前提，你需要确定每个活动所需的技能和人员配置。使用计算机进度工具安排进度变得越来越常见，甚至在相对较小的项目中也是如此。把全部项目工作都分解安排到具体的某个人。虽然开始时初步的资源计划可以用功能或角色表示，但缺少人员分配信息的工作量估算是不准确的，而且在工作能具体到某个人且其承诺能参加项目之前，都存在重大的资源风险。任何依靠项目成员来完成但在制订项目计划时又不能指定具体人员的工作，都要确定为一个风险。

把项目作为一个整体来考虑时，还要确定全部节假日和预先计划的休假时间、非项目本身的重要会议，以及项目不可用的其他时间。同样的考虑也适用于每位项目成员。另外，也要确定项目成员所在的不同地区、国家和公司之间的进度差异。计算机进度工具是存储日历信息的好地方，如节假日、假期和其他重要日期。如果你确实需要用计算机进度工具，要在开始资源分析之前，先将所有日历数据输入数据库中。

你还需要确定每个项目成员可用的时间。即使全职人员，也很难每天为项目活动工作超过 6 小时，而兼职人员可用的时间会更少。

特别是对于已经确定有潜在风险的项目活动，如关键路径上的活动，要确定所需的全部工作量，并核实谁将负责必需的工作。了解你的项目所需要的资源，以及其与可用的资源存在的差异，是识别和管理项目风险的核心。

无论是通过检查项目计划来进行人工分析，还是通过表格或电子表格的方式，抑或利用项目管理软件中的资源分析功能，你的目标都是要检测出会对项目有害的资源缺口，试图发现所有资源承诺中的过度和不足。如果你使用计算机进度工具，也有很多这类软件，但请谨记，进度工具主要就是一个带专业输出报告的数据库。该工具所提供信息的质量，永远依赖你输入的数据的质量。你和项目团队仍需时时反思，因为计算机本身无法替你规划项目或确定风险。

◼ 使用计算机进度工具的直方图分析

对于较复杂的项目，图形化资源分析是非常有用的。资源直方图可以用来图形化地显示项目何处人员配置不足（按每个人或以项目整体为基准）。图形格式提供了一种可视化的方法，可识别初期进度计划中的那些项目人员配置不能满足所计划的工作的地方，如图 5-2 所示。在这种情况下，预期将完成所有这些活动的某一项目团队成员的工作量描述显示，该成员必须在活动重叠的情况下进行两班倒。

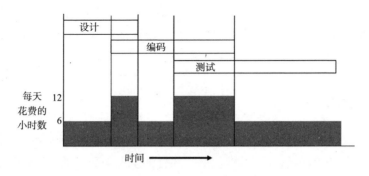

图 5-2　对个人的直方图分析

将资源数据输入计算机进度工具的益处包括：

- 识别过度承诺资源的风险。
- 提高进度计划的准确度。
- 为预算和进度计划的谈判构建令人信服的证据。
- 更加关注项目估算。

当然，对你来说，得到这些益处需要一些投入。直方图分析增加了计划过程的复杂性，以及计划和跟踪的工作量。因此在你的资源分析中，在整体项目工作量中要为此项工作分配足够的时间。

要特别警惕那些增加项目风险的假设前提，如项目成员所承诺的到位日期的可靠性。晚到位和排队都是 PERIL 数据库中重要的风险来源。

资源短缺不仅限于人员。在项目早期，还要评估项目基础设施：设备、软件和其他项目资产。如果所需的计算机、软件应用程序、测试设备、仪器、通信和网络设备，或者其他可用的硬件组件不够或不是最新的，要计划对其更换、升级或扩充。在新项目的规划和启动阶段，最容易获得完成上述这些工作所需的工作量和资金。此外，尽早熟悉新的硬件和软件好于到项目实施的中期才这样做，因为那时它可能会干扰高优先级的项目活动。

获取人员

直方图和其他项目分析是必要的，但它对确定该项目是否具有完成工作所需的人员和技能只能提供非常有限的帮助。特别是对风险最高的项目活动，你要重新验证所需的技能和对工作量的估算。

■ 技能需求

通过项目范围定义和初步计划，确定项目所需的具体技能和其他需求。最初的项目人员编制覆盖范围通常包括一部分甚至大部分需求，但是在很多项目中，实际执行时都有很大的差异。这些差异将使项目的资源风险在能被解决之前都始终存在。

项目团队不具备的特定技能，可以通过以下方式获得：通过谈判来获得额外的成员，或者通过培训或师傅带徒弟的方式。在某些情况下，所需的技能也可以通过外包来获得。在早期就了解了需求且有可信的计划数据支撑时，上述这些方式是最可行的。对于那些没有可用技能的项目部分，你可以通过重新规划，利用其他只需项目团队已有技能的方式实现。如果可以通过培训填补所需的知识空白，要尽早在项目中安排培训。如果拖到需要的时候才做培训会增加两个风险：一是需要的时间或金钱已经没有了，二是要获得技能所需要的学习时间超过了你计划的时间。（在 PERIL 数据库中，学习曲线问题是进度风险的主要来源。）培养新技能也可以是一个强大的激励和团队建设的方法，有助于降低项目的风险。

获得项目成员的最终目标是确保所有项目活动都能分配到有能力的特定的个人，并依靠其完成所分配的任务。与获得项目成员相关的两个重大资源风险是：未指定具体到人的成员，以及只有唯一一个具有某一技能的成员。你的项目名册中每个需要的人员，如果姓名栏仍然是空白的，仅标识了某种职能或标注为"待招聘"，这就是风险。即使后来指定了这些人，他们的生产力也可能会与你的估算和假设不一致。也可能在工作预计马上要开始时那些姓名栏仍然是空白的——有些人员需求可能始终不能被满足。那些含有未指定人员的计划是不可信的。对于每个项目的人员需求，如果缺少一个真实成员的可信承诺，就是项目风险。

唯一技能也会带来问题。当在几位有能力的成员里任选一位就可以承担项目工作时，准确和按时完成项目工作的机会就很大。如果仅有一个人知道工作该如何做，项目就面临风险。项目需要某个特定的人，但他可能出于多种原因不能参与项目，包括患病、辞职、受伤或重新分配到其他优先级更高的项目中。当这种情况发生时，项目没有其他选择，只能暂停关键部分的工作。当项目中的一个关键部分的完成取决于某个特定的人时，你必须注意：这是一个风险。

◼ 重新审查估算

正如第 4 章所述，资源计划和活动估算是相互关联的。由于项目的人员编制计划和估算是同时进行的，因此通过检查用于估算的假设前提，可以发现额外的资源风险。对于那些最可能影响项目进度的活动——关键路径上的活动，项目资源风险最大。审查这些和其他项目活动的工作量估算可以发现与员工能力、员工可用性和项目环境有关的资源风险。

员工能力。个人生产力因人而异，差异很大，因此，重要的是谁会参与每个项目活动。即使非常简单的任务，每个人的表现也会有很大差异。例如，烹饪中的一个普通任务就是"切洋葱"，这项任务的完成时间极大地取决于谁在做。一个家庭主妇可能需要 2~3 分钟切完。从电视烹饪节目中可以看到，一个受过训练的专业厨师可以在几秒内切完。还有一个极端的例子，一个完美主义者可能要用一个晚上才切完，因为要保证每片洋葱的大小和形状相同。

对大多数知识型工作，对生产力的测量也采用类似的方式。生产力的研究表明，那些对所做工作最擅长的人，通常其工作的速度是平均速度的 2~3 倍，是最慢速度的 10 倍。除了速度快，表现最好的员工亦能很少犯错且很少返工。

生产力变化导致的差异往往会产生不准确的项目估算。项目负责人经常用自己的经验数据来制订项目计划，然后把工作委派给那些不一定像他们一样有经验或一样快的人。通过从大量样本中抽取的历史数据，你可以准确地预测一个普通人可用多快的速度来完成类似的工作。如果你的项目成员的生产力比平均水平高很多（或更少），那么据此调整之后，你的工作量估算和工期估算才是准确的。反之，当你不知道谁能参与项目工作的时候，风险就变得很大。

员工可用性。没人能真正把全部时间都用在项目活动上，甚至在实际项目中，每个项目成员都可能做出过超出预期的项目工作的承诺，如与沟通相关的活动。更进一步，一些团队成员不可避免地还要负责项目之外的重要工作。研究计算机和医疗电子公司的 Wheelwright 和 Clark 报告了为工程师分配并行项目工作的影响。对于被分配了单一项目或两个项目的工程师来说，大约有 70%的时间可投入项目活动中，相当于通常所说的每天 5~6 小时的项目工作。当被分配了三个及以上的项目时，能用于项目的时间会急剧减少。有五个项目的工程师则会因为处理了太多的额外事情而只有 30%的时间留给项目活动，因为并非所有项目都具有同等的重要性。当面对这种情况时，你要找出让身兼多职的成员给项目活动设定优先级的方式。按照项目工作的重要性和紧迫性来要求每个兼职成员。这两者都很重要，但缺乏紧迫感对项目的负面影响最大。当成员认为你的项目工作的优先级低的时候，就是一个风险。如果不能改变他们的态度，你甚至可能需要考虑用备选资源或其他方法来完成项目工作。

太多的项目这一问题严重影响了项目进度。未能考虑到优先级竞争的影响而做的工期估算或工作量估算，会是盲目的乐观值。

项目环境。项目环境是影响项目估算质量的另一个因素。噪声、干扰、办公环境和其他因素可能都会严重影响生产力。当人们可以不受干扰地工作时，才能完成很多事。

虽然不太典型，但频繁的干扰十分常见，特别在一个开放的办公环境中。噪声、附近的谈话、同事路过时的聊天，以及其他干扰，实际上比一般在项目估算时所能想象的更具破坏性。人们无法从一个活动马上切换到另一个活动。对脑力工作者的研究表明，通常情况下，人类的大脑从一个短短几秒的中断再回到全神贯注状态需要 20 分钟。几个电话、几句问话或每小时一次的来自同事的简短询问，都使一个项目成员无法完成更多的工作。

一旦项目成员确定，特别是有才干的项目成员，你要考虑所有这些因素，包括项目成员能专注在项目上的时间比例，以及项目计划中所预估的环境影响。必要时进行调整，找出资源风险，并将其添加到你的项目风险清单中。

外包

在 PERIL 数据库中，外包是资源风险的一个重要源头，造成平均近 7 周的项目延迟。更好地管理外包和采购可以预先发现很多问题。（从使用采购流程来获得服务的项目负责人的角度看，本部分的重点与《PMBOK®指南》一致。管理基于合同购买服务的项目面临的风险，大体上与一般项目类似。）

并不是所有对项目人员的需求都能通过内部人员满足。现代项目中越来越多的工作是通过使用外部服务完成的。在所有可能被需要的专业领域里，维持现有能力变得越来越困难（和昂贵），尤其是对于只是偶尔才需要的技能。对专业化需求的日益增长，使对组织以外的项目成员的依赖性日益增加。造成这种趋势的另一个原因是试图降低成本，以及许多企业都有的要减少固定员工数量的意愿。

采购流程

在《PMBOK®指南》（第6版）中，"项目采购管理"有4个部分：

1. 规划采购
2. 实施采购。
3. 控制采购。
4. 结束采购。

前两项为风险识别提供了重要的机会。当合适的法律等文件足够详细并被纳入项目计划时，外包的项目工作是最成功的。在最初的邀标及最终的合同中都明确界定责任、需求和评估标准，可以最小化外包工作的风险。但高效地完成这些工作可能会比较困难，而且一般来说，这比常规的项目规划需要更多的工作量和专业性。

实际上，风险贯穿采购流程的各个环节，始于所有直接与外包有关的工作正式开始之前。该过程通常从发现现有人员很难满足项目预期的人员需求开始。制订采购计划需要对可能的选择做调查，并要求做出购买分析，以确定是否存在使用外部服务的任何不可取或不恰当的理由。从项目风险的角度看，只要有可能将工作委派给内部专职的人员，这几乎总是最好的选择。因为对内部工作的沟通、可见性、连续性、动机和项目控制，都更容易，也更好执行。其他不用外包的原因可能还包括更高的成本、可能被泄露的机密信息、持续需要保持核心技能（未来项目所需），以及对提供服务的供应商缺乏信心。有些外包的决定是因为现有的成员全都很忙，没有一个人能做项目需要的工作。这些决定看起来基于一个错误的假设，即项目外包可以不费吹灰之力成功完成，而忽略了需要寻找供应商、评估、谈判和签合同、定期沟通、监控、给供应商付款等所需花费的大量精力，这是一个严重的风险。

即使主观意愿是避免外包，但项目的实际情况可能就需要这样做。无论何时，如果自建或购买的最终决定是购买，就会有相应的风险需要管理。

外包过程的下一步是制作提案请求（Request For Proposal，RFP），也称投标邀请、投标请求和报价请求。在经常将项目工作外包的企业中，通常有标准的表格和流程可供使用，因此收集、分发及随后对 RFP 响应做分析的步骤通常不由项目团队决定。对项目经理来说，这是幸事，因为成熟的流程、预先印制的表格及企业中经常做此项工作的专业人士等，都是使风险最小化的必不可少的内容。如果缺少模板和流程，请咨询有外包经验的同事并借用他们已有的模板，然后按需定制。外包是项目管理的一个方面，边做边学会浪费大量的时间和金钱，并导致重大的项目风险。

风险管理还要求项目团队中至少有一个成员参与到购买外部服务的计划和签约过程中，使项目的利益在整个采购过程中得到体现。

确保每个 RFP 都包括一个明确、清晰的工作范围的定义，包括项目评估和付款条款。任何无法清楚定义的项目工作都是有风险的，外包工作尤其值得特别关注。外包工作的不充分的定义，会导致所有常见的项目问题，但可能会更多地带来时间和资源风险。外包的可交付物的问题往往没有预警地在项目的后期才显现（一般都是在长时间"我们做得不错"的状态报告之后），并常常使项目延迟。这个结果在 PERIL 数据库中得到了验证。在数据库中，延迟或不准确的可交付物导致超过平均 1.5 个月的项目延迟。所需的变更和在项目后期加速开展的工作都将引起很大的成本增加。可以通过对所有可交付物进行严格定义，包括用来做项目评估的测量标准和性能标准，来减少外包风险。

作为采购计划中的一部分，你要为即将用来评价每个应答的回应建立标准。确定什么对你的项目是最重要的，并确保这些要素在 RFP 中有明确体现，并附上告知应标者如何提供所需信息的指南。由于现代项目的具体工作往往是发展且快速变化的，极有可能那些原本设定的、完善的、用于选择供应商的标准会过时并不再适用。可以按照新出现的项目计划的数据，审查所建议的标准，来验证它们是否依然适用。如果以前用的标准清单看起来需要更新，要在发出 RFP 之前完成更新。另外，要确定每个评估标准的优先级和相对权重，以及你将如何评估收到的应答。在 RFP 中清楚地说明优先级和期望值，将有助于应标者自我评估够格（或不够格），并更好地为你做出合理的外包决策提供数据。

避免外包风险，相关的经验也很重要。在 RFP 中要求应标者提供以前类似的项目成功实施的详情，并要求提供联系信息以便你能跟进和验证。即使没做过的新工作，也要求应标者提供参照信息，这至少能帮助你调查应标者在过去项目里和其购买者的关系。虽然很难得到特别有用的参照信息，但要求它总是明智的。

　　一旦你确定了准备外包出去的工作的细节，以及准备用的流程和文档，下一步就是寻找可能的供应商并鼓励他们应标。这一步骤中最大的风险之一就是未能联系到足够多的供应商。对有些项目工作，网络和非正式沟通可能就够了，但要让潜在的应标者知道你的需要，可以采用将招标书发送给所有认识的供应商，在公共网站上发布信息，甚至做广告的方式。如果应标者太少，可供选择的质量和成本将无法满足项目的要求。

　　结束招标过程也是一个重要的风险源。决策、谈判和签约过程都存在潜在的风险。

　　决策风险包括未能在评估每个潜在的供应商时做充分的分析，以及做选择时考虑的是其他因素而非项目的需要。

　　不充分的分析是一个重要的风险源。外包决策与许多其他项目活动类似，普遍的情形是编写招标书并得到响应往往比预期需要更长的时间。因此，可能留给你去评估方案的技术优点的时间很少。用重量、外观或其他一些肤浅的标准来判断方案也许能节省时间，但肯定不可能得到最佳选择。深入地评估和比较多个复杂的方案需要时间和精力。在做决策之前，你要花必要的时间来确保进行全面的评估。俗话说，"草率行事，后悔莫及"。

　　选择过程中的另一个潜在风险是来自项目外部的压力，出于与项目无关的原因而做出选择。其他方面的影响可能会在决策过程中出现——照顾朋友，避开某些供应商，与其他一些内部团队的战略合作伙伴结盟，或者使用一个全球（或本地）的供应商。因最终的决策通常要得到企业中更高级别的人的签署及批准，有时候项目团队可能甚至直到快走完流程时才意识到这些因素。通报流程并与你的管理团队一同确认供应商选择的标准，可以帮助解决这个问题，但使用未由项目团队选择的外部供应商则意味着重大的，有时甚至是灾难性的项目风险。

　　总体来说，你必须努力地监控整个流程，以确保所做的选择与项目要求尽可能地保持一致。

　　在选择了供应商以后，下一步就是谈判确定工作和财务细节。在做出选择后，权力的天平开始从买方转移到供应商，额外的风险出现。一旦工作开始，关键的、时间性强的项目可交付物将依靠供应商来完成。供应商主要依赖项目的资金，在短期内这既不重要也不紧急。在一定程度上，供应商也依赖你将来的建议（为持续的风险管理提供支持），但从供应商的角度来看，关系主要基于资金。

有效和彻底的谈判是项目无须用可能的高代价来识别（和管理）风险的最后机会。讨论和清楚地理解有关工作和可交付物的所有细节，使最终的合同能明确地包含双方都认同的工作范围。还必须澄清有关测试、检查、原型和其他临时可交付物的详细信息。有关部分付款和最终付款的细节，以及所有需要变更或修改的流程和成本，也都是谈判过程的重要方面。没能与未来的供应商进行彻底的、有效的谈判，是一个潜在的巨大风险源。为了节省时间而压缩谈判进程从来都不是一个好主意。

因为供应商方面的首要考虑因素是财务，在谈判中考虑风险管理的最佳策略是一定要将付款和具体的产出相匹配。按时间、工作量或其他模糊的标准付款，会给供应商提供一个即使不能完成项目也能照样拿钱的机会。在进行工作和付款条款的谈判时，作为购买者，最稳妥的选择就是制定一份按结果付款的合同。

通过谈判，使合同条款与特定的项目目标相一致，也可以降低外包的风险。虽然合同条款必须包括供应商不作为的后果，如不付款、诉诸法律或其他补救措施，但这些条款对确保项目的成功几乎没有什么帮助。当供应商不作为时，你的项目仍然将陷于困境。缺少关键的可交付物会导致项目的失败，所以针对更直接支持你的项目目标的条款的谈判更为有效。如果及早完成工作能带来价值，那么可以考虑奖励性质的付款。如果延迟交付需要特别的额外费用，则制定按延迟减少付款比例的罚则。对于某些项目，相比简单地按结果付费，或许需要更复杂的财务条款，如供应商按时间或成本节约差的百分比获得相应的好处，反之超出的部分就要被扣减付款。针对那些更直接支持项目目标的条款进行谈判，并让供应商更深入地参与项目，会大大降低外包风险。

尽管你已经很努力，但如果谈判过程中你还是发现了潜在的项目问题，要把这些作为风险记录下来。极端情况下，你可能要重新考虑你的选择，甚至最根本的决定，即是否要将项目外包。

一旦就合同条款达成共识，你就必须完成合同。必须将同意的所有条款记录在签署的合同里，并付诸实施。一个有效的减少风险的方法是用行之有效的、预先定义的合同格式记录合同关系。它应该包括一份完整、严谨的合同所必须包含的所有信息，这样才能避免遗漏某些关键信息，如对机密信息或专有知识产权的保护。因为这个原因，你可以用标准的合同模板，且不做太大修改或删除，以此降低项目风险。此外，使用标准格式可以减少合同审批所需的时间和工作量。在大公司里，与标准不一样的合同可能需要增加 1 个月（或更长）的时间进行审批和处理。有时会在合同中增加数据，这通常也不是一个好主意。合同需要包含一个清晰的、明确界定的工作范围，规定了可测量的可交付物和付款条款。一份好的合同也要明确定义在需要变更时所要遵循的流程。

对今天的项目来说，签约阶段的风险源也相当普遍。工作说明书不仅要明确定义预期的结果，还要明确规定谁将负责。事实上，这对工程师和其他分析人员来说是相当大的一个挑战。他们中的大多数人所写的工程和其他技术文档都充满了被动语态句式，如"重要的是，该设备要用输入电压在 105～250 伏的交流电测试；湿度低至-40℃"。在合同中，不应该使用被动语态。如果没有明确规定责任方，则那句话就不具备法律意义。如果不清楚谁将执行测试和做什么测试，可能出现的后果就是测试失败。要在合同中尽量减少风险，用主动语态写明需求，使用明确的术语写明所有职责，并标出谁将负责。

最后，在制定合同时，可以设定一个避免成本失控的成本限额，最大限度地减少资源风险。把这个限额设定得比预期成本略高一些，为将来出现的变更和不可预见的问题提供一些风险储备金，但不要高出太多。许多复杂的项目预留约 10%的储备金来应对小的调整。如果要解决出现的问题或变更的需要超过了这个数量，对项目的审查将被触发，这是一种审慎的风险管理。

▗▛ 采购风险

外包还会带来其他很多种风险。其中最大的一种风险是未预料到的成本，即使工作看上去被定义得很充分。工作中不可预料的部分永远不可能被彻底消除，这可能会引发高昂的变更费用。

合同工的连续性和流动率也是风险。虽然为另一家公司工作的人有可能忠于你的项目，并一直在项目中工作直到结束，但这种可能性低于项目的固定员工。特别对周期较长的项目，人员流动和再培训代表着主要风险。

　　外包也可能增加人员流动和固定员工消极怠工的可能性。把所有新的、前沿技术的项目工作外包，如果这变成了标准模式，那么你的固定员工就会一个项目接着一个项目地被固定在重复的、旧的工作中，永远学不到新东西。这样很难激励和留住那些找不到机会寻求个人发展的人。

　　项目中也可能存在由外包引起的隐形的工作量，但在计划中看不到，因为必须有人保持与外包供应商的联系，定期沟通，处理付款事项和其他文档工作，并承担外包供应商的一些其他管理工作。虽然可能一切都运转顺利，可一旦有问题，就要耗费大量的时间去解决。这种管理需要的时间和工作量经常被忽视或低估。很多，也许是全部工作都可能会落到你身上。

　　最后，远距离工作的特性需要大量额外的工作。要获取有用的状态信息就是一项很大的工作。你不会每次都能在发出第一次请求时就收到响应，而且要核实所获得的信息也有难度。可以预期，你会得到比你想收到的还要多的信息，而且解释你所收到的信息也会很难。即使信息是最新的，但也可能不完全准确。对于有关项目的问题，你可能得到的信息非常少，或没有提前预警。与外包供应商建立和保持稳固的工作关系是一项重要的工作，但也是一项审慎的风险管理的工作。

因风险而调整工作量估算

　　一旦验证了项目 WBS 中每个活动的工作量估算，你就可以据此计算在每个项目阶段所需的工作量和项目全部的工作量。项目的"形状"通常随时间的推移保持稳定，因此，在你的规划过程中导出的每个项目阶段的工作量百分比应该与早期项目的实测结果相一致。无论实际项目阶段的名称和内容是什么，与历史规范相比，当前计划中的任何重大偏差都值得去怀疑。这也是风险的证据：任何计划，如果显示在一个特定的项目阶段中的工作量百分比低于正常值，就可能有一些必要的活动没被发现或被低估了。

　　虽然公开的行业标准可能有用，但用来比对的最好是本地的信息。即使都用了一个通用的生命周期或方法论，但项目在不同环境中的运行方式仍具有很大差异。来自同行的历史数据也许有用，但从你之前运作的项目中直接得到的数据会更好。项目数据的有序汇总对于准确的估算、合理的规划和有效的风险管理都是必不可少的。如果你有个人储备的数据，要把它们利用起来。如果缺乏过去项目的数据，你也借此正好开始收集。

并非所有的项目阶段都能被准确地规划，因为有一些项目工作人们更为熟悉，这些工作也受到更多的关注。大多数项目生命周期的"中间"阶段包含更多的是定义"我们做什么"的工作，如程序员编写程序，硬件工程师制造硬件，科技作家们写作。并且在一般情况下，人们做的是他们名片上标明的工作。无论"中间"阶段被称为什么（开发、实施、执行等），这都是项目成员可以用他们具有的丰富经验和技能来完成的工作的一部分。这些阶段的项目工作一般都经过详细规划，而且对活动的估算往往相当准确。更早的阶段（如调研、规划、分析和完成方案建议书）及后期的阶段（测试、推广、集成和移交）则通常不够准确。使用生命周期标准数据，并假设在计划中有关开发的数据比较准确，则可能检测到是否遗漏或低估了其他阶段的项目工作。如果按照工作量的历史数据进行分析后，显示分配到早期（或后期）阶段的工作量不准确，一定要找出为什么。

项目的工作量数据也随着项目规模变化而变化。把从大量具有不同生命周期的项目中获得的数据映射到一个简单的、通用的生命周期中，就能发现一个明显的趋势。图 5-3 中简化的项目生命周期远比任何你可能用到的更为粗略，但所有的生命周期和方法论所定义的阶段，都可以划分为以下 3 类。

1. 想。包括一个项目所有的初始工作，如规划、分析、调查、建立章程、初始设计、编写建议书、需求分析、规范，为企业实施项目的决策做准备。

2. 做。一般是定义项目的工作（包括开发），就是团队挽起袖子投入项目可交付物的创造中。

3. 查。包括测试项目的结果，寻找可交付物的缺陷，纠正问题和查漏补缺，审批和签署，以及项目收尾。

当项目的规模和复杂性增加时，工作量将快速增加。随着项目时间、人员编制、规格或其他参数的增加，项目的工作量也将以几何数增加。除了整体工作量的增加，项目每个阶段的工作量的百分比也会变化。随着项目规模变得更

大，时间更长，更复杂，项目早期的工作量及项目后期的工作量的百分比也都
增加了。基于大量的项目数据，图 5-3 的图形汇总并显示了这种变化。

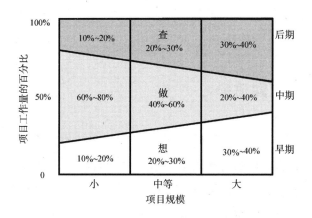

图 5-3　项目工作量的变化

小项目（时间少于 6 个月，大部分的工作由一个小型团队完成）几乎用了
全部的工作量来开发并完成可交付物。中等项目（时间 6 ~ 12 个月，有一个以
上的团队参加）可能一半的工作量要花在其他工作中。大项目（时间 1 年或更
长时间，有几个分散的或遍布全球的团队）将仅用全部工作量的约 1/3 来开发
项目可交付物。在项目工作的早期和晚期阶段的工作量的增加，源于所需的信
息和协调工作的增加，以及在这些更困难的项目中可能的（那些符合统计预期）
失败模式的大量增加。在复杂系统中解决缺陷需要大量的时间和工作量。软件
咨询顾问 Fred Brooks 指出，一个典型的软件项目包括 1/3 的分析、1/6 的编码，
以及 1/2 的测试。

所有这些导致项目风险的原因可以总结为两个。第一个原因是，项目后期
的工作量长期被低估。如果一个复杂项目计划预期早期工作的工作量占 10%，
开发阶段的工作量占 80%，后期工作的工作量很少能如预期的那样占 10%。它
将激增到 80%（或更多）。这是最常见的后期项目工作激增的一个主要原因：
在早期的分析和规划中投入不够，许多本来完全可能完成的项目最后无法满足
项目截止日期的要求（或完全失败）。

第二个原因是，当一个项目的早期和后期的工作大致平衡时，所需的总工
作量往往较少。如果典型项目的生命周期标准表明早期的投入很少，而后期需

要的工作量巨大（通常未预料到），那么所有项目都需要更长的时间和花费更多的成本。大多数失败或延迟的项目，都是因为受到早期工作和规划的影响而在项目后期出现问题。作为一种替代的方式，将冗长的项目分为一系列较短、不太激进、需要较少开销的任务，或者采用敏捷的方法，都可以有所帮助。

成本估算、预算和风险

在 PERIL 数据库中，几乎所有的有资金风险的项目，整体资金不足都是一个主要的问题，它造成超过平均 10 周的进度延迟。总体项目费用一般主要包括人员和外包成本，但也包括设备、软件和服务、差旅、通信与其他项目需求的估算。不确定性可能来自这些方面中的任何一个。

■ 由不确定性造成的成本估算调整

PERT 是明确分析成本风险的一种方法。第 4 章讨论过使用 PERT，基于三点估算（乐观估算、最可能估算及悲观估算）来估算每个活动的时间。这个范围信息可用来计算在分布曲线中点上的预期估算值。用于成本估算时，PERT 也采用了相同的三点估算来估算每个活动的预期成本，基本上使用相同的公式：

$$c_e = \frac{c_o + 4c_m + c_p}{6}$$

式中　c_e——预期成本；

　　　c_o——乐观（最不可能实现的）成本；

　　　c_m——最可能的成本；

　　　c_p——悲观（最可能实现的）成本。

与用 PERT 估算时间时类似，预计的标准偏差（σ）是$(c_p - c_o)/6$。图 5-4 用图形显示了这个分布曲线。

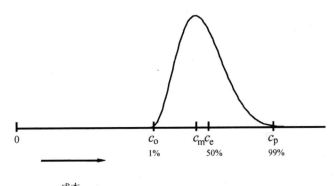

成本

图 5-4　成本估算的 PERT 分析

用 PERT 估算成本时，一般使用货币单位（如比索、卢比、欧元），但也可能用工作量（如人时、人天）估算来代替财务估算。

无论是时间还是成本，PERT 的概念都有助于收集项目活动的风险信息，特别是考虑到最坏的（悲观）估算时。将 PERT 和三点估算用于项目的风险管理，远好于根据不确定性调整成本和工期估算的范围，这些细节将在第 7 章和第 9 章探讨。

人员和外包成本

人员成本可以依据你的直方图、电子表格或其他资源规划的信息，用项目活动的工作量估算来计算。把项目人员和你的工作量估算用标准的小时费率表示，就可以把工作量转换成项目成本。对较长期的项目，可能还需要考虑其他因素，如工资的变化和通货膨胀的影响。在评估所有成本估算的可信度时，考虑用三点估算法和最坏情况分析。

基于谈判确认的服务合同，结合基线合同费用和上限值中间的数据，来估算所有外包服务的成本。

设备和软件成本

申请新设备或升级旧的硬件、系统和应用程序的最佳时机是项目开始时。你应该评估项目的需求并研究可用的选项。检查全部现有的设备和软件应用程序，以确定更换或升级的条件。记录项目的需求并汇总成一份包含所有可能的购置物品的方案建议书。如本章前面所讨论的，在项目一开始就提议购买和安装新设备有两个好处：一是这个时间是有可能得到管理层批准的最佳时间；二是安装时与其他项目工作的冲突最少。提议购买目前最好的设备，这样一旦购买被批准，你就能尽可能快速和高效地工作。如果你提议了最好的设备选项，但只有部分预算被批准时，你仍然可以找到替代的硬件或系统，以使你能够完成项目。汇总所有被批准的建议书，并用其他预估的硬件和软件成本来估算整个项目设备的费用。

▪ 差旅

申请项目差旅费用的最佳时机也是项目开始时，项目中期的差旅请求经常被拒绝。在计划项目工作的时候，你要确定什么时候需要出差及谁要出差。提前计划和得到批准的出差安排起来更容易，花费也更低，相比最后一刻才提出的紧急出差，对项目和团队成员的干扰也更小。申请并解释与远程团队成员召开面对面会议的差旅需求，在项目开始时要考虑让每个地点的团队成员能一起见面的需求，对更长期的项目则要考虑至少每 6 个月要有一次这种面对面会议的需求。还要为那些需要与用户、客户和其他项目干系人见面的出差做好预算。

项目开始时的差旅申请不一定保证能被批准或后期不会被削减。然而，如果你没有尽早估算和申请差旅预算，批准的概率就可能为零。

▪ 其他成本

在所有的项目中，沟通都是必不可少的，尤其是在管理分散的项目团队时，管理的成本非常高。高质量的视频（甚至音频）会议技术可能需要前期的投资及使用费。利用你能找到的最合适的技术，为经常召开的项目状态会议安排进度及做预算。如果项目有不止一家公司的团队成员，还可能需要预算来设置和维护一个在企业防火墙外部的安全的公共网站，发布每个人都能看到的项目信息。其他一些服务如运输、快递、复印也可能意味着项目的重大开支。

▪ 成本预算

成本预算是项目所有成本估算的总和。在当今的大多数项目中，成本中的大部分是人员成本，无论是固定员工还是合同工。项目的成本基线还包括设备、软件和服务、差旅、通信与其他需求的估算费用。当你初步的项目预算分析超出项目的成本目标时，两者的差值就意味着一个重大的项目风险。除非能想出一个靠谱的低成本计划或通过谈判争取到更多的项目预算，否则你的项目或许被证明是不可行的，因为预算不足。

记录风险

在整个规划和进度计划制订过程中，资源风险是显而易见的。本章所讨论的资源风险包括：

- 执行活动的人员未知。
- 活动分配的人手不足。
- 活动成本不确定，或者最坏情况（或悲观的 PERT）估算的成本较高。
- 工作外包。
- 合同风险。
- 活动需要独一无二的资源。
- 兼职的团队成员。
- 远程工作的团队成员。
- 工作环境的影响。
- 预算要求超过项目目标。

将发现的每个具体的风险添加到范围风险和进度风险的清单中，附带对风险的清晰的描述。这个不断扩展的风险清单为项目风险分析和管理奠定了基础。

识别资源风险的关键思路

- 对那些还未指定人员或指定人员但未得到确认的角色，明确这些角色应该具备的所有技能。
- 确定项目计划中所有人员或其他资源过度投入的情况。
- 找到所有资源不足的活动。
- 找到未确定工作量和未进行成本估算的活动。
- 注意外包风险。

- 为所需的培训、设备、购置品和差旅等尽早获得预算批准。
- 确定所有项目的预期成本。

第二个巴拿马运河项目：资源（1905—1907 年）

如 PERIL 数据库所示，项目资源风险主要来自人为因素，巴拿马运河项目无疑是真实的案例。根据第一次尝试的经验，John Stevens 明白项目的成功需要一支健康、有效率、积极的劳动队伍。他的项目，钱从来都不是问题，但要一直保持员工在炎热潮湿的热带地区做困难和危险的工作，无疑是一个问题。Stevens 通过 Gorgas 医生在昆虫控制和其他公共卫生措施上投入巨资。他还在巴拿马建立了基础设施，支持他所需的高生产力和有成效的进展。在离开该项目的时候，Stevens 已经建立了一支有良好的食物供给、装备齐全、住所完善、组织良好的劳动队伍，加上一个完美的工作计划。

这极大地提高了生产力，但 George Goethals 意识到成功还依赖持续性和动机。他想要的不是对他的忠诚，而是对项目的忠诚。"这项工作很重要"，Goethals 不放过任何机会地指出这一点。他努力工作并让工人参与其中。他做过的很多事在今天依然是很好的资源管理的参考实践。

Goethals 采取了很多重要举措来鼓舞士气。他创建了周报——《运河记录》。与法国项目期间定期发布的《运河公报》不同，该周报提供了准确的最新进展情况。在许多方面，它作为项目的状态报告，记录重大的成就并公布参与人员的姓名以鼓舞士气。该周报还提供关于生产力的反馈。这些统计数据的发布带来了健康的竞争，无论什么类型的工作，工人们都力求做得比上周更好，以看到自己的名字出现在周报上。

Goethals 相信表彰和奖励很重要。费城造币厂用从废弃的法国设备上所回收的金属打造了勋章。每个在项目上工作至少两年的人都被公开表彰，并在正式的仪式上被授予勋章。人们自豪地佩戴着这些勋章。在项目完成许多年后的一部纪录片里，前运河工人 Robert Dill 在 104 岁接受采访时仍然戴着勋章，号码是 6726。

Goethals 还组织了每周日的开放日，任何人都可以在那天带着自己的问题来。有时候，开放日会有 100 多人来找他。如果能马上回答一个问题或解决一个难题，他一定马上做。如果一个要求或建议不可行，他会解释为什么。如果有任何问题或难题还未解决，他会承诺解决并跟进。Goethals 把工人真正当作人来对待，这带来了工人们极度的忠诚。

虽然这一切都有助于确保有一支忠诚的、积极的、有生产力的劳动队伍，但最重要的士气建设则最早来自项目的发起人。1906 年，罗斯福总统来到巴拿马访问这个项目。他的这次出行从未有过先例，因为以前从来没有一位现任美国总统离开美国。这次出行的结果引人注目，以至于当时有一家报纸推测，总有一天，总统"一定会有欧洲之旅"。

罗斯福总统选择了在雨季成行，此时的巴拿马环境极其恶劣。但这根本无法阻挡他；他跋涉在沼泽，行走在铁路枕木旁，跑上山坡，甚至操作过一辆巨大的 97 吨的 Bucyrus 蒸汽挖土机。哪儿有工人，他就去哪儿。同行的记者都精疲力尽了，但工人都非常兴奋和受鼓舞。

在罗斯福总统回到华盛顿后，这个项目的重大性和重要性被大量报道，对运河的关注和支持很快遍及全美国。人们相信："有罗斯福总统，一切皆有可能。"

第 6 章

管理项目约束条件并记录风险

一个现在就能强力执行的好计划优于下周才能执行的完美计划。

——George S. Patton

审查一个计划以检测出问题并做出改善，这通常应是一个为结束初始项目规划而做的简短练习。本章并非关于每个单一项目管理实践的强制应用，这些项目管理实践无休止地追求无瑕疵的计划（有时被称为分析瘫痪）。这里的主题是现实和常识性的项目分析。审查项目的主要目标是快速地找出缺陷和遗漏，处理未满足的约束条件，并寻求一个改善的计划。你追求的不是一个完美计划，而仅仅是利用你对项目现有的了解，所能获得的可能最好的一个计划。

规划过程以几种方式与风险管理相关联，但有两个方面特别重要。首先，为了应对约束条件而重新规划的过程几乎都会导致项目风险——自造风险——因为最小化项目风险的一个参数往往导致其他方面工作的压力更大，造成额外的风险、失败和潜在问题。这些新风险来自项目团队的权衡，它们需要被识别、记录并添加到项目风险清单中。其次，第二种类型的项目风险是不执行"正确"的项目。所有的项目都有备选方案，因此至少仔细检查其中一些方案，这是机会管理的关键，在本章中也会加以讨论。

分析约束条件

当你进行初步的项目定义和规划时，一幅有关项目的完整、连贯的画面开始浮现。尽管你的项目计划在此时此刻尚未完成，但它开始为你提供判断项目目标是否可能实现的依据。通常，它揭示出令人不快的事实，即项目（至少正如在此时所定义的）是不可能完成的或至少是有过多约束条件的，你的自下而上的计划至少会遗留部分项目目标不能实现。你的初始分析也能揭示出超过截止日期的进度安排、超出初始预算的资源需求或其他重大问题。你的规划过程揭示出你到底遇到了怎样的麻烦。

为满足总体项目目标所做的初步计划的失败并不是现阶段规划中出现的唯一问题。除了上述高层次的约束条件，大多数项目同样有你必须管理的其他约束条件。中间文件、原型和其他项目中期可交付物的时间要求可能在项目计划中指定固定日期里程碑。可用资源的配置可能被特定的商业周期、假期和休假或更高优先级别的项目所打断。此外，当需要获取一个关键的、唯一的资源时，在精益组织内部实施的项目（其中每个人都以效率是最高优先级的名义而始终保持忙碌状态）将经常以排队的形式运行。合同批准、管理层签发和其他决策的延迟是常见的事。识别并管理这些来自其他约束条件的风险也是高科技项目风险管理的组成部分。

你管理项目约束条件的主要目标是依照项目范围、进度和资源，消除或至少最小化项目目标与你的项目计划之间的差异。图 6-1 所示的标准三角图是检查项目权衡的一种方式，可以展示这些差异。由灰色三角表示的计划比由黑色三角表示的目标略微大一点。

对图 6-1 所示的项目而言，最初的计划表明，可交付物的准时交付可能是可行的，因此项目并非真的不可能完成：其范围在你的能力之内。然而，如图所示，与其目标所要求的相比，这个项目既需要更多的时间，也需要更多的资源（人员、资金等），因此基于现有的计划，由其约束条件所致，项目是不可行的。对那些范围似是而非的项目而言，图 6-1 所示的情形相当常见。自下而上的项目规划以 WBS 作为开始，WBS 与期望的范围相一致，而最初的进度和资源计划却落在 WBS 之后——经常会与项目目标有重大的偏差。

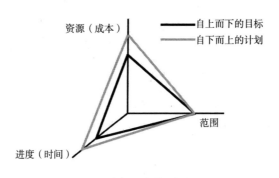

图 6-1　目标与计划

对一些项目来说，基于不能更改的硬性限制的目标是确定的。对另一些项目来说，目标可以基于软约束条件，目标是可取的，但不是绝对必要的。每个项目都是独一无二的，因此要确定如何对你的项目进行权衡分析，就需要理解约束条件和优先级是什么，以及如何确定它们。以最简单的形式，项目的优先级可浓缩为一句古老的格言，即"好、快、便宜：三选二"。每个项目需要至少一个自由度。鉴于此，在完成所需工作的深入分析之前，盯住项目的所有方面是不现实的。

这 3 个参数中的任何一个都可以是最灵活的，但出于规划目的，它们中的一个必须是不受约束的。尽管你能够从项目中快速又便宜地获得可交付物，但它可能不满足需求。这个教训在 20 世纪 90 年代后期由 NASA 在若干次失败的火星任务中被数次佐证，这些火星任务奉行"更快、更好、更便宜"的真言。类似地，在短时间内完成好的结果是可能的，但成本是高昂的，且可能与结果并不匹配（项目进度中对项目活动的快速赶工在本章后面会涉及）。你甚至能够在时间不受限的项目中以低成本提交好的结果（尽管这一场景会导致已经提到过的分析瘫痪）。

更复杂一些的分析取决于三重约束条件的优先级排序。范围、进度和资源的优先级排序表明三者中哪一个对你的项目最重要。可以用一个简单的 3×3 表格表示，如图 6-2 所示。

图中的第一个优先级（进度）对高科技项目来说是常见的，这是由于越来越多的工作受时间支配。在按合同执行的工作中，通常会出现具有财务罚则的截止日期。在产品开发中，来自竞争者的压力、展会日程及其他关于时间的实际约束条件往往成为问题。甚至在应用开发中，交付时间经常会与财务会计周期同步。在所有这些情形中，进度具有第一优先级，不能满足项目截止日期将会有严重的甚至是可怕的后果。进度是这类项目约束的参数。

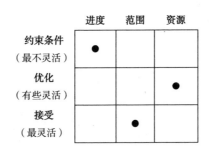

图 6-2　项目优先级矩阵

在图 6-2 中，第二优先级是资源。这也同样常见，因为对许多项目来说，资源最小化并尽可能高效地执行是一个主要目标。事实上，许多项目在有能力且可用的员工配备上严重受限。在许多复杂项目的时间框架内，可用的、熟悉新的且不断发展的技术和方法的人员数量是固定的，且只能随着时间的推移而逐步增加，这要通过培训、辅导和其他方法拉升人员的学习曲线来实现。像这样的项目要努力优化资源。

图 6-2 中项目的最大自由度是范围，这意味着某些方面或规范可以在目标中被设定，虽然是可取的，但不是绝对必要的。项目将接受对可交付物小的变更，特别是在若不做变更就会需要更多的时间、更多的资源或两者同时发生的情况下。这个优先级是六种可能性之一，不难想象其他五种可能性的好例子。尽管所有的优先级都是可能的，但今天的项目经常关注进度/资源/范围，如图 6-2 所示。

对图 6-1 中的例子而言，初始项目计划不能满足截止日期，并且超出预算。通过做假设分析，你可以找到一种方法，即使用一流顾问团队（具有可信的跟踪记录）并行地从事更多的工作，以缩短整个项目周期。这个方法并不便宜，甚至使预算问题变得更大，并且导致如图 6-3 所示的偏移。在图 6-3 中，进度已经被压缩，使其符合目标线，但项目所需的资源已经大大超过了目标，甚至远超项目预期。

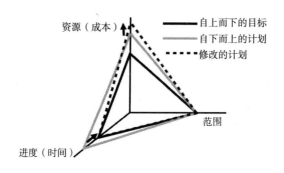

图 6-3 计划的权衡

对那些资源具有最低优先级的项目而言，这一策略可能是一个很好的选择。然而对具有图 6-2 中优先级的项目而言，这可能不是最佳选择。更好的方法是重新评估需求，进而提出一个计划在预算内略微减小范围，从而使项目在截止日期前完成。一些项目可能会发现某些提出的需求实际上并不需要。另一些项目可能建议按期交付最具价值的功能，而在后续项目中交付其余的功能。对这样的范围缩小的分析可能会导致类似于图 6-4 所示的偏移。

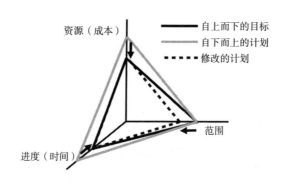

图 6-4 寻求"最佳"计划

在此情况下，对初始计划所提出的变更会影响所有 3 个项目参数，此时目标和计划的主要不同在于可交付物的功能集略有减少。

计划审查和假设分析的总体目标是发现初始计划的替代方案，并看方案是不是所期望的，或者是否有必要重新审视项目目标并修改项目定义。三角图允许你在项目"状态空间"中探索，寻求计划的替代方案，使项目现实和可行。对那些特别欠考虑的项目而言，分析后可能无法找出任何方案能接近原始目标。对于这样的项目，你需要与干系人协商，对目标进行重大的变更，或者放弃这个项目，或者考虑更新你的简历，准备离开这个项目。

在大多数情况下，为你的项目找到合理的替代方案并不难。以具有最低优先级的参数开始你的项目计划分析，并探索与项目的这个方面相关的可能的变更。一般来说，这些变更最容易协商，因此先聚焦在三角图的一侧是有道理的。对大部分项目而言，你还需要检查另两个参数的替代方案。接下来的内容描述了使用假设分析技术来探索项目机会，然后是与范围、资源和进度相关的选项（参考图 6-2 的优先级排序）。

管理机会

当你的初始计划达不到项目目标时，似乎不适合重新审视机会，因为这样做可能导致事情更糟糕。尽管它们与风险管理直接相关，依然有一些很好的理由支持探索对这些项目的选择。因为，风险管理是寻找项目中哪些事情可能变坏，而机会管理是寻找哪些事情可能会变得更好。特别是，机会管理探寻相似的且优质的项目的可行性。在工作过半时才意识到你本可以得到更有价值的成果，这是毫无用处的。对于大部分项目而言，在这个时点上，做任何与此相关的事都太晚了。如在第 1 章中所讨论的那样，项目由机会驱动，然而在许多时候，发起人、干系人和其他所有者可能不会在最佳的时机看到机会。在规划过程中，项目团队经常发现新的技术、方法或其他可能性，使项目变得更卓越。在这样的情形下，采纳一个更好的机会也可能使项目更有趣、更激动人心，它能增强团队合作，并为参与者提供发展机会。然而，更重要的是，它有助于确保你不是在执行一个错误的项目。至于风险，机会管理的一个好起点是范围、进度和资源的三重约束。

■ 范围

高科技项目的可交付物使用两种输入，即用户 / 市场需求和技术可能性。大部分项目主要依赖第一种。发起人、精明的买家、管理者和其他发起项目的人通常以满足需求、解决问题或回应一些具体的要求为目标。尽管这已经足够了，但高科技项目要求的可交付物也许远远低于可能的水平。技术进步相当快，因此用户的要求可能是继续使用旧的技术，甚至在出现新想法和新方法之后也是如此。如果你正在从坐在河岸上用石头洗衣服的人那里收集项目可交付物的规范，他们的需求可能就是找到较轻的石头。如果这项技术不在他们的经验中，对他们来说，洗衣机的概念就不可能出现。类似地，项目团队可能有能力看到用户不曾了解的技术可能性，这些技术能够比原始要求更有效地解决问题或满足需求。机会管理就是关于深入了解用户需求和可获得的技术能力，以创造出最佳可交付物，而其不必为最初设想的那一个。一个与初始目标相比具有稍长的工期和较高的预算，却拥有较优质的可交付物的项目，如图 6-5 所示，可能是一个更好的替代项目。

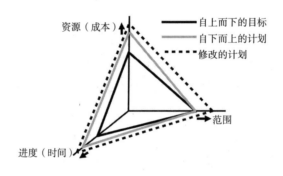

图 6-5　一个乐观的计划

范围机会管理经常需要对原始目标提出反对意见，因此可能涉及谈判。有些项目负责人主动规避此类冲突，视其为令人不快且通常是徒劳无功的。这是令人遗憾的，因为这个过程代表了项目负责人所具有的权力和影响力的真正来源。提出一个显然优于所要求的可交付物的替代想法能有效地改变主题，从而通过用一个更好、更实际的替代项目来避免命中注定要失败的项目。

然而，机会管理的主要动机在于增加项目的商业价值。有若干途径去实现这个动机。常见的首先是检查当前的相关状态和密切相关的技术。也许可以有效地使用新一代的硬件。新技术和新方法能提供更快的速度和更高的可靠性。新兴标准可应用于你的工作，它们能够扩展可交付物可能的使用范围，使其既可以用于当前项目，也可以用于未来的项目。开发一个可交付物，使其具有解决一大类问题而不是由项目引发的单一问题的功能，这也是可能的。与此相反，也有可能将一个复杂庞大的项目分解为若干较短的阶段，用小部分时间和成本开发某些可提供有形价值的交付内容，这些交付内容也是整个项目所需要的。

■ 资源

利用额外的、具有更高技能的资源或外部贡献者来探寻效率提高或进度压缩的可能性。如果你的工具、系统或基础设施等方面的改善将有助于提升绩效，那就提出变更。获得最好的可用设施和使用最好的方法用于沟通。把分散的团队聚集在一起，并安排面对面协作也能显著地推动进展和促进团队合作。如果是这样，请申请必要的差旅经费。如果对参与者进行额外的培训能对项目有所帮助，就赶快安排。

如果项目团队成员在项目的部分工作中被分配的时间不足，考虑重新规划，以更有效地使用可用的工作量。（尽管这将减少资源储备，并增加潜在的失败模式。）

■ 进度

加快进度的机会包括修改进度以利用浮动时间，修改逻辑上的关联性，设计方法以利用三点估算范围的乐观估算和赶工活动。寻求有效的捷径和更好、更新的工作方法。尽管这些方法能够压缩进度，但每个方法同样也趋向于增加风险。这些概念将在进度变更一节讨论。

有些项目负责人将机会与风险列在一起，并使用将在第 7 章所述的流程一起评估它们。尽管机会和风险相关，它们却并非完全对立。大部分人将风险与威胁等同，是否做出管理它们的选择主要是项目团队的职责。确实发生了的未经管理的风险将毫无疑问地被看成团队的责任。

机会并不完全等同于风险。如第 1 章所讨论的那样，许多机会作为选择而被采用，并被嵌入项目启动流程的一部分假设条件之中。这些机会对项目的业务情形而言是普通的，并且如我们所看到的那样，是许多风险，尤其是范围相关风险的来源。在规划中发现的新机会可能源于项目团队，但采用它们（特别是如果它们涉及重大的范围或其他整体目标的变更），从来都不是一个项目团队的决策。在考虑之前需要提出建议，并且修改项目可交付物的承诺需要得到干系人的批准。

风险和机会所代表的后果实际上也是不对称的。人们常说，"成功有很多父亲，而失败却是一个孤儿"。在事情运转得比期望更好的时候，每个人都居功自傲——特别是管理者。当事情不顺利的时候，项目团队将独自承担。

引起项目重大变更的机会需要发起人的支持，接受它们几乎总是比第7章所描述的风险评估过程更复杂。有些机会不会体现总体项目目标的改变（包括本章后面的内容），这归结于当初的项目规划做得好。有些机会和你所考虑的替代计划可以降低项目风险，而其他的也许会增加风险。注意你风险清单上需要认真考虑的任何替代计划的后果。

范围变更

对项目可交付物提出的变更可能被轻易接受，也可能完全不被接受，或者介于两者之间。这依赖于项目、发起人和用户，以及变更的类型和大小。无论是在什么情况下，尽职尽责的项目团队至少都会花费一点时间检查和调整项目可交付物对项目产生的影响。这个假设分析练习帮助你的团队更好地了解工作，并向你提供有价值的、做决策用的信息。

为满足项目的约束条件，许多项目将最终微调范围。在决定舍弃或变更项目可交付物的哪些特性或方面之前，确定哪个需求是必须有的，而哪个需求具有较低的优先级。有几种方法可用于确定需求的优先级。最简单的是列出需求清单，并将它们排成一个序列，最必不可少的一些排在清单的顶部，而最不重要的一些排在清单的底部。第3章描述的"是或不是"分析是另一个可用的方法。你要重新审视"是"清单中的各项，以确认每个需求都是必不可少的。确定范围的哪些部分能够被降级到"否"清单中，以有效地限制范围。这对那些具有硬性时间和预算约束的项目特别有用，确立了与其他约束一致的范围的固定边界。

不论你如何做，此练习的目的在于捕捉和记录你必须交付的规范，把它们从不是绝对必须的部分中分离出来。接受稳定性或性能的小幅下降可以引起项目时间和成本的明显减少，并且这样的权衡可以使项目更好地符合整体目标。

在项目早期更容易降低项目范围需求。较晚的变更通常是痛苦的而且昂贵的，可能会消耗本不必要发生的工作量。早早固化范围并不意味着项目范围将永远不变，它只是意味着任何修改在其被接受之前将接受分析和变更控制。确定最低价值的特性和需求允许你明智地判断该排除什么（要么永久排除，要么作为后续项目的部分内容）。

资源变更

重新审视资源计划也能制订一个更好适应目标的总体计划。人员配备、交叉培训、外包和其他资源计划要素的替代方法都是有用的备选策略。

资源分析

对有些项目而言，有若干途径可以更快地完成工作而在整体上不增加所需资源。一种可能性是重新安排工作的分配，以更充分、有效地使用可用的人员。由于外部工作的影响，进度安排可能太长。如果外部工作能够被推迟或取消，将对你的进度安排有重要的影响。通过简单地询问每个人需要什么才能工作得更快，你也许能够找到改善项目团队效率的方法。许多人通过远程办公、在他们更有效率时工作或处于不同的工作环境等方式完成更多的工作。除非你去问，否则这些可能性将不被发现。

通过将工作转移到非工作现场、把团队安排在一个封闭的区域等，你可以最大限度地减少干扰和噪声。与我合作的一个项目团队把他们准时交付的绩效归功于其拖车式活动房屋的位置。那里很安静，没有人来拜访。

◪ 培训其他员工

另一个潜在的有助于赶上进度并减轻项目风险的策略是辅导和交叉培训。在高科技项目中，项目所花的时间经常长于理论上所需的时间，这是因为只有一个人知道如何做某些部分的工作。这些活动必须按顺序进行进度安排，排队等候专家。如果其他员工对这个专业领域有兴趣，经过培训可以并行地开展活动，则工作就能够提速。当然，新受训的人员很少能像有经验的员工那样快速地开展工作。分配给他们的活动的工期估算通常会更长，这归因于培训的需要和较低的工作效率。由于辅导工作的需要，分配给当前专家的活动也要花费更长的时间。不过，并行完成工作对进度带来的好处可能是十分巨大的。另外，项目风险状况将得以改善，这是因为项目不再依赖某个人。如果专家不能在你的项目中工作（由于生病、更高优先级的工作、辞职或任何其他原因），你的项目将因为有新培训的员工而不会瘫痪，并能够得以继续（尽管更慢）。

◢▪ 人员备选方案

对那些进度比预算更重要的项目，分包工作给外部服务提供商可能会加快进度，他们有大量的员工能够在现在计划顺序执行的活动上并行地开展工作。如果项目的优先级高，获得组织内部的更多人员同样也是一个选项。由于原始项目团队缺乏经验和可用人才少，有些项目不能像理论上那样运转，因此应寻求找到更有效率、不需要培训就能承担项目活动的人员。其他类型的附加资源，如速度更快的计算机、用于测试或其他工作的新设备，或者能自动完成手动活动的系统，同样也能帮助压缩项目进度。新的工作方法需要培训和实践，但可以节省时间。当然，所有这些选项都将提升项目的资源成本，但对有些项目来说，这一权衡可能是合理的。

进度变更

重新检查进度也可提供备选方案。一些想法包括使用浮动时间、修改活动的依赖关系和进度赶工等。

◢▪ 使用浮动时间

缩短项目时间的一个简单方法是减少非关键活动的浮动时间。浮动时间由进度的关键路径分析（第 4 章中讨论过）导出，测量了一个活动在不对项目的截止日期造成影响的情况下可以延迟多少。

为使用浮动时间以压缩你的项目进度，应将一些关键路径活动的工作转移给那些被分配做非关键活动的员工。这些转移将导致非关键活动的变更（如推迟开始、中断活动或降低生产力），但只要活动保留一些浮动时间，在关键活动上的额外的工作量就能够缩短项目时间。要记住的是，此类进度压缩是有代价的。使用浮动时间将增加项目风险，并产生新的失败模式。

◢ 修改活动的依赖关系

通过重新安排或重新定义工作以压缩进度。最简单的方法是检查连接关键路径活动的依赖关系，使用更紧凑的、逻辑化的工作流来寻找压缩进度的机会。

如果修改活动顺序不起作用，你可以通过使用不同的分解方法或全新方法重新审视这些活动并进行头脑风暴，以研讨关键路径上较长活动的替代方法。这种方法经常涉及对关键路径活动的进一步分解，以创建可以并行执行的更小活动，如图 6-6 所示。

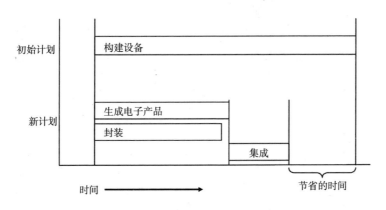

图 6-6　将活动转变为并行执行

这一概念有各种各样的名字，包括并发工程、快速追踪和同步开发。为使并行执行生效，至少有两个必要条件。第一个条件，你需要为并行活动所做的估算配置集成时间，或者定义一个新的活动（见图 6-6），此活动用于组装所有单独开发的组件。第二个条件通常较少看到，但它更重要。为确保集成工作，详细的前期分析至关重要。必须定义独立开发活动的可交付物之间的所有的连接、接口和关系，并将其详细记录。不论将此工作称为什么——架构、系统工程或其他——能否做好它将区分组件是正确匹配还是集成失败。当系统分解做得很差时，集成活动会消耗你期望节省的所有时间，甚至更多。更糟糕的是，它可能完全失败，导致这些组件完全不可用。在实施一个独立并行开发的计划之前，请明确地指出什么时间由什么人做出此分析，并将集成风险记录在你的项目风险清单中。

通过修改活动依赖关系进行进度压缩的另一个方法是工作重叠。在计划中，关键路径上可能存在"完成—开始"的依赖关系，可将它们转换为带有滞后性的"开始—开始"依赖关系。

在图 6-7 中，初始计划包括为期 3 周的设计活动，随后是为期 4 周的编程活动。经过思考，项目团队可能决定仅在 2 周的设计活动之后就开始编程活动是可能的，因为在那个时点会有足够的信息可供开始某些模块的编程，同时开发人员也能到位。虽然看起来将一个"完成—开始"依赖关系转换为重叠 1 周工作的"开始—开始"依赖关系节省了 1 周的进度，但它过于乐观。返工或在设计活动的最后 1 周发现问题的可能性增加，因此当你选择做此类变更时，对任何你选择提前开始的活动增加你的工期估算（在图 6-7 的情况下，在编码活动中增加大约 2 天），并且明确记录新的风险。

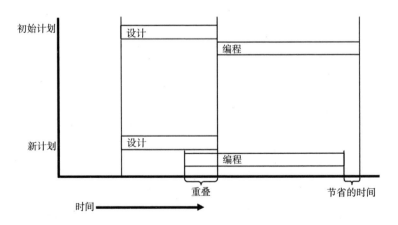

图 6-7　修改活动的依赖关系

乐观估算

大部分乐观估算基于主观愿望，并且归功于帕金森定律和其他因素，它们在大多数项目中实际很少发生。然而，有些乐观估算基于有效的想法，从而使得工作更有效率或更富有成效，并代表了压缩进度的可靠方法。如果有途径可以改变所采用的方法、项目环境，或者支持缩短估算工期的其他因素，将这些变化纳入你的项目中。然而，在使用乐观分析数据压缩进度的任何时候，要小心这一选择可能会有意外后果，并且会至少带来某些风险，因为你从来不能完全消除发生最坏情况的可能性。

进度赶工

对于常见的进度压力非常大的项目，另一种进度压缩方法就是赶工。从这个意义上说，赶工意味着使用额外的资源来获得速度——作为一个应急方案使用。并非所有的活动都能赶工。当一个人必须做所有的工作时，当活动无法被分割时，或者当你不能控制活动时间的约束条件时，是不可能对活动进行赶工的。一个关于无法赶工的活动的好例子是驾驶从纽约开往伦敦的船。用 1 条船，花费 5 天时间。用 5 条船，依然花费 5 天时间。

即使当赶工有帮助时，它也给项目增加了额外成本和新的风险。如果一个活动能由一个 3 人组成的团队有效地执行，一个 6 人组成的团队很少能用一半的时间做完它。牵涉更多的人要有额外的沟通、开销和复杂度，因此，资源和时间从来不会线性变化。这个结论是经长时间对所有类型的项目进行观察并以文档方式记录下来的，而对于高科技项目，关于此点的最佳讨论依然是 Fred Brooks 所著的 *Mythical Man-Month*。Brooks 详细介绍了人们了解彼此的方式，以及随着项目工作人员数量的增加，低效增长如何产生。随着生产力下降，由于大量的员工、潜在的混乱、工作方法和总体的复杂度，项目风险增加。

对于这一切，当对你的项目来说时间至关重要时，这些权衡取舍可能是合理的。项目进度赶工需要你定位能够被缩短的活动，并估算压缩进度相关的影响，特别是对项目预算方面的影响。对于如何有效地开展项目工作，有经验的项目负责人通常具有很好的把控能力，因此，初始计划通常使用关于人员和工作方法的假设，以使工作量和成本达到最小化。即便这样，对任何给定的活动而言，其他的人员和工期组合也有可能。一个人单独为某项活动工作可能会花费很长时间，而两个人一起工作将花费相当少的时间。对于某些活动来说，增加更多的人甚至能继续缩短更多的活动工期。然而，最终你到达了一个收益递减点，在此处增加更多的人员，活动工期上几乎不会发生任何变化。此时描述人员和时间之间关系的曲线出现了拐点，呈现"L"形，类似于图6-8中的曲线。

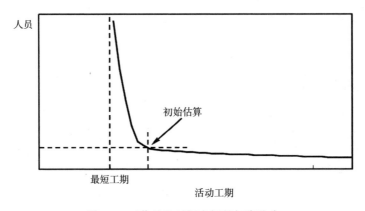

图 6-8　工作量和时间之间的权衡取舍

对任何给定的活动，可能存在一个最短工期，无论怎样增加人员数量、资金或其他资源，也无法使你用更短的时间完成工作。

由于初始估算接近曲线的拐点处（成本最小处），通过赶工缩短项目工期可能相当昂贵。通过赶工压缩项目进度的策略先要寻求大量想法，主要是为了满足项目的截止日期。请检查那些能够进行赶工、加急或其他能压缩项目进度的活动的进度安排，从关键路径开始。可以依次考虑对每个活动的构想，并评估效率和成本。

如果在进度之后下一个优先级是成本，则先采用那些对项目成本影响最小的策略。这要求你估算每个构想的成本损失。做这件事的常规方法是计算与进度压缩相关联的单位时间（通常为每天）成本。例如，一个要缩短开发活动时间的构想，最初估算需 15 个工作日，并花费 4000 美元。如果你以 6000 美元引进了一个外部签约人员来帮助工作一周，你相信工作日可以被缩短到 11 个，节省 4 天。图6-9 说明了活动的初始估算和压缩后的估算。连接两点，线段的斜率即进度压缩的成本损失，为 1500 美元/天。

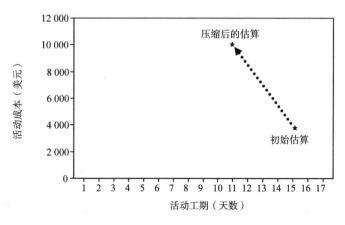

图 6-9　估算赶工活动

进度压缩的构想有各种来源。项目团队可以集思广益，你可以咨询同行、专家，也可以研究过去的类似项目（项目在当时遇到了麻烦，并被迫要实施得更快）。

被证明能有效缩短项目活动工期（以一定代价）的典型方法包括：

- 增加人员。
- 为加班买单。
- 雇用外部人员或外包整个项目活动。
- 为加快运输或其他服务买单。
- 升级或更换较慢的设备。
- 增加工作班次。

对每个可以赶工的活动构想而言，你要估算所涉及的整体成本并评估其成本损失——进度改善的每天花费——这样你就能从每天最少花费到最多花费来整理这些构想。以最少花费策略为出发点，制定影响关键活动的进度变更，并注意额外资源的成本。检查变更是否的确提供了对进度的改善，并监测至关重要的非关键路径上的活动。你可以继续这个流程，赶工若干个活动，直到不再需要赶工或不可能赶工为止。

将你没有使用的所有有关进度压缩的构想作为项目可能的应急计划（应急

计划将在第 8 章详细讨论）。除了采用基于成本的缩短项目工期的策略，还采取了一个额外的步骤。赶工能被用作应急计划的构想只在它们与项目的未来部分相关的情况下才有用。为最大化发掘你已经制定的任何赶工策略的潜在效用，你可能会基于时机选择使用它们。如果你以在最早的活动上执行缩短项目工期的构想作为起点，任何剩余的策略都将作为应急计划保留。尽管这通常会花费更多，但它将产生一个更富有弹性的计划。

在结束进度变更的话题之前，值得注意的是，压缩进度有许多失败模式，并将对项目产生更大的压力。在管理项目约束条件的整个流程中，你可以看到在时间和成本之间以及时间和范围之间的权衡取舍。时间和风险之间的权衡取舍更微妙，却也很真实。在过程结束时，记录你做出的任何变更，并列出所有被引入项目计划的新的风险，包括新的关键路径和近关键路径。同样也要注意日益增加的整体项目风险，这些风险来自增加的复杂性和压力。

评估选项和更新计划

在调研了可能的范围、资源和进度的变更之后，你便拥有了评估选项并寻求最能满足项目目标的计划所需的信息。你的分析可能生成一个可信的项目计划（包括详细的项目进度、资源计划和主要项目可交付物的描述），其支持项目目标和任何其他重要的约束条件。如果是这样的话，你的下一步工作就是风险分析。

如果你制订的最佳计划仍与目标相去甚远，那么这就是项目被过度约束的证据。在此情形之下，请使用关于范围、进度和资源组合的假设分析，并制订至少两个额外计划，它们将实现略有不同的项目目标，如：

- 需要较少的资源，但时间更长或范围更小。
- 增加范围（具有更高的可展示的价值），但需要更多的时间或资源。
- 压缩进度，但需要更多的资源（或缩小范围）。

对每个选项，记录相对优势和风险。这些替代方案可被用于讨论和谈判（项目目标变更的谈判是第 10 章的一个主要话题）。

将你被授权对初步进度安排所做的任何计划变更与其他项目文档合并在

一起。如果你制订了替代计划，记录下这个计划及任何建议的变更或机会，这些将需要更高层级的批准。

寻找遗漏的风险

尽管你已经收集了贯穿整个项目工作计划的风险数据，你的风险清单仍未完成。使用第 3～5 章的理念，重新审查你的范围定义、初始进度安排和资源计划，寻找可能遗漏的风险。你也可能想要重新审查附录 A 中来自 PERIL 数据库中的选定风险，以进一步发现项目风险。有几种额外的方法可用于检测潜在的问题和风险。

头脑风暴

一个常用的风险发现方法是头脑风暴。与项目团队一道审查你已经构建好的风险清单，一起头脑风暴，找出额外的潜在问题。检查你想要使用的方法和流程，并考虑任何新的或特别困难的方面。思考任何传言或似乎可能发生的组织变革将引发的风险。最后，聚焦在可能对你的项目产生影响的外部因素，如疾病、天气、政府或法律变革，以及竞争对手的行动上。同样，计划花费一些时间聚焦在不确定的事件上，这将给你的项目带来有益的影响——这些机会能使你的工作更容易。

捕捉每个想法，而无须评论、质疑或批评。激励人们思考由他人的想法触发的新风险。列出每个提到的风险，即使你认为自己毫无办法的那些。继续头脑风暴，努力倾听每位项目团队成员的想法，直到再无新的想法提出。通过重述不清晰的风险、组合或清除冗余风险，结束头脑风暴，并将所有新的风险加入项目风险清单中。

回顾分析

在新项目中发现风险的另一种方法是对早期项目进行回顾分析。老话所说的"闪电从不在同一个地方打两次"可以被证明是错误的，闪电会击中同一个地方几百次，最高的地方总是会被击中（如果不是这样，避雷针将不会工作）。对项目来说，类似的"那不会再次发生"的陈述同样也不真实。风险趋向于在一个项目中发生，之后在另一个项目中再度发生，除非你通过做一些不同的事，处理了风险问题的根源。对早期项目的回顾分析（以项目回顾、经验教训、事后分析或完成报告的形式）是风险信息的丰富来源。

这些报告通常包含两类对风险管理有用的数据：值得重复的有效实践和需要改进的方面。在有效实践方面，寻求什么是做得好的具体想法，寻求重复或扩展的实践，以及寻求具体的重大成果。检查你的计划，看看你是否有机会充分利用已知的好的实践。在需要改进方面，重新检查以前项目的数据，包括问题、假设、不准确的估算、主要活动的实际和计划开始和结束时间、活动复杂度、建议的和被采用的变更数、延迟的原因等。标识出影响进度的各个方面，并将其列为可能影响你计划工作的风险。

场景分析

通过场景分析，额外的风险会浮出水面。沿着项目的时间轴讨论期望出现的情况，一步接一步，询问诸如"什么地方出了问题""在这部分工作中，什么让我晚上不能入睡"的问题。你可以闭上眼睛，"在头脑里放电影"，以深刻反省项目工作和可能暴露出来的问题。软件开发组织熟悉的技术，如检查和结构化演练，也可以被用于项目规划以揭露弱点、遗漏的风险。

假设分析

与场景分析相关联的是重新审查你的假设。当你考虑各个项目场景时，审查项目的假设以揭示任何可能的改变。当你继续执行项目计划时，假设分析可以揭示初始的期望也许不再有效或可能造成项目失败。

SWOT 分析

一种类似于场景分析的方法是优势、劣势、机会和威胁（Strengths，Weaknesses，Opportunities，Threats，SWOT）分析。对许多项目，特别是那些交付解决方案的项目来说，应在项目的早期检查这些方面。当项目规划流程接近结束时，你应该重新审视并识别项目的劣势和威胁，以确保在你的计划中没有得到充分解决的任何问题都会被视为风险。

专家访谈

项目之外的风险发现源也是有用的。既在组织内部也在组织外部进行的专家访谈可能是关于项目会碰到的风险的潜在丰富信息来源。利用其他人的经验和观点是一种识别和管理风险的有效方法。

根本原因分析

根本原因分析或因果关系练习是发现风险的强有力的工具。风险管理需要了解导致项目问题的根本原因。有几种可以发现问题根源的有效技术，尽管它们大多被作为回顾性手段加以利用，但也可被用于发现未来的问题。这些技术包括失败模式和影响分析、鱼骨图、根本原因分析、K-J 分析或其他因果关系分析的变种。使用这些技术来寻找潜在的风险，首先要说明项目打算避免的结果，如失去关键资源、延迟获取一项重要输入或项目某些部分的成本显著增加。其次是项目团队要返回工作中以发现可能导致问题的、看起来合理的来源。除了发现可能无法检测到的特定风险，经常进行这一练习将提升觉察力，更多地发现可能存在的某些问题。在问题的根源被搞清楚之前，大部分项目看起来相当简单。在用文档记录了会使项目难度增加的事项之后，你会对项目工作有更加实际的看法，不至于过分乐观，这种过分乐观经常发生在新项目的早期。根本原因分析作为一种风险管理工具，将在第 8 章进一步讨论。

蝴蝶结分析

类似于根本原因的探索，蝴蝶结分析（Bow Tie Analysis）有利于发现项目问题的来源。蝴蝶结分析经常用于帮助提供涉及公共健康和安全的灾难性失败模式的清晰图像。整个过程包含风险的两个方面——之前发生了什么和之后会发生什么。蝴蝶结分析是根据图形的形状命名的，如图 6-10 所示。

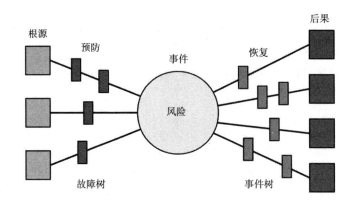

图 6-10 蝴蝶结分析

此图左侧的故障树部分大部分与风险识别相关。它专注于已知风险的原因，而且类似于探索根本原因的鱼骨图，提供了对潜在项目问题的深层根源的深入理解。

蝴蝶结分析是一种强大的技术，其不仅用于记录风险，而且用于记录计划采取的行动，这些行动既可防止风险产生，又可帮助组织从风险中恢复。你将在第 8 章中找到关于使用这一风险应对计划的技术的例子和更多细节。

■ 价值分析和 ROI 风险

项目的执行基于投资于此将获得收益的信念。在对项目进行规划时至少花费一些时间用于调查假设条件，它们支撑了你的项目所代表的预期价值。考虑潜在的问题，它们可能破坏业务，如范围缺口、延迟、竞争对手行动或其他外部变化，以及其他不可测事件。将任何揭示的重大风险添加到你的风险清单中。

■ 其他风险和风险分解结构分析

最后，基于风险分解结构的分类，对风险清单进行排序。许多组织已经定义了详细的风险等级。如果你有一个与你项目相关的结构，请使用它。如果没有的话，PERIL 数据库的通用结构及其范围、进度和资源的子分类能提供一个很好的起点。

审查你已经列出的清单，特别注意那些清单中只有很少或没有条目的任何风险类别。将任何此项检查所发现的风险添加到你的风险清单中。把你的审查重点放在识别风险分类中的不确定性上，这些风险分类超出了你的整体规划流程和控制，如那些涉及安全、法律、环境、市场变化的和其他项目管理之外的因素。

创建风险登记册

风险管理依赖于使风险可见并记录它们。每当你发现了一个风险，就写下它。对每个列出的风险，检查其描述是否清晰，包括对后果的描述。使用统一格式来描述每个风险，诸如："如果（原因），（风险）将发生，导致（后果）。"一个例子是："如果我们的设计主管 Sara 离职，我们将缺少有经验的员工完成设计，这将导致至少 4 周的延迟。"

一旦你已经列出并清晰地定义了所有已经识别的风险，就可以开始创建风险登记册，以支持下一步的分析和评估。你的风险登记册可能是一个表格、一个电子表单、一个数据库，甚至是一个特殊的风险追踪应用程序。完整性比你选择的具体格式更重要，因此请确保你的风险登记册至少包括：

- 清楚的风险描述。
- 概率评估。
- 影响估算。
- 总体评价。
- 影响描述，包括风险什么时候最可能发生。
- 风险负责人。
- 触发因素或标志风险发生的其他指标。
- 响应综述。
- 应急或恢复综述。

通过梳理风险清单，并增加这些和其他相关细节来创建你的项目风险登记册。

约束管理和风险发现的关键思路

- 最小化项目计划和目标之间的差异。
- 理解并清楚地记录项目的优先级。
- 探索项目机会。
- 使用优先级确定项目的替代方案。
- 确定并明确地清除不必要的项目范围。
- 确定拟计划修订的风险和成本。
- 通过头脑风暴、分析和研究将未知风险最小化。
- 全面记录已知项目风险。

第二个巴拿马运河项目：改进计划（1906 年）

回顾过去，许多项目由于不能在规定的约束条件内管理工作而失败。在第二个巴拿马运河项目中，人们曾花费大量的时间去重新思考工作的方法，以避免困扰第一个失败项目的最重要的问题。

对所有类型的项目而言，早期投入工作量去调查是否存在更好、更快、更有效的方式来做需要做的事情是有好处的。新的技术、方法论和方法应运而生。第二个运河项目引入了几种关键创新。为了避免进度和成本问题，需要改变用于完成工作的设备和方法。

在设备方面，20 世纪的技术使得巨型、强大的蒸汽铲成为可能，这使项目获得了超越其早期项目的巨大进步。新技术同样提供了新设备，它们适于在巴拿马温暖、潮湿、易毁坏机器的环境中使用。

然而，与硬件一样重要的是，设备的使用方式发生了更大的变化。John Stevens 作为一名铁路工程师，将运河项目看成一个铁路问题。对他来说，运河是"美国铁路工程中最伟大的胜利"。为保持蒸汽铲不断地挖掘，Stevens 开发了一个系统，使得铲出的土能被倾倒在铁路平板车上，这些平板车可以沿铁路驶往相邻的铲车。平板车沿着一个大圈循环驶往大坝之外和其他地点，在那里土被卸下。一旦到了那里，巨大的固定铲（类似于巨大的扫雪车前端）将平板车清扫干净，使其返回蒸汽铲处，而无须在这个巨大传送带的任何地点停止或暂停。使用这样的安排和更大的蒸汽铲，运河项目很快就在一天内挖掘出比之前项目一个月挖掘的还多的土方量。

　　如果蒸汽铲只是简单地在一个地方挖掘，这个系统就足够了，但事实并非如此。随着挖掘的进行，蒸汽铲不得不移动，搭载平板车的铁轨也得移动。为此，Stevens 开发了一种弹性的方法以移动铁轨，并提供随蒸汽铲移动的稳定的空平板车流。借助他的系统，12 人在一天之内可以移动接近 2 千米的铁轨。使用传统的铺轨方法，需要 600 人完成同样的工作。随着施工的继续，挖掘变宽和变深，这个方法在多个层级上被使用。每个层级拥有属于自己的铁路圈、蒸汽铲和机组人员。整个铁轨在一年中被移动了接近 2000 千米。没有这些创新，运河项目将花费更长的时间和更多的资金才能完成，也有可能像早期项目那样，在完成之前就被放弃了。

第 7 章

量化分析活动风险

知之为知之，不知为不知，是知也。

——《论语》

项目规划过程有多种用途，但对于风险管理来说，其最重要的用途就是区分项目任务中哪些能够被较好地理解因而风险较少，哪些是你不知道的。通常一个可能完成的项目与不可能完成的项目的区别在于，能否尽可能早地隔离最困难的任务，从而获得足够的重视，以解决问题。风险评估技术是了解项目最不确定因素的核心，也是风险管理的基础。本章将对项目风险登记册里的指定风险条目做深入分析并进行优先级排序。对于项目整体的风险分析，我们将在第 9 章讨论。

定性和定量风险分析

风险分析致力于深入洞悉项目潜在的问题。其技术手段无外乎基于定性的信息（用于确定风险等级）或量化的风险估计（用于测量风险）。

定性评估的用途

定性技术比较容易使用，所需工作量也相对较少。在分析损失可能性时，定性评估考虑各种可能性的范围和风险影响的类别。定性方法并不精确，但确实能够提供一种对后果不好测量的风险的考虑方法。风险的定性评估通常是风险等级界定的基础，它让你能选出最重大的风险，进而可以采用第 8 章讲述的方法去管理。

定量评估的用途

定量方法致力于更高的精准度，它能够揭示每个风险的更多内容。这些量化分析的方法需要做更多的工作，但也能提供对风险影响程度的深入了解，还能提供必要的数据，以确定适合的进度和/或预算储备来应对不测。

精确度和偏差

尽管定性和定量的两分法风险分析在《PMBOK®指南》里论述得非常清楚，但还是有各种可能的变化。它们涵盖了从采用少量分类的定性评估到逐渐采用更多、更细分类的差异分析，再到为每个风险因素确定具体的定量数据。如果风险分析的首要目标是确定风险的重要性等级，从而可以决定哪些重要的风险值得进一步分析和响应，最简单的定性评估方法一般来说就足以胜任。如果你需要精确评估项目层级的风险，就要采用量化的评估方法（尽管我们知道很多数据信息来自猜测，这会对量化分析的准确性造成一定程度的影响）。

准确地估算和评估风险即使对那些最有经验的项目管理专家来说也是困难的挑战。精准评估风险的困难源于所有导致项目估算困难的因素：缺乏经验、缺少有用的数据及偏见。乐观偏见会导致对风险发生的可能性及影响的过低估计，除此之外，其他偏见也会产生影响，包括近期体验偏见（近来还没发生过）和主观判断偏见（因为人们总是倾向于挑选他们关注的内容）。

偏见是项目风险管理的一个显著问题。选择性的忽视甚至能导致我们无法列举出那些重大的风险（例如，黑天鹅，当时人们普遍认定它并不存在）。有效的风险管理取决于理解偏见来源，并通过风险识别和评估流程来努力克服它们。

可能性和影响

不管是定性还是定量的评估方法，都建立在共同的基础之上，都要依靠我们在第 1 章里论述过的那个简单原则：损失×可能性。可能性的领域是统计和概率。项目损失由后果影响来测量：时间、金钱和其他项目因素，包括一些很难量化的因素。这两个参数描述了风险，或者采用分类的定性评估，或者采用估算的定量评估。

▰ 风险概率

所有项目风险都具有不确定性。任何一个具体的项目风险发生的可能性或概率分布在 0（不可能发生）到 1（必然发生）之间。定性风险评估方法是划分不同的概率区间，并要求项目团队成员将每个风险分配到所定义的区间中的某一个。定量风险评估方法为每个风险因素确定一个具体的在 0 和 1（或 0~100%）之间的数值。

风险概率必须是一个介于 0 和 1 之间的数值，但是要确定一个可靠的数值并不容易。只有 3 种方法用来估算概率。有些情况下，如抛硬币和掷骰子，你可以建立数学模型并计算预期的概率。在另一些情况下，根本无法建立数学模型，但有很多过去的相似案例可以参考，于是，你可以使用基于统计分析的经验数据计算概率。精算师就是用这种方法来估算保险发生的概率。除此之外其他情形的概率估算都基于猜测。对于很少发生或从未发生过的复杂事件，你无法通过计算或测量来决定概率大小，这时可以采用的方法有参考类似事件、情景分析和直觉判断。对大多数项目风险而言，概率的确定通常基于非客观的猜测数据，因而也是不精确的。

事实上，很多问题使评估可能性变得麻烦，其中最根本的一个问题是，人类的大脑并不擅长处理概率问题。这个事实部分源于我们的乐观偏见。我们经常会提高我们想要的结果的可能性（"这张彩票一定会中奖"），不切实际地压低我们不愿见到的结果的可能性（"那个风险根本不会发生"）。另一种偏见跟邻近性相关，我们会倾向于根据刚刚发生的事情做出预测。不去考虑随机性和概率，我们更习惯于这样思考，一种是近期还未发生过的（"我们正处在幸运周期里"），一种是已经发生过的（"好啊，既然那个不太可能发生的问题发生过了，所以一段时间内它不会再次发生了"）。随机性并不存在一个发生模式或规律，例如，即使经历了一连串的出现同一面的结果后，抛硬币出现同一面的可能性仍然是 50%。判断偏见是另一个巨大的障碍。通常我们会习惯于只考虑可能或不可能，不会过多考虑其程度。不能清晰思考风险的相对概率大小，会导致把可能性大不相同的风险因素简单地堆积在一起。有效的概率评估要求我们必须管理好我们的风险偏见，并保持谨慎。

采用定性方法评估概率并不需要高的精确度，因为它不需要数值。定性评估方法把全部的可能性范围划分成两个或多个互不重叠的概率区间。最简单的定性评估采用两区间分类：更可能发生（0.5～1）和更不可能发生（0～0.4999）。项目团队可以比较容易地把每个风险按区间进行归类，但是，这种粗糙的分析结果会导致主观任意地去确定需要后续进一步关注的重大风险。

一种更为常见的定性评估为采用三区间划分，给每个风险赋予低、中和高三种数值。这些类别的定义不尽相同，通常典型的定义是：

- **高**——>50%（可能）。
- **中**——10%～50%（不太可能）。
- **低**——<10%（极不可能）。

这三个等级的概率区分让项目风险的评估归类变得简单易行且无须争论，它的风险特性定义足以让你分辨出可能和不可能的风险。它能帮助那些正在管理自己偏见的人把这三个区间的分类与他们已经有了经验认识的案例事件相结合。高概率类似于抛硬币的情形，中概率就好像掷骰子的情形（或者类似于你的生日刚好在某一年的某个周六）。低概率或许可以用两个骰子同时掷出一个点或六个点的可能性来类比。无论如何，只要能帮助你把分析中的风险与现实中的不同概率的案例相关联，它就能提升你的分析能力。

定性评估也可以采用四个、五个甚至更多的区间分类。这些分类方法经常采用线性数值范围来代表概率类别：quatiles 代表四区间分类，quinteles 代表五区间分类，等等（五区间分类的典型名称为很高、高、中、低、很低）。定义的类别的数量越多，从理论上说对风险的特性概括越好。但太多的分类也会让项目团队更难在某个指定风险的评估上获得一致意见，而且对于某些风险而言，很难察觉其在相邻分类区间的有意义的区别。貌似准确度更高的多个分类或许掩盖了偏见，而且隐含着准确性没有保证的问题。

按照类似的逻辑扩展把定量评估从基于整数百分比进一步延伸到基于小数百分比。尽管这样看上去能提高精确度，但确定数值概率的过程需要大量的成本付出。你应该记住，绝大多数的概率估算至少有一部分来自猜测，它只需要少量客观数据或根本不需要。追求精确度自身会变成一种风险来源，让主观信息看上去更客观会导致盲目的自信并做出令人质疑的决定。

针对不同的项目、可用数据的质量，以及对风险数据的计划用途，有很多种方法可以估算风险概率。对于五区间分类或其他定性评估方法，利用经验结果、逐个评估、会面访谈、粗略分析风险状况可能就足够了。描述人们已经有所了解的事件（诸如掷骰子比赛游戏和卡牌游戏等）并将它们与风险概率分类相关联，将提升项目评估的质量。对于人们不了解的项目风险，可以用最坏情况问题进行探索（"这种情况每年都会发生一次吗"），并根据人们认为的可能性的较高等级来选择风险的等级。

对于定量评估方法，之前事件的可靠历史性能数据永远是最好的数据来源，因为它提供了一个概率评估的观察实验基础，并且较少受到偏见的影响。采用诸如德尔菲法技术（参见第 4 章）或计算机建模（本章稍后将讨论）等方法估算风险概率，招聘高水平的技术专家（他们比你掌握更多的数据）也能潜在地帮助提高定量评估的质量。

当基于测量的方法可以用来估算风险概率时，它又成全了项目风险管理的另一个目的：趋势分析。在与硬件相关的项目里，零部件的故障统计可以帮助管理者决定在未来的项目中是否保留或需要更换硬件供应商。如果项目经常用到常规线路板、特殊的集成线路或其他硬件单元，按季节或按年度统计出的这些项目里的数据就能给出不合格部件的百分比，也能提供决策数据，看是否需要改进流程以提高产量和成功率。正如我们在第 9 章中所讨论的，长期的项目风险管理在很大程度上依赖于风险指标。

■ 风险影响

某个单一风险产生的损失或项目影响比其发生概率更为复杂和难以定义。

虽然损失或影响的最小值依旧是 0，但不管是项目影响的测量单位还是最大量值，对于不同的风险也都千差万别。一个指定风险的影响可能相对容易明确，它或者是一个可预测的单一数值，或者是能够用分布图或柱状图表示的一组可能性。定性风险评估方法在考虑影响时再次划分成不同区间，项目团队按照风险后果的大小把风险划归到相应区间中。定量风险评估方法估算风险影响可以采用诸如延迟的项目天数、货币数量或其他适用的测量方法。

定性风险评估把每个风险归类到两个或多个互不重叠又包括全部可能后果的选项中。两区间分类采用如低影响和高影响两个类别来反映风险如何影响项目目标。与概率分析相似，两区间分类的实用价值非常有限。

更好的办法是采用三区间分类，所有风险会被归类到高、中、低三个区间中。有很多定义三区间分类的方法，我们这里描述的是一个很有用的与项目目标和计划紧密关联的具体方法：

- **高**——项目目标有风险（必须对一个或多个项目范围、进度或资源进行变更）。
- **中**——项目目标可以实现，但是需要对项目计划进行大的调整。
- **低**——不需要大的计划变更；风险只是带来不便，或者风险可以用加班或其他细微调整来解决。

这三个等级的项目影响在评估划分时并不困难，它为按照严重程度对风险进行排序提供了有用数据。

其他方法采用了更多的类别，有些分区还会影响特定的项目因素，与项目进度、成本、范围或其他参数产生关联。风险影响的测量并没有限制。任一个风险因素，在理论上都不存在一个最大影响值（在一个虚拟的项目中，不管是时间还是成本都被认为是无限的）。由于影响的幅度没有范围限定，因此划分出的影响区间也经常呈现几何级数的分布，小区间分类在低端，并逐渐扩大延伸到高端。对于一个采用五区间分类的风险影响评估方法，它的分类可以是：

- **极低**——对项目范围、进度、成本或质量产生的影响小于 1%。
- **低**——对项目范围、进度、成本或质量产生的影响小于 5%。
- **中等**——对项目范围、进度、成本或质量产生的影响小于 10%。
- **高**——对项目范围、进度、成本或质量产生的影响小于 20%。

- **极高**——对项目范围、进度、成本或质量产生的影响大于或等于20%。

依据预期造成的最大影响，风险被归类到这些风险类别中的某一个，由此一个可能造成 10%的项目进度延迟而对其他项目参数的影响微乎其微的风险就会被定义为"中等"风险。与风险概率估算类似，更多的风险影响等级会带来更好的风险辨识度，但也更难让项目团队获得一致意见。

利用相似的评估手段可以针对特定的项目风险设计出单独的方法，如成本风险或计划风险，以此来确定最有可能影响最重要项目目标的风险。

最精确的风险影响评估需要对每个风险进行定量评估。很少有风险只与单一的项目因素相关，所以风险影响会有一组测量估算数据，通常至少会包括成本和进度影响。成本影响概念上最简单，因为它可以用美元、日元、欧元或其他容易描述的单位来测量，任何负的值都会直接影响项目预算。进度影响就没那么简单了，因为并非每个活动工期的延迟都必然表现为对项目进度的影响。关键路径之外的项目活动，仅当其产生的进度延迟超出了可用的浮动时间时，才对项目进度产生影响。

与其他项目估算相似，确定项目风险的成本和进度波动既不容易，也无须精准。定量评估风险影响的结果看上去精确，但其实这种评估的准确性往往值得怀疑，原因在于我们的乐观偏见和其他偏见。乐观偏见会导致对风险影响后果的低估，与它通常对项目估算产生的影响相似。特别是，与概率一样，大多数人倾向于把他们的期望与偏好连接在一起（高估有利的结果，低估不利的影响），所以低估了潜在的风险损失的程度。其他偏见也能导致低估风险影响的结果，包括观察角度、可用性和代表性——所有这些都有可能导致做出建立在不恰当的或不相关的数据分析上的估算。

到目前为止，对风险影响结果的讨论都集中在可测量的项目信息上，即使定性评估也常基于数值范围或百分比变化。把影响结果的估算局限于可测量数据的做法会忽略那些不容易量化的风险影响。对有些风险而言，这会让我们错过那些可能最重要的因素。因为这些因素产生的影响结果难以精确测量，所以它们一般被忽略或被认为在项目风险评估中不重要。以下这些更加"定性"的影响种类，我们把它们按照从最狭隘到最广泛的顺序进行排列，包括：

- 个人后果。

- 职业发展受挫。
- 团队生产力损失。
- 团队失和。
- 组织结构影响。
- 商业和财务后果。

有些因素的可测量结果是能够粗略量化的，至少在短期内。列在最后的两个最严重的影响种类尽管不适合你或你的团队成员来估算，但是你所在组织里的某个人或许能估算。

在所有这些情况里，最容易做的便是用一种简单直接的评估方法在风险分析中容纳这些不易量化的风险因素可能的后果。这样做虽然极富挑战性，却值得大家仔细考虑，并描述这些风险因素可能导致的后果，因为很多项目风险的真正影响恰好源自这些风险因素。后面将有更详细的讨论，以及一些在确定风险优先级时如何利用这些风险因素的有关建议。虽然不能囊括全部，但是下面的这些列表为你着手行动提供了有意义的指导。

很多项目面临的风险包括潜在的个人后果，它们可能是非常严重的，覆盖了从不方便到更为沉重的不合理负担。这些因素包括：

- 婚姻问题、离婚、个人关系困扰。
- 休假取消。
- 错过参与家庭活动。
- 过多的无偿加班。
- 身心疲惫和精力枯竭。
- 健康状况恶化。
- 身处不安全的环境，环境中有毒品或有害化学品，环境危险，令人不满的差旅方式。
- 颜面有失、尴尬、有损尊严、自尊受挫、个人声望降低。
- 必要的道歉和卑躬屈膝。

重大的项目困难可能造成职业发展受挫，个人声誉也会受到影响，会导致：

- 失去工作。
- 工作无保障。

- 不好的绩效评价。
- 降职。
- 升职无望。

无论是经历重大风险期间还是之后，团队成员的工作效率都会降低。团队生产力损失源自如下因素：

- 更多的会议。
- 精疲力尽。
- 沟通负担增加，特别是跨多个时区的交流。
- 内心紧张和外部压力加重。
- 更多的错误和不准确性。
- 混乱与困惑。
- 返工。
- 额外的汇报、总结和干扰。
- 承担了分配给其他人的任务。
- 耗尽项目应急储备。

即使团队生产力未受影响，团队失和还是有可能发生。项目的成功依赖成员间保持良好的团队合作，一旦这个基础遭到破坏，其后果可能为：

- 冲突、敌对和怨恨。
- 缺乏合作，关系紧张。
- 士气低落。
- 沮丧、不满和泄气。
- 消沉、不快。

项目风险的后果有可能对组织造成冲击，对组织结构造成影响，而且不能满足你对现有项目成功的期望。其中一些风险因素包括：

- 同时进行的多个项目延迟。
- 后续项目的延迟启动。
- 人员离职和流动。
- 项目发起人（和干系人）的信心、信任和良好意愿受损。
- 对方法和流程的质疑。

- 团队名誉丧失。

- 高层管理者对细节进行干预及缺乏信任。

- 需要逐级上报和加快工作进度。

- 需要律师的参与。

最后，有些风险会造成重大的商业和财务后果。尽管人们对这些风险的后果会认真地进行估算和量化，但真正的影响只能在项目结束后，而且往往是刚刚结束后才能确定。一些例子包括：

- 输给竞争对手，在竞争中丧失优势。

- 负面的市场反应，糟糕的公共关系，组织名誉受损。

- 客户不满，代理人不快。

- 失去未来的业务机会，业务营收降低。

- 盈利和利润降低。

- 失去客户信任和信心。

- 未能达到法律、规章、行业规范或其他一致性要求的标准造成的新问题。

- 合作伙伴关系遭到破坏。

- 项目可交付物的性能降低。

- 质量和可靠性下降。

- 仓促、不充分的测试。

- 错过机会窗口期。

- 产生继续采用过时、老旧的系统或设施的成本。

- 低效的、不受欢迎的人工解决办法。

- 服务中断，不能达到承诺的服务水平。

- 破产和业务失败　（如果项目足够大）。

虽然有些风险对于你的项目预算或进度的短期可量化影响后果为中等，但总体后果，特别是列表中最后两项将对组织造成重大影响。尽管这些潜在影响有可能主要是定性的，但把它们整合到你的风险评估和优先级排序中依然是可取的。这样做的一个方法便是采用如表 7-1 中列出的五等级划分的风险影响评估方法中介绍的判定标准。

表 7-1　五等级划分的风险影响评估方法判定标准

风险影响	判定标准
极低	任何可以在第一时间被处理解决且对项目团队之外的人不可见的影响
低	任何可以在项目团队内部解决，并不会产生可预期的长期后果的影响
中度	任何能够造成对项目计划的明显的重新修订或对组织造成引人注目的和令人不快的后果的影响
高	任何可能导致项目目标无法实现（不能满足项目三重约束中的一个或多个）或可能给组织带来重大的、可测量的长期业务问题的影响
极高	会导致项目被取消的致命影响，或者有可能造成超出项目预算的影响

依照这些判定标准进行的分析仍然是主观的，但它至少提供了一种可以评估项目风险的相对重要性的现实方法——即使针对那些难以测量后果影响的风险。

基于 3～5 个等级分类的定性风险影响的评估相对来说较为容易，也足以按照严重程度对风险进行排序。采用投票、面谈、团队讨论及对计划数据的回顾等方法给风险赋予相应的影响等级的分类很有效。与对风险的概率评估类似，影响后果的定量评估的最佳基础还是历史经验及德尔菲法、计算机建模和咨询同事与专家。

针对频繁且重复发生的风险的影响进行定量评估，统计方法或许更适合。提供可以信赖的、量化的影响数据的一个好办法是选择初始的工期或成本估算分布的均值，并使用该均值与 90%点位处测量值的差值。这个原则是 PERT 分析的基础，PERT 估算方法已在第 4～5 章中讨论过。在本章的后面及第 9 章里将继续讨论利用 PERT 的其他特点和相关的技术来处理项目的不确定性问题。

定性风险评估

风险评估的最低要求是得出一个按照预期的严重程度排列的风险列表。你可以利用评估损失×可能性的方法，按从最严重到最轻微的顺序对列表中的风险进行分类整理。如果你的列表中风险数目足够少，你可以快速经过几个轮次的配对比较去排列顺序：对任何一对相邻的风险，如果两者中更严重的排在了后面，就互换位置。这样最严重的风险就会上浮到顶部，最轻微的风险就会下沉到底部。这项工作一般由一个人完成。

与德尔菲法类似的另一个方法结合了每个项目成员独自排序过的数据。每个列表中的风险都会被分配一个与其在列表中的位置相等的分数。将每个风险在所有列表中的分数相加求和，然后依据每个风险的相加总分数对风险进行排序，总分最低的风险排在复合列表的第一位。如果某个风险的排序值在不同列表中差异非常大，则需要经过更多的讨论和重新排列来获得更好的团队共识。这种排列结果将会比只靠一个人完成的排序结果更为客观，因为它代表了团队意见。

虽然这些排序方法都会产生一个风险顺序列表，但它能反映只是相对的风险严重程度，并不能标示每个风险所代表的项目问题。

■ 风险评估表

基于风险发生的可能性和影响的等级的定性风险评估更加深刻地反映了风险的严重程度。如图 7-1 所示，一个风险评估表或描述风险可能性和影响分类的列表，就是实现评估的一种方式。（这个数据应当也是你的项目风险登记册的一部分。）

风险	可能性	影响	整体风险

图 7-1　风险评估表

先列出每个风险的名称，然后再给每个风险发生的可能性和影响填入定性评级（如高、中、低）。不只是那些容易测量的，要全面考虑所有潜在的影响，并对风险发生的可能性保持警惕。基于损失×可能性综合考虑，填写最后一栏的 "整体风险"。虽然你可以采用任意等级分类的评估方法，但是最快速且有意义的方法是用三等级分类（在之前的可能性和影响讨论中已经定义），并将混合的分类结果或权重值，如 1、3、9 代表的低、中、高分别赋予每个风险。图 7-2 展示了一个定性风险评估的样例。

风　　险	可能性	影　　响	整体风险
软件专家没时间	中	高	高、中
顾问不能胜任工作	中	中	中
购买的组件延迟到货	低	高	中
软件开发太慢	低	中	中、低
需要的测试设备没到位	低	低	低

图 7-2　定性风险评估的样例

　　最后一列的数据，分类可以是混合的（如样例所示），可以指数值（如 27、9、9、3 和 1），或者交通指示信号灯符号（红代表高，黄代表中，绿代表低）。从一个如图 7-2 所示的表格中，你可以选出高于某个水平（如中等）的所有风险，以做进一步重点处理。

风险评估矩阵

　　另一种定性风险评估方法需要把风险放进一个二维矩阵，其行和列分别代表可能性和影响。这种矩阵可以是 2×2、3×3 的，或者更大。风险评估矩阵一般为正方形，但也可能有不同的可能性和影响类别。图 7-3 是一个典型的 5×5 矩阵。

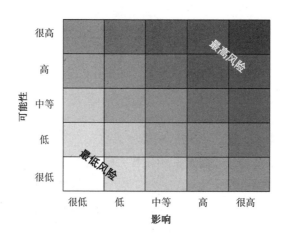

图 7-3　风险评估矩阵

　　这种矩阵经常用彩色显示，左下端的单元格为绿色，黄色在中间，红色在右上角。这样的矩阵也被称作热点图。一个风险在矩阵中的位置越靠近右上方，它的综合风险评估值也就越高。在矩阵中预先划定一个分界线，选出位于该线右上方的单元格里的风险做重点管理。一个组织的风险容忍度通常用一组位于矩阵中的浅灰色的单元格来界定。二维风险评估矩阵对于展示适量数目的风险很有用，但它也有不足之处。第一个不足是连接低可能性、高影响和高可能性、低影响的对角线暗示了位于其上的单元格里的风险具有同等重要性。事实上，经常发生的有轻微影响的风险和偶尔发生的致命的风险之间存在巨大的不同，前者不需要或只需要少量关注，但是后者如果被忽略了，项目会面临极大的危险。第二个不足是图中的数据质量，特别是 5×5 矩阵，中间的类别，不管是可能性还是影响，可能都意味着精确度超出大多数风险的合理范围。

类似图 7-3 的矩阵通常被用于分析具有负面影响（威胁）的风险，其实这种图也可以用于评估不确定的项目机会。第 6 章中讨论的一些机会与可能发生也可能不发生的事件相关。对于这种机会的评估是建立在其发生的可能性和发生后产生的收益（而不是损失）分析上的。这种机会的一个例子是为项目买入所需的物品，而这些物品偶尔会打折出售。一旦认识到有机会能以更低的价格买到这些物品，管理这种"风险"的做法就有可能是延后采购，以等待合适的时机来获得更好的价格。对大多数项目来说，不确定的项目机会的数量远少于具有负面影响的风险。

对于分析不确定性机会，可能性的定义是不变的，影响也是相似的，但是对应机会分析的类别不再是针对有害程度，而是与产生的利益多少相关。采用相同的矩阵，你就能评估出潜在的积极事件，并明确哪些是值得进一步关注的，同样关注那些位于右上方，代表着高影响和高可能性组合的事件。这种矩阵分析技术的另一个变种是把威胁矩阵和与之互为镜像的机会矩阵合成一个矩阵（对这个例子来说，它的高是 5 个单元格，而宽是 10 个单元格）。在这个混合矩阵中，你会发现最高的影响位于中间，所以值得你关注的不确定事件就是那些在混合矩阵中靠近中间及上部的单元格。

◾ 评估选项

标准的项目网络图一般不允许使用条件分支。因为在项目进度中，需要从多个可能的备选项、结果或决定中选出一个的场景极为正常，所以你需要一些方法来分析这种情况。避开这种限制的一个定性方法是利用最可能的假设制订一个基线计划，把所有其他可能的结果选项当作风险来处理。如果你无法决定哪个选定的结果最可能发生，审慎的风险管理的做法通常是选择持续时间最长（或成本最高）的选项，并把它放进项目基线。当然你也可以选择任何其他的选项。评估与错误选择相关的风险需要给出发生意外时预估的影响后果，以及该意外发生的概率。把所有工作流程中重要的选项列进你的风险登记册中，然后将它们与其他项目风险放在一起进行评估。

■ 数据质量评估

对所有风险的了解掌握程度不可能整齐划一。有些风险的发生是有规律的，相关的数据非常充足。另一些风险产生自与之前项目不同的独特的工作环境，人们倾向于利用不太充分的信息评估风险的可能性和影响，因此对整体风险的低估也很常见。

即使采用定性风险评估方法，我们也能识别并选出那些了解并不充分的风险，以进一步处理。对于每个评估，都要全面考虑用于对风险可能性和影响进行等级分类至关重要的数据的质量、可靠性和完整性。如果风险信息看上去不可靠，就应该到外面去寻求专家帮助或发现其他更好的信息来源。你还可以有意地加强对风险可能性和影响的估算，以提升这些风险的可见性。

■ 其他影响定性评估的因素

虽然具有高可能性和高影响的风险需要你重点关注，但是对于那些可能与未来的工作相关的风险，不一定需要现在就关注它们。定性风险评估需要考虑的其他因素还包括紧迫性和意外性。一个中等等级的风险如果较早爆发，也会伤害你的项目，它会造成你对自我能力的怀疑或破坏你的团队成员的合作能力。风险经常互相关联，较早发生的风险会触发项目之后的更多麻烦。如果一个风险可能引发对迫在眉睫的工作的影响，那你就需要在风险评估中把这一点考虑进去，并适当提高对风险影响的估算。

有些风险相对容易看到。而另一些风险，如 PERIL 数据库中讲述的那些关于外包合作伙伴延迟交付之类的例子，是很难在事先发现的。当预估风险影响时，考虑每个风险的触发事件，并在你认为其一旦发生会由于人们的惊讶及毫无准备而造成加倍的冲击和损失时，提高其重要程度。

◼ 需要更多关注的风险

定性风险评估的主要目标是通过对已知项目风险的重要性判定及按照从高到低的排序来识别主要的风险。有很多方法可以用来对排序完毕的风险清单进行加工处理。对可能性和影响的三个等级（低、中、高）分类的分析方法较好平衡了充分分析与花费最少工作量之间的矛盾。不管怎样分析和排序，你都要筛选出哪些风险值得进一步考虑处理，哪些风险无损大局，无须制订计划应对。

依据严重程度确定风险登记册里的项目风险的优先等级是一个好的方法。在经过排序处理的风险登记册里，排在最前面的几个风险几乎总是需要进一步处理，但这个范围到底要延伸到哪里可就不是一个简单的问题了。有个方法是从头到尾依次审视序列中的每个风险，直到某个风险令你不再有难以入睡的感觉为止。像这种依靠直觉给排序的风险登记册设定边界并不是一个坏方法。另一个相似的方法是团队共识，先让每个团队成员独立划出边界，然后团队进行讨论，并依据个人和团队经验确定大家共同接受的边界。你也可以设定一个绝对边界，如矩阵中的中等风险，或者你也可以在矩阵中画出一条从左上角到右下角的对角线做边界。不管采用哪种方法，你都要再仔细审查每个落选的风险，确保没有漏掉任何一个值得应对和可能造成严重后果的风险。

经过这样的检查，你就可以准备好一份缩小了范围的风险列表，以便进行深入的定量分析和管理。

定量风险评估

正如本章前面所说，定量风险评估比定性风险评估需要花费更多精力，因此通常先用定性风险评估来进行风险排序和筛选，但这不是必需的，因为采用表格和矩阵的定性方法所依据的量化数值也可以用来确定风险登记册里风险的优先级顺序。对项目风险的定量评估的其他技术包括敏感度分析、决策树、仿真和建模等。

定量风险评估表

对于定量评估，仍然可以采用类似图 7-1 和图 7-2 的表格，只要把可能性和影响的分类换成估算的绝对数值即可。对每个风险估算其成本、工作量、时间（仅指超出进度许可范围的时间）或其他因素的影响，然后根据影响×可能性的乘积整体综合评估风险。用这种方法对风险进行排序的一个不利之处是，对有些风险而言，非常难以同时获得对影响和可能性的精确一致的认同。另一个更加严重的不利之处是，对风险的影响有多种测量方式（如时间和金钱），这就造成了很难确定一个单一统一的综合风险的定量评估值。

虽然你肯定能够列出各种各样的风险影响，并用估计的可能性给它们分配权重，但你还是会发现很难依靠这些数据来排序。解决这个问题，可以通过选定一种类型的影响如时间，并把所有其他种类的影响转换成等价的项目周期的延迟（就像我们在 PERIL 数据库的案例中所做的）。你也可以制作几个不同的表格，一个用于测量成本，另一个用于测量进度，其余的用于测量项目范围、质量、安全程度，或者任意其他你能做出有意义的数值估算的影响的类型。接下来你就能统一地对每个表格进行排序，并从中选出需重点关注的风险。这一处理流程同样需要你对所有落选的风险进行最后检查，以发现那些把所有可能的后果加起来后具有重大影响的风险。

定量分析的二维风险图

像图 7-3 那样的一个定性分析矩阵通过把行和列标签替换为两个互相垂直的坐标轴，就可以转变成一个定量分析工具。可能性在竖轴上用 0 ~ 100%表示，影响在横轴上用 0 ~ 某个上限值表示（或许会用到指数标度）。每个确定的风险在这个二维坐标图中代表了一个点，那些需要重点关注的风险将分布在右上方的区域，它们超过了风险边界线。与表格方法相同，当所有风险都能统一用某个可以量化测量的影响如时间或成本分析时，这个方法最有帮助。另一个方法是你可以制作多个二维坐标图，每个图测量不同的影响种类。

从这种方法演变而来的另一个方法仍然是在分别表示估算的项目成本变化和项目进度变化的二维坐标图中画出风险分布，不同之处是每个风险不再用图中的一个点表示，而用一个圆形的气泡展现，气泡的大小代表了该风险发生的可能性的大小。因为气泡距离坐标原点越远，其所代表的风险影响的程度就越高，所以图中定义了多个边界线，靠近坐标原点的斜线界定了非常可能发生的重大风险（大气泡），其他更远的斜线界定了那些具有重大影响但可能性低的风险（小气泡）。在图 7-4 中，有几个风险非常重大。风险 F 具有最高的整体影响，风险 E 稍次之，其他重要风险可按照它们在图中相对于边界线的位置选出来。

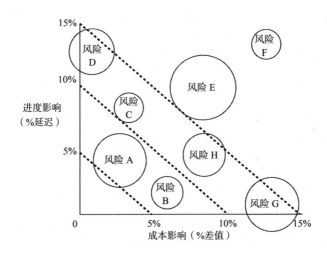

图 7-4　定量分析的二维风险图

■ 敏感度分析

探究特定风险造成的真实损失比一次简单的风险影响评估需要更多的努力。只影响项目进度但不影响项目资源的风险，仅当其估算的延迟超出了所有可用的浮动时间的时候才成为重大的风险。对简单项目而言，对照风险清单快速检查项目计划就能找出可能造成后续危害的那些风险。对更错综复杂的项目活动，借助项目数据库和时间进度安排工具，也可以快速发现那些最有可能导致项目延迟的风险（和风险组合）。假设进度分析方法使用最坏情况估算来探寻每个风险的整体项目影响。通过依次顺序地采用最坏情况假设活动工期观察整个项目进度结果，你就能了解每个进度风险的量化的进度敏感性。

与项目活动的延迟不同，所有单个项目活动成本增加的累积会造成整体项目预算的超支。但对有些项目来说，并非对待所有成本影响的方式都完全一致。如果一个风险造成了项目的额外支出，那么它就对项目预算产生了直接影响。如果成本影响涉及一次资产采购，那么它对项目的影响可能只是实际成本的一小部分，并且在有些案例中，全部采购费用有可能会计入其他账目中（对本项目无影响）。企业费用的增加，如为支持一个遇到麻烦的项目而征用一间公司会议室的费用很少会被直接算进项目的费用。不断增加的日常费用如通信、复印、物品寄送等，经常不会直接由项目预算来承担。出差费用也很可能不在项目成本之列。一般来说，虽然所有的成本和其他资源影响确实会相应造成项目预算的变化，但区别潜在的直接成本变化和间接成本变化还是非常值得的。

决策树

当只可能有少数几个选项或潜在结果时，决策树对于定量风险评估很有帮助。决策树分析是本章前面讨论的评估几个选项的定性评估流程的一个量化版本，它一般用于在从多个选项中选出一个做后续处理之前先评估可选项。这种概念通过对特定选项的加权和估值来确定潜在的影响，从而应用到项目的风险分析中。

只要项目过程中的某个节点存在多个可选项，那就分别计划每种可能，并为其分配发生的可能性（所有选项的可能性相加为 100%）。与 PERT 方法类似，对风险成本或工期影响的预期的估值，可以通过对风险的每个可能选项的估值进行加权处理，再把它们相加求和，得到一个混合后的结果。按照图 7-5 中的数据，一个包含了一项通用活动（它可能是图中三个选项中的任何一个）且该活动的估计用时为 16 天的项目计划，比另一个简单采用了最有可能发生的 12 天的活动时间估值的计划要更加现实。在这里，项目进度安排的风险估算可以采用最大的负偏差值（如果是关键活动，则多出 4 天），并把它预期发生的可能性确定为 35%。（另一个处理思路是假定最坏情况发生计划用时 20 天，把其他的选项可能性当作项目机会来管理。）

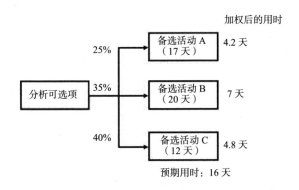

图 7-5　用于项目活动工期分析的决策树

　　决策树也能用于指导包含多种成本变化的项目选择。你可以用决策树评估预期的备选项的货币价值，以得到预期的成本及潜在的成本偏差。项目执行过程中存在几个备选项，如升级现有设备或采购新硬件，这时决策树就能够帮助最小化项目风险。图 7-6 中的成本分析在讨论比对两个结果：采购替换设备来最小化成本偏差（零，而不是升级可能带来的 20 000 ~ 120 000 美元的成本）或升级设备来最小化预期的成本。这在项目中很正常，需要在最小化项目指标和最小化风险之间做权衡：你必须保持清醒，明确哪个对你更为重要，并做出决定。

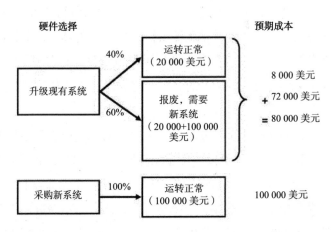

图 7-6　用于成本分析的决策树

■ 仿真和建模

决策树在你能做出独立、不关联的估算的情形下很有用。再复杂一些的案例，可以用蒙特卡罗或其他计算机技术对可选项建立模型或仿真。如果一个项目活动的工期或成本的可能数值范围符合统计分布，那么统计的标准偏差就是风险的一个测量值。分布范围越广，对应的风险就越高。对单个项目活动来说，计算机仿真和建模没什么必要性；但是当考虑多个活动（或所有的项目活动）时，计算机仿真和建模就非常有帮助且很高效。

■ PERT 方法

术语 PERT 之前已经讨论过，对于项目管理而言，它有多重含义。它的最常见用途其实与计划评审根本无关，而是与项目规划中用到的图形化的项目活动网状分析工具有关，经常被称作 PERT 图。合理的项目网络图被用于 PERT 分析，但是 PERT 方法与 PERT 图不同，并不局限于活动工期的确定性、单点估算。PERT 不太涉及三点估算（在前面的章节里讨论过），但是 PERT 方法的原本用途事实上更为广泛。

PERT 在 20 世纪 50 年代诞生的最重要原因是帮助美国军方定量管理大型国防项目的风险。PERT 应用于北极星导弹系统开发项目，NASA 载人航天工程包括阿波罗登月项目，以及其他无数美国政府资助的项目。所有这些努力的动机均来自对项目越大越有可能延迟并出现严重的预算超支现象的观察结果。PERT 的产生就是想在为这些高昂的大型工程支出设定合理预期时提供一个良好的基础。

PERT 是一个风险定量分析的特定样板，它既可以应用于进度问题（PERT 时间，在第 4 章讨论过），也可以应用于预算问题（PERT 成本，在第 5 章讨论过）。PERT 分析建立在有关项目计划的一些统计性假设的基础上，既需要对可能结果（它总在发生）进行估算，也需要对这些结果的不确定性（它是新出现的）进行估算。PERT 可以用来分析所有项目活动或只是那些被认定为代表了高风险的活动。不管哪种情形，PERT 的目的就是提供整体项目风险的数据，包括进度、成本或二者兼有。PERT 概念用于范围估算时，有助于获取项目活动的风险信息，特别是涉及悲观（或最坏情况）估算时。PERT 与其他方法如基于计算机技术的蒙特卡罗分析一起，依赖三点估算数据的概念去分析项目整体的风险。本书第 9 章将深入细致地讨论如何利用 PERT 和其他技术来评估项目整体的风险。

统计概念和概率分布

项目活动的三点估算始于 PERT 方法。1950 年之前，几乎所有项目的分析都建立在单点、确定性估算的基础上。PERT 方法假定可能性是连续的，它使用三点估算来定义 β 分布，一个倒置钟形状的密度函数，它可以偏向左或右。图 7-7 是一个 β 分布的例子，它拟合了活动工期的三个估算值。这个样例采用传统的 1% 尾部设定可能性的范围，不过 PERT 分析也可以采用基于 5% 或 10% 的尾部设定可能性的范围。最初采用 β 分布曲线是因为它足够灵活，可容纳不同的"形状"，比较容易理解（和画出来），也足够简单，可用于项目进行当时相对原始的计算机分析。

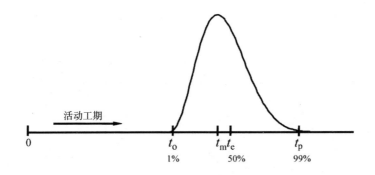

图 7-7 典型的 β 分布

概率分布函数或甚至由直方图定义的离散数值，都能够更好地描述给定风险的潜在影响。现在经常使用的一些其他的分布类型有：

- **三角分布**——从乐观估算到最可能估算是一段线性增长，然后线性下降到悲观估算。

- **正态分布**——高斯钟形曲线，最可能值和预期值都位于对称分布的中心。

- **均匀分布**——在界限范围内所有值假定都具有同样的可能性, 并且最可能值和预期值都位于范围中心。

还有很多其他有特点的统计分布和无限可能的直方图可以用于建立模型。三角分布 (图 7-8 展示了一个偏斜样本)、均匀分布 (见图 7-9) 和其他有界限类型的分布是 "闭合" 的, 其中的所有数据点都被限定在定义的数值边界内。β 分布 (见图 7-7)、正态分布 (见图 7-10) 和其他类似的分布是 "开放" 的, 它们的可能数值没有理论上的上下限。

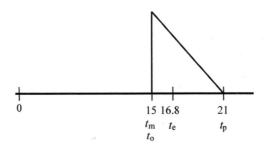

图 7-8　三角分布

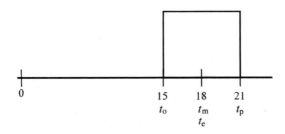

图 7-9　均匀分布

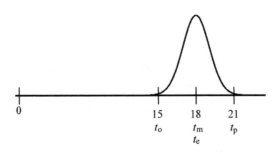

图 7-10　正态分布

你所选择的分布的精确形状，甚至它们是否有边界，一般来说只对风险分析最重要的两个参数产生细微影响：分布的均值和标准偏差。对风险的评估主要基于这两个参数，而它们在不同的分布曲线中变化极小。此外，尽管理论上可以进行详尽的数学分析，但在现实中可能行不通。采用概率分布进行项目风险分析最常见的是利用计算机模拟或近似结果的粗略的手动方法进行。从现实角度来看，为每个项目活动选择特定的分布曲线只是对活动风险的定量评估结果产生微弱的影响。对项目风险进行分析，选出一个特别的分布函数对评估活动数据并非很关键。

为了说明这点，图 7-8 ~ 图 7-10 展示了在第 4 章中讨论过的利用加权平均 PERT 公式得出的活动工期的预期估值，它们的范围在 15 ~ 21 天。预期的活动工期估值 t_e 在不同的分布曲线上略有不同，但是对于定量风险评估，你可以选择一些高于均值的数值。90%边界点的选取对这个例子很正常，并且在例子中，所有分布都非常接近估值的上限 t_p。因为 t_p 是 21 天，所以每个分布的 90%边界点大概都是 20 天（舍去小数位取整）。有很多方法可以更为精确地计算这些数值，在小数点后还能显示多位数字。考虑到数值精确度和预期的输入数据的准确度，最佳结果充其量只是最接近一个整天的整数值。争论用哪个分布曲线最好和费心考虑怎么优化处理并不值得你花费时间。评估不确定性依赖所选分布曲线的估算偏差，它在所有这些例子中是相似的，因为定义的范围相同。

如你所见，几乎选择任何一个合理的分布曲线都能产生类似的活动风险分析结果，因此只要选择那个你认为最合适和最容易处理的选项就够了。

在项目层面上考虑，所有项目工作的不确定性数据会叠加在一起，所以为某个特定活动所选择的分布曲线就变得更加无足轻重。不确定的活动越多，项目总体成本和工期的评估就越趋近于一个正态分布。在第 9 章关于项目层级的风险评估中，会对这个话题进行详细讨论。

■ 设定估算范围

尽管选择什么样的分布曲线来估算范围无关紧要，但是如何定义误差线非常重要。太窄的估值范围（常见的偏见）会大大减少量化感知的风险。利用 PERT 或其他相似技术评估的风险是建立在全部预期范围的可能结果上的，它直接随估算的不确定性而变化。

到达可靠的成本和工期估算的上限和下限并不容易。获得这个数据的一个办法是深入分析每个具有重大预期风险的项目活动的潜在根本原因。如第 4 章讨论的，审查最坏情况是估算上限的一个好方法。要现实地考虑潜在的后果；人性的特点会导致人们轻视或忽视风险的潜在影响。

当你有足够多的历史经验信息时，估值分布的界限（甚至形状）都可从数据中推断得出。与专家、项目干系人和项目成员的讨论和对他们的访谈也都有助于设定可靠的估值范围的界限。

在任何事件中，风险影响的定量评估依赖可靠的三点（或至少是最可能情况的和悲观的）估算。

活动风险分析的关键思路
- 评估每个项目风险的可能性和影响。
- 了解并努力减少偏见。
- 利用定性风险分析确定风险优先级。
- 采用定量风险分析技术更好地了解重大的风险。
- 当使用 PERT 或相关的方法时，尽量让事情简单化。

第二个巴拿马运河项目：风险（1906—1914 年）

在与运河的规模和工期有关的任何项目中，风险都无处不在。按照对成本和可能性的评估，最严重的是疾病、泥石流、炸药的频繁使用，以及建造水闸所遇到的技术挑战。

在运河项目中，疾病问题虽然已经得到了缓解，但是健康仍然是个问题。前两任项目管理者都把热带疾病列在了他们辞职的原因里。20 世纪初，在热带地区的生活既不舒适，也不安全。早期项目中巨大的伤亡人数把这个问题放到了待解决的最高优先级。

因为巴拿马的土壤不稳定，所以泥石流在运河项目中很常见，而地震让情况变得更糟。当两侧挖出的斜坡坍塌时，工作人员会很危险，同时挖掘设备和铁路设备也可能被严重损坏。此外，坍塌后面临的修复和返工也令人沮丧，对同一位置的反复挖掘预计所需的额外工作量大大增加了施工成本。这一风险同时影响了进度和预算，尽管制定了预防措施，但坍塌事件还是不断发生。

炸药随处可见。大量的巨石很常见，工人们用炸药把巨石碎成可以搬动的小石块。计划中的船只中转所经过的湖是由大坝围成的，而建造这座大坝的地方是雨林，长满了高大而古老的树，这些树也不得不用炸药来清除。那个年代的炸药不够稳定，特别是在热带地区。它在储存、运输到工作地点的途中、被放置到使用地点后，以及在许多其他意想不到的情况下发生了爆炸。意外爆炸的概率很高，对人的生命的威胁很大。

除了这些令人畏惧的风险，项目遇到的最大的技术挑战是水闸。这些水闸都是巨大的机械装置，是有史以来最大和最复杂的建造物。虽然水闸在运河上已经使用了很长一段时间，但实际上几乎所有的水闸在建造时考虑的都是航行在淡水河流和湖泊里的小型船只。之前从未建造过适用于大型远洋船只的水闸（在苏伊士运河上没有水闸；原来规划的巴拿马运河则完全是海平面式的）。水闸的门都非常巨大，因此很重。水闸注入的水量非常大，导致闸门承受的压力巨大，而且关门蓄水时对制造如此之大的门缝的精度的要求也前所未有。水闸就是四周和底部用混凝土浇筑成的巨大的盒子，施工也是个挑战，特别是在地震频发区域。所有这些难点里，最大的技术障碍是所有的操作都需要电动控制。早期的运河因为小得多，所以通常是手动来开启和关闭闸门，然后用动物拖着小船进出。（直到今天，在巴拿马还是用电动机车牵引船舶进出水闸，被称为电动骡子。）采用电力新技术的运河的设计、实施和控制，以及需要提供足够电力的水电站，都涉及新兴的、人们知之甚少的技术。但没有水闸，运河就毫无意义，而解决所有这些技术问题所面临的风险是巨大的。

这些严重的风险还只是运河项目所面临的众多挑战中的一小部分。每个被挑选出来的风险都需要大量的、持续的关注。在第 8 章的结尾，我们将探讨如何管理这些挑战。

第8章

管理活动风险

统计不能代替判断。

——Henry Clay，美国参议员

风险评估提供一个有优先级的风险登记册。这个列表可以使你清楚地知道项目的麻烦程度。累计的重大的范围风险可能意味着你的项目实际上不可能完成。太多的进度或资源风险意味着你的项目在约束条件下不太可能完成。项目风险管理是一个有力的工具，可以将一个注定失败的项目转变为一个具有挑战性的项目。

管理风险开始于你的风险登记册，基于这个排序的列表，你可以分出重大和次重大的风险。风险响应计划以此边界作为指导；对于所有重大风险，都应该引起重视。此外，尽管谨慎的项目负责人审查了风险清单，但重要的是重新考虑所有有重大后果的风险。当某个风险的潜在影响超出可接受的极限时，即使发生的可能性很低，响应计划也应该到位。对于低风险的响应可以是简单的和容易的。不能忽视容易解决的风险。

对于每个你认为重大的风险，应该找出根本原因以决定最佳管理策略。对于某些风险，如果项目团队已经基于根本原因采取了行动，则可以想办法消除风险，并把对应的想法尽可能放入项目计划中。对于无法避免且重大的风险，你应当制订风险发生条件下的应急恢复计划。

根本原因分析

我们需要根据风险产生的原因确定相关处理措施。对于每个识别出的风险，如果经过评估，确定其是重大的风险，你必须确定风险根源及其代表的风险类型。

风险因果关系分析流程并不复杂。对于风险分析来说，该流程开始于列举的风险及其描述。

接下来应采用头脑风暴法讨论风险的可能来源。只要可以成功确定可能导致风险发生的条件或事件，任何头脑风暴流程都可被视为有效流程。你可以基于主要根源类型（如范围、进度和资源）或仅根据对可能导致风险发生的具体因素的简单思考，开始头脑风暴流程。但在开始分析时，你应把信息组织在根本原因的分类中。通常情况下，在分类表的各条目之间会存在部分冗余信息。

使用鱼骨图（名称来自其外形），可实施因果关系分析进程（鱼骨图也被称为石川图）。鱼骨图可用于形象化地展示风险根本原因，并可使你深入理解潜在问题的根源及发生概率。你可在如图 8-1 所示的任一分支中集成导致风险发生的可能原因。请注意，部分原因自身同样存在多种潜在根源。你应对项目中的每个重大风险持续实施根本原因分析流程。

鱼骨图可有效显示风险源。这种所谓的故障树结构也可用于实施蝴蝶结分析。蝴蝶结图形初始部分的基础是根本原因层级结构，并包含有关预防策略的信息。蝴蝶结图形的剩余部分主要表述风险事件的后果，包括你制订的恢复计划。你可在后面读到更多有关蝴蝶结分析的内容，并可在本章结束部分读到相应的实例内容。

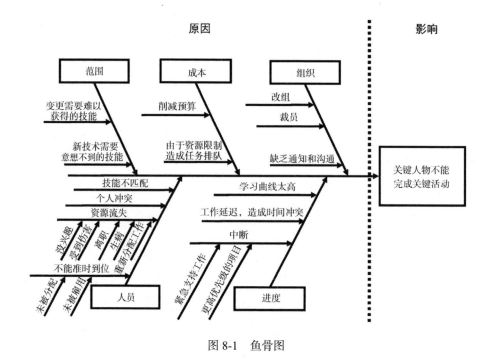

图 8-1 鱼骨图

风险类型

在处理风险方面，实际上仅有两种选择。在一条广告中，曾用鸡蛋图片的形式诠释上述两种选择。图片的左侧是一枚鸡蛋向下掉入用一只手托着的枕头上。图片的右侧是一枚跌落在平坦且坚硬的地面上、汁液飞溅的鸡蛋，同时有另一只拿着纸巾并试图擦拭鸡蛋液的手。图片左侧的标题为"预防"，右侧的标题为"恢复"。项目风险管理始终涉及这两类策略——预防策略用于处理风险原因，恢复策略用于处理风险影响。

项目风险的三种类型为已知的可控风险、已知的不可控风险，以及未知风险。在风险登记册中列述的风险为已知的可控风险或已知的不可控风险。对于任何已列述的风险，我们都至少在理论上可以制订响应计划。第三种类型的未知风险处于隐藏状态，通常情况下我们无法制订具体的应对计划。管理未知风险的最佳方法是，基于过去类似项目不可预测问题的可测量的影响，在进度或预算方面（或在两个方面同时）设置项目储备金。持续追踪过去的特定问题，还可使你将过去的未知风险转变为已知风险。第 10 章将具体介绍未知项目风险的管理。

　　根本原因分析不仅可以使你更容易了解已知风险，还可以向你展示如何按照最佳方式管理每个风险。基于根本原因或原因，你可以确定风险是来自可采取预防措施的可控因素，还是来自不可控因素。当风险原因处于可控范围之外时，你只能通过恢复措施管理风险。图 8-2 概述了风险管理策略。

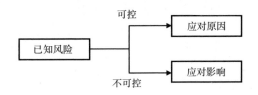

图 8-2　风险管理策略

　　已知的可控风险至少部分处于项目团队的控制范围之内。诸如使用新技术、复杂度或对可交付物的要求小幅度地调整，或者增加截止日期的压力等，都属于可控风险。在了解此类问题的根本原因的基础上，你可以通过修订项目计划，避免或尽量降低此类风险。

　　对于已知的不可控风险来说，项目团队基本上不能影响风险原因。此类已知风险的实例如流失关键项目员工、业务重组及天气等外部因素。当此类问题处于严重状态时，你的最佳策略是利用预先准备的应急计划，处理风险发生后产生的后续影响。

　　通常情况下，利用根本原因分析，你可以了解同一风险的可控原因及不可控原因。为了应对具有若干种不同可能性来源的风险，你需要重新制订计划并编制恢复策略。

　　尽管可控风险和不可控风险的二分法看似简单，但通常情况下并非如此。对于风险根本原因的感知，可能会基于风险描述的不同而有所变化。以图 8-1 所示的鱼骨图为例，诸如流失关键员工等风险的根本原因似乎处于项目团队可控范围之外。或许更准确的是将此风险定义为流失特定技能，则根本原因就转换成项目可以通过行动去降低其影响的类型，如交叉培训、聘用额外员工或其他措施等。

审查你的风险登记册并考虑重构风险选项，将使你了解更多控制和风险响应的替代措施。即便在风险似乎处于不可控状态的条件下，也可以参考质量分析中的好做法去"问五次为什么"来打开对风险的分析思路，且可以发现应对风险的其他方案。如果天气、地震或其他自然灾害已被列为特定活动的风险，则需探究此类风险状况，并了解特定风险为何及如何对项目造成影响。对于项目假设或计划制订方案选择带来的风险，我们有能力改变，进而使项目处于更佳且问题更少的状态。转换风险活动的时间、地点、基础设施或其他参数，可以从你的项目中去除不可控风险，或者至少降低风险活动带来的潜在危害。

选择要解决的风险

定性风险评估的主要目的之一是在风险等级次序中设置风险优先级，以便帮助你制定有关是否及如何处理已识别的潜在问题的决策。尽管在此方面定性方法非常有效，但定性方法通常无法为你提供所需的清晰图像。风险热点图通常可以在网格中为你展示需特别注意且非常清晰的高风险单元集合，该图中的其余风险可被视为低风险。即使不考虑第 7 章中关于其固有的缺乏精确度和对称性问题的讨论，定性风险评估也依然不那么简单。

通常情况下，看似简单的决策实际上具有相当大的复杂度。对于值得注意的风险来说，从简单的热点图网格而不是从标准风险评估矩阵开始制定风险应对决策是一项非常有效的策略。从图 8-3 所示的网格中，我们可以看出，你对不确定事项的认知同样具有不确定性。该网格基于干系人的风险承受能力界定高概率临界值。通常情况下，高概率临界值设置为约 30%，如果忽视达到该概率临界值的风险，令人沮丧的意外事件将极有可能经常发生。至于低于该临界值的低概率风险，干系人认为此类风险的发生概率足够小，通常不予考虑。如图 8-3 所示，高概率风险和低概率风险之间的网格已展示出概率不确定的相应风险。考虑不确定性的风险评估（简单状况）分析结果表明，部分事件不具有足够的发生概率，因此对于此类事件发生的可能性的评估结果实际上仅为猜测结果。

图 8-3　考虑不确定性的风险评估（简单情况）

类似地，你还可以基于干系人角度，按照风险对项目或组织损害的严重程度及可见程度，设置高影响临界值（如需要更改项目目标或其他可能超出项目成本的影响）。通常情况下，低影响包括项目之外不可见的后果，以及缺乏可靠性（至少在项目之内）的评估结果显示的不确定状况。

如果风险影响及概率评估结果处于高—高状态，则你需要严肃对待此类风险。仅按照相同的最安全方式处理此类风险，将给你带来麻烦或问题。对于此类风险，你应当预先制订应对计划，并且仅在无任何可靠或具有成本—效益应对措施的条件下接受此类风险。如果你发现对重大风险的预防措施处于不可行状态，则应着手制订详细的应急计划及恢复计划。

如果风险影响及发生概率评估结果处于低—低状态，绝大多数此类风险为可安全接受的风险。对于此类已被证明的小风险来说，临时应对措施足以处理此类风险。

但是，对于所有其他状况，我们应如何处理呢？例如：

- 估算结果为高影响的低概率风险。
- 未定量但可能具有重大影响的风险。
- 预防（规避/缓解/转移）成本明显低于可能的时间损失成本的任何风险。
- 发生概率/影响评估结果为中等−（或低−）的风险。
- 能做到的最佳发生概率评估结果仅为猜测结果的风险。
- 能做到的最佳影响估算为未知或有很大的潜在重要性的风险。

此类状况的实例之一是图 8-3 中网格右栏所述的状况。该状况下的影响评估结果为高。如果发生概率的评估结果同样为高，你将需要管理此类风险。但是在该状况下，如果能做到的最佳发生概率评估结果为低或未知，你应当如何处理呢？此类风险属于"黑天鹅领域"范畴。尽管此类风险的发生概率较低，但有时仍可能发生。鉴于此类风险具有实质性影响，因此最佳策略为管理绝大多数此类风险并至少针对发生概率未知的所有风险制定应对策略。请慎重考虑所有风险的潜在影响是否超过你（或你的组织）的可承受范围。对于所有低概率风险评估结果，你应当持谨慎怀疑的态度。原因在于，大多数低概率评估结果都是基于一厢情愿的思维而非任何合理性分析推导出的评估结果。你仅可在任何应对成本超过预期风险成本或确定无任何有效应对策略的条件下，接受此类风险（并且即便在风险发生的条件下，项目自身仍应具有盈利能力）。请持续维护你已选定录入风险登记册的风险信息，并至少为此类风险制订应急计划和恢复计划。

从本质上来说，针对位于网格中心栏顶部的风险（发生概率高且影响未知的风险），应用相同的处理策略。非常明显的是，你应当管理绝大多数此类风险。原因在于，此类风险不但极可能发生，还会对你的项目造成潜在影响。

针对位于网格中心栏中的剩余风险（发生概率未知或较低的风险），基于相同的原因，忽略此类风险同样非常危险。在不考虑发生概率的条件下，此类风险的影响可能对项目造成威胁。为确定你的应对措施，请考虑此类风险最坏状况的影响。如果你可以确定风险的潜在影响范围，则重点考虑可能产生的最坏结果。管理大多数其影响可能超出干系人承受范围的风险。通常情况下，应仅在风险应对成本与风险最坏状况下的成本相当时，接受此类风险。

网格剩余情况中的风险为带有高发生概率或不确定性发生概率的低影响风险。鉴于此类风险的影响较低，可以存在于你的项目中，因此你将有可能接受绝大多数此类风险。此类风险发生条件下的恢复进程，需要修订计划及人员分配，并且可能需要花费项目储备金。通常情况下，实施此类恢复措施属于项目管理人员的职责范围。你应当始终考虑管理此类（或任何其他类型）风险，并应想出对包括小的项目变更在内的有效应对措施。（通过仔细审查与合同相关的所有文件，可缓解大多数与合同相关的风险。尽管文件审查工作较为无趣，但并非难以完成。有效的项目沟通可有效预防多种风险。对于项目负责人来说，预防风险恰是其实际应承担的职责）你还应针对在所有实际状况下频繁发生及累计影响已被证明严重的任何风险，考虑适当的响应措施。图8-4展示了图8-3剩余单元中经常发生的风险。

	低	不确定	高
高	可接受（大多数风险）	可管理（大多数风险）	可管理
不确定	可接受（大多数风险）	考虑最坏情况的影响	可管理（大多数风险）
低	可接受（大多数风险）	考虑最坏情况的影响	可管理（大多数风险）

发生概率（左侧标注）　影响（底部标注）

图 8-4　基于评估的风险策略

即便你已接受的风险，同样应保留在风险登记册中。你应当制订定期检测及风险影响再评估计划，特别是对于长期项目来说，更需如此。针对下述任何风险，你都应当在风险登记册中概述并制定风险应对措施：

- 你已针对其制定了具有成本—效益的应对措施的重大风险。
- 无论评估的发生概率是多少，这些是具有高影响且未知影响的风险，有理由给出应对措施。（记住，"黑天鹅"事件肯定会发生。）
- 你已针对其制定了简单、低成本且有效的应对措施的小风险。

针对下述任何风险，你都应当在风险登记册中选择接受相关风险：

- 找不到应对措施的重大风险。
- 已有确定的应对措施，但实施成本过高的重大风险。
- 不值得提前关注的小风险。

风险应对计划

风险管理的两种基本选择为解决风险成因及处理风险影响。然而，这两种选择都会发生变化。

■ 风险应对技术

处理项目威胁的根源包括风险预防—风险消除（规避）、降低风险发生概率或潜在影响（缓解），或者转变为其他人需处理的问题（转移）。规避风险需要改变项目计划，或采取可从你的项目中去除风险根本原因的措施。避免从悬崖跌落的方法之一是远离悬崖。风险缓解措施不能完全去除风险，但此类措施的确可以降低风险。部分缓解措施可以降低风险发生概率，如在长途旅行之前检查汽车轮胎等。其他缓解措施可以降低风险的影响，如在驾驶期间系上安全带，可以尽量降低意外伤害的不良后果。尽管上述实例中的缓解措施无法防止汽车出现故障，但可以通过降低损失及/或发生损失的可能性，以降低整体风险。

同样，一些破坏性的风险可能被转移给其他方。很多种财务风险可以转移给保险公司；你可以通过购买保单，在发生保单涵盖范围之内的意外事件之后，由保险公司赔偿你产生的损失。需要再次提醒的是，此类措施并未去除风险，仅仅在风险发生后降低其财务影响。如果风险影响主要为财务影响，则风险转移可用于处理此类风险原因。在其他情况下，风险转移则可用于处理风险影响——协助恢复。

在本章的大部分内容中，我们使用术语"风险"描述可能会对项目造成伤害的不确定性事件，即威胁事件，然而，并非所有不确定性项目事件都是威胁事件。在现实中，还可能存在不确定性项目机会，可以通过风险管理措施增加其发生概率或影响。从不确定性项目机会得到的益处包括接受这些"正面风险"的状况。类似的策略也应用于那些潜在的机会，类似于（虽然是反向的）刚刚概述的预防威胁的措施。为通过重新制订计划去除潜在危害，进而避免发生项目威胁事件，你可能需要重新制订项目计划，以便开发或捕捉适当的项目机会。避免威胁应成为项目的特定组成部分。在商品销售实例中，你可能需要调查计划的销售时间，并安排对应的采购。缓解措施可以降低项目威胁的发生概率或影响。相应的策略将可改善计划以获取机会，并可使项目潜在受益或有助于项目实施。在商品销售实例中，你（甚至）可能无法确定何时售出商品，但是你可以根据去年的销售日期，从理论上推断今年可能售出商品的时间，进而确定今年的商品采购时间。对于威胁，有时应对策略会用到数量优势。威胁也许被转移以限制其影响，当"共享"时，机会可能会增加。如果你可以找到具有类似需求的其他人员，并通过一起采购商品获得有利的大批量采购的价格，则与商品销售措施相比，该措施可以降低商品采购成本。正如前面章节所述，管理机会通常涉及选择。选择及决策（包括涉及不确定性机会的选择及决策）可能需要你慎重权衡，并可能会对项目的其他方面产生影响。

处理一个威胁的影响，你可以提前进行（应急计划）或在成为既定事实之后进行（接受）。（通常情况下，对于不确定性机会无须特别的应急计划，并可忽略无法管理的因素。）对于不具有重要性的部分小风险，同样无须考虑预防策略。此外，针对其他风险的预防策略也许会被证实是过于昂贵的。在任何这些状况下，接受风险可能是最适当的策略，即仅制订简单计划，以处理风险发生的后果。对于影响重大且规避、缓解及转移措施无效，实际不可行，成本过高或不可能的问题，制订应急计划通常是最佳选择。

对于部分风险来说，采取一种应对策略可能就已足够，但对于其他风险来说，可能需要采取多种应对策略。

■ 已知风险的时间线

每个活动风险均具有风险信号，也许多于一个，这表明风险已从可能跨越到确定。此类风险信号或触发事件可能出现在风险发生之前，也可能出现在风险发生时；可能是项目中的每个人都可发现的信号或事件，也可能处于微妙和隐藏状态。对于每个风险，你应当努力定义触发事件，以尽可能提前提供问题发生的通知信息。以"项目团队的一位关键员工离职"风险为例，该风险发生的可能触发事件为员工提交辞职信。该触发事件属于明显但发生时间较晚的触发事件。我们可以观察到且较早出现的触发事件包括该员工缺乏工作动力、出勤率不稳定、经常接听或拨打"私人"电话，甚至包括梳妆打扮异常等。此类触发事件并非完全信号，需要多加留意和持续监测，但即便员工并无辞职意向，此类触发事件同样可能成为其他问题的预示信号。

除了需要确定一个或多个触发事件，你还需要尽可能准确地在项目计划中识别最可能发生风险的部分。对于部分风险来说，可能仅存在与一个特定活动相关的单一敞口，但大多数一般性风险（如关键员工流失）可能存在于项目整个生命周期中。

应在出现触发事件之前制订风险管理决策及计划。在此类决策及计划中应包含与风险规避、缓解或转移相关的所有措施，以及准备应急措施。与恢复相关的风险管理应对措施的实施时间应在项目时间线上处于风险触发之后，并且仅应在必要的条件下方可实施。对于无法从项目中去除的每个重大风险，你应分配一名风险应对负责人负责监控触发事件，实施应急计划或其他恢复工作。风险管理时间线如图 8-5 所示。

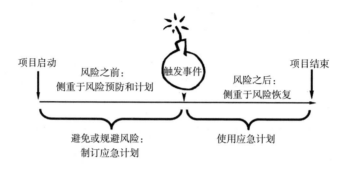

图 8-5　风险管理时间线

解决风险成因

在每个风险被分类且你已经识别了这些项目团队能影响某些或全部成因的风险之后，你已经做好了为了预防威胁而制订响应计划的准备，其中包括避免、缓解和转移措施（或不确定机会的开发、利用、改善和分享措施）。请分析你和你的团队开发的所有选项，并检查这些想法的成本和潜在益处。如果已提出好的且性价比高的想法，则最佳想法作为候选方案可以包括在项目计划草案中。预防的思想必须体现在项目计划里。即便可完全去除风险的最佳措施，如果该措施的整体成本超过预期的此风险的时间损失可能性的成本，则应放弃该措施。该流程的最后步骤是将具有前瞻性的风险应对措施集成到初期项目计划中，并对计划实施审查，以确定计划变更可能导致的新风险及意外影响。

风险响应计划应开始于激发新想法。和你的项目团队成员开展头脑风暴讨论是产生一系列可选措施的好方法。与同行及其他拥有相关经验的人员讨论风险，同样有助你制订应对计划。对于不熟悉的风险类型，咨询专家和专业人士将可使你获得宝贵建议。

只有少量已知风险是全新的，因此你面对的绝大多数风险都已经在先前项目中解决过。快速审查项目回顾性分析、最终报告、经验教训，以及其他归档材料，可向你提供其他人员在面对类似风险的条件下如何响应的信息。此外，如果发现无效及需要避免的事项，同样有助于你有效地处理需管理的相关风险。

此外，在公共领域、报纸、书籍、文献及网站上存在大量可供你使用的信息。项目管理参考文件，特别是经改编后适用于类似你所实施项目的项目管理参考文件中，包含大量可实践的建议。项目生命周期和项目管理方法论也可为你管理风险提供方向及有益的思路。

下面我们将介绍多种可行的预防措施，包括风险规避、缓解及转移策略。这些有助于你开展头脑风暴活动或制订具体响应计划。此类策略包括处理 PERIL 数据库里最糟糕的风险的方法，特别是处理带有"黑天鹅"特征的风险所需的方法。下文中列述的方法，部分仅适用于特定类型的项目，但大多数方法适用于任何项目。

▪ 风险规避

规避是最彻底的风险处理措施，因为可以去除项目风险。但遗憾的是，并非所有项目风险都可以采用风险规避措施，原因在于某些风险和项目需求有紧密联系。避免项目风险需要你重新考虑你在项目定义和规划中所做的选择和决策。第 3～5 章的绝大部分内容均用于介绍如何使用项目规划流程识别风险。尽管你发现的部分风险可能是无法避免的，但审查项目计划的当前状态，可能会使你发现按照去除特定严重风险的方式重新制订工作计划的机会。实施该审查进程，还可能会使你发现先前处于隐藏状态且由环境或基础设施引发的风险问题。在此条件下，你可以（并应该）实施适当的环境或基础设施变更措施。审查甚至可能会发现由于环境或基础设施引发的风险，而且应对环境或基础设施进行改变。

第 3 章建议的规避范围风险的策略包括：

- 确认最低限度的可接受的可交付物；避免过度设计（"镀金"）。
- 协商并清楚记录其他项目所期望的接口可交付物。
- 在实践过程中避免使用未经检验、不熟悉或"过于前沿"的技术。
- 计划使用标准化、模块化或已充分了解的方法进行设计；通过使用已有的、经过检验并且可靠的技术，以找到实现项目规范的方法。

- 购买而不是制造。
- 避免"非我发明综合征"的思维模式，愿意利用别人已经完成的工作成果。

大多数项目进度风险来自项目规划。你应当使用第 4 章提供的方法，去除项目进度风险源：

- 减少关键路径的数量。
- 对项目工作实施修订，减少活动的依赖性。
- 尽早安排不确定性最高的活动。
- 避免由相同的员工实施两项连续性活动或同时实施关键（或近似关键）活动。
- 进一步分解冗长的活动。
- 重新制定工作进度，以提供更大的灵活性。

资源风险来自你制订的资源计划中的选择。你应当使用第 5 章的概念，探索可避免此类风险的机会：

- 获得所有需要的项目角色的人员名单。
- 获得所有项目人员（及其经理）明确的可用性承诺。
- 限制项目人员参与其他项目、维护及支持性工作，以及其他具有时间冲突的工作。明确记录当前仍存在且与上述状况相关的事项。
- 修改工作计划，减少过度劳累员工的工作量。
- 为最关键的项目活动分配最适合的员工。
- 培训团队成员使用更有效且更快速的方法，并在项目早期实施此类培训。
- 利用导师指导促进团队合作，并建立关键技术的冗余。
- 在项目开始阶段，更新或替换老旧设备，使项目工作更具效率。
- 在可能的条件下，将手动工作自动化。
- 寻找并寻访专家，以覆盖所有的项目团队未掌握的技能领域。
- 尽量降低项目工作对单一员工或其他资源的依赖性。
- 在需要利用外部服务时，使用过去曾成功提供服务的服务供应商（或你信任的服务供应商）。
- 订立与项目目标一致的所有供应商合同条款。

风险规避策略并不仅限于上述方法。修改计划或促成项目外部环境的变化等任何可在现实中去除风险根源的方法，都可被视为潜在的风险规避策略。

◼ 风险缓解

鉴于风险规避策略不能处理每个重大项目风险，因此对于风险管理来说，风险缓解策略同样至关重要。风险缓解策略旨在降低潜在问题的发生概率及/或影响。有关风险缓解的通用方法包括：

- 保持良好沟通和风险的可见性。
- 利用专家和通才。
- 强有力的支持。
- 持续的用户参与。
- 清楚的决策优先级。

项目负责人可采取的成本最低且最强的预防措施之一是更多、更有效的沟通。可见风险及风险后果会影响员工的工作。如果所有项目团队成员都意识到风险发生后项目可能遭受的打击，则团队成员将更愿意尽最大努力，以最小化风险的方式开展工作。沟通同样可以显著降低风险发生概率。沟通、沟通、沟通。

另一项管理风险的广泛性策略和项目人员相关。综合配备专业人员和多面手有益于实施困难项目。对于复杂项目的实施来说，专业人员非常重要；原因在于任何人员都无法掌握所有知识。与多面手相比，专业人员可以更快速地完成其专业领域内的分配的工作。然而，全部由专业人员组成的项目团队并非稳健的团队，并且经常会陷入麻烦。原因在于，对于偏重专业人员的项目而言，项目计划通常集中于专业领域的细节工作，并会明显忽略其他工作。此外，这样的团队可能缺乏广泛的解决问题的能力。在项目中需通过配备多面手人员填补此类技能空白，并确保绝大多数项目工作处于可见状态并有良好的计划。配备多面手同样是解决跨学科领域问题的最佳方法。作为首席多面手的项目经理应始终至少预留出少量的工作时间用于解决项目问题，为陷入麻烦的项目活动提供帮助，并实施一般性的应急措施。即便项目负责人已掌握解决所有关键项目问题的能力，在项目团队中配备其他多面手人员同样是非常有用的策略，特别在项目中多个事项同时出现错误时更是如此。配备多面手人员可以缩短任何类型的项目问题解决时间，并可使其对项目进度的影响最小化。

如果你能得到上级管理层的支持，管理项目风险会容易得多。请为你的项目建立并持续维护强有力的发起人关系。尽管强有力的发起人关系并不能确保项目没有任何风险，但缺乏（或无任何）强有力的发起人关系属于严重的风险源。你需要和项目发起人及关键干系人建立良好的工作关系，并尽量了解他们对项目信息的期望。定期向发起人和关键干系人强调项目的重要性和项目价值，别让发起人忘记你的存在。你需要经常向管理层汇报项目最新进展及挑战，并在出现需要额外授权的状况及问题时立即向上级通报。和发起人及客户确认项目目标，设立合理期望值。利用你的预算及人员配置计划，获得对充足的资金、人员及专家的承诺。强有力的发起人关系可以缩短问题解决时间，降低其他相关风险的影响，并可降低多种资源风险的发生概率。

如果项目团队与作为项目交付对象的最终客户中断联系，则将增加项目风险，长期项目尤其如此。建立并维护与最终用户及能代表客户的人员之间的关系。寻求获得强有力的用户认同，并与用户共同工作，确认所有接受和测试标准，以避免范围差异。建立衡量标准并确定用户对项目成功的要求。识别拥有最终话语权的人，并与他们保持联系。敏捷方法需要用户深度参与开发流程，这可以降低与项目可交付物相关的多种风险。用户持续参与可降低范围风险的发生概率，并可同时降低项目后期出现进度困难的可能性。

降低项目风险的最后一项通用策略是为项目设置清楚的决策优先级。与项目发起人及最终用户一起验证优先级，并确保项目团队人员充分了解项目优先级。基于优先级做出项目决策，并了解如果未能满足每种已确立的优先级要求，可能对项目带来的影响。该措施不仅有助于管理范围风险，而且在项目实施期间它也允许快速决策，以尽量降低范围蔓延影响及其他与变更相关的影响。

范围风险的缓解策略。缓解范围及技术风险包括方法的变化及项目目标的潜在变更。缓解范围风险的方法包括：

- 按照可测量且明确的方式，明确指定项目范围及所有中间可交付物；那些不在可交付物中的，要尽早排除——将此类需求明确为范围的组成部分或放弃此类需求。
- 获得对使用一套清楚、一致的规范变更控制流程的认可。

- 基于用户反馈及当前的优先级，采用迭代型或敏捷方法管理项目范围。
- 构建模型、原型及模拟，并获得用户和干系人反馈。
- 尽早及经常与用户一起实施测试。
- 尽早安排实施风险易发及复杂的工作。
- 为项目所需的外部服务获得资金。
- 完整地将所有项目文档翻译为相关语言。
- 最小化外部依赖性风险。
- 考虑外部问题和环境问题的影响。
- 妥善保留所有计划并记录当前状态。

PERIL 数据库中的绝大多数重大范围风险是由于变更产生的。利用上述策略中的前两个策略——范围定义及变更管理，可以最小化变更风险。未建立充分规范的项目的范围风险很高。尽管对于复杂的项目来说，全面且清楚地定义项目可交付物通常非常困难，但未能充分定义项目结果可能会导致产生更大的项目困难。仔细检查项目功能列表，以核查是否所有功能需求都是必要的。对于不确定性需求，需在现实可行的条件下尽早利用迭代开发技术或其他方法进行重新定义。

降低变更风险的第二个必要策略是统一使用有效的管理项目范围变更的流程。为管理大型及复杂的项目，流程通常是正式的，使用表格文件，以委员会的名义，并有大量的书面报告。对于根据合同实施的项目，风险管理要求在当事人双方签署的合同文件中详细描述变更流程。对于规模较小的项目，即便正式性较低，仍需按照统一的方式，通过考虑变更收益及预期成本，处理所有建议的变更。对于使用敏捷方法实施的项目，需基于相关优先级及用户的经常性反馈信息，采用严谨的流程，管理项目决策及范围变更事项。对于你的项目来说，你采用的变更风险管理流程应可拒绝（或至少推迟）经成本合理性检验确认为不合格的任何项目变更。仅建立变更管理流程是远远不够的，缓解范围风险需要你严格实施该管理流程。

在复杂项目的初期阶段通常很难评估范围风险。获得更佳洞察结果的方法之一是在项目规划期间，在进行其他分析的同时，排期项目任务，以检查可行性及功能性问题。你需要与用户一起，通过使用原型、模拟及模型进行概念评估。对于新技术，需尽早安排实施测试及调查进程，以便验证此类技术的可行性。尽早通过演练及场景讨论，识别潜在问题及缺陷。此外，你还需要考虑规模风险。即便在小规模及有限测试条件下未能发现任何问题，但仍存在仅在大规模量产时才可见的范围风险。在现实可行的条件下，你至少需要计划在项目实施进程中，尽早实施大规模量产的功能性基本测试。在项目的开始阶段或迭代开发的早期阶段，需要尽可能地发掘尚未发现的项目问题及难题。你需要基于了解的信息，做好修改项目计划和假设前提，甚至放弃项目的准备。

尽管把困难或未知的活动推迟到项目后期是有风险的，但从它们开始项目也可能是不切实际的。为开始项目，你可能需要先完成较为简单的项目活动，然后在积累充分经验之后，实施较为复杂的项目活动。如果你已具有充分的处理能力，则需要在实际项目中尽早安排实施容易发生风险的活动。

项目团队缺乏相关技能同样会提高项目的范围风险，因此要准确定义你如何获得所需的全部专业技能。如果你希望聘用外部顾问人员，则应花费足够的时间及努力去选择他们，并确保在项目预算中获得支付外部人员费用的必要资金。如果你需要开发项目团队的新技能，则需确定每个参与开发的人员并确定开发计划，以便使每个参与人员提前接受所有必需技能的培训。如果在项目中利用新工具或新设备，则需要在实际项目中尽可能早地完成新工具或新设备的安装及所需的培训。

沟通不当也会引发范围问题。如果依靠使用多种语言的分布式团队实施项目，则需要先识别所需的全部语言，以定义项目范围及计划文档，以及提供这些文档的翻译并发放。因解释错误或翻译质量不良造成的项目需求的混淆，可能导致花费高昂，并对项目造成损害。因此需要通过开展讨论，验证项目成员是否已清楚了解项目信息，必要时聘用口译人员。在会议或电话讨论之后，向团队成员提供相应的书面跟进文件同样至关重要。

项目范围通常依赖项目从其他干系人接收可交付物的质量和及时的交付。缓解此类风险需要清楚且慎重地编制规范文件，以尽可能地降低出现你接收的可交付物也许符合需求，但不适用于项目预期用途的状况。如果你并不太了解供应商，则在确立首个供应商之后，寻找并确立第二个供应商，即便该措施将增加项目成本，这可能也是明智的方法。与项目延迟成本相比，利用备用供应商的成本可能相对较低。

外部因素同样可能导致范围风险。诸如洪水、地震和暴雨等自然灾害及计算机病毒等非自然灾害，可能导致关键信息丢失、软件或必要组件失效等状况。尽管无法预防此类风险，但提供备用软件及组件，经常备份计算机系统及降低项目对同一特定位置的依赖性，将可使此类风险的影响处于最小状态。

管理范围风险还需要持续追踪项目初始定义的范围，以及项目实施进程中实施的所有经批准或被接受的变更事项。对于所有被接受的变更事项，采用一个将所有被接受的变更能紧密结合到规划和需求管理过程的流程，以及在项目整个周期中始终保持范围决策结果的透明，都将有助于显著降低范围风险。

进度风险的缓解策略。在制订项目实施计划及调整项目实施的进程中，做一些额外的投入来最小化进度风险。可以考虑的一些想法包括：

- 当最坏情况很严重时，利用预期估算法。
- 尽早安排最高优先级的工作。
- 主动管理外部依赖性。
- 在采用新技术之前，先探索使用原有技术的可能性。
- 利用平行且备用的开发方式。
- 尽早完成货物运输，不要依赖"最后一秒刚好赶上"。
- 了解海关要求，并利用富有经验的国际运输服务供应商。
- 在估算培训及新硬件方面，采用保守方法。
- 将项目分解为由大量员工平行实施的工作。
- 将长期项目分解为较短项目序列。
- 安排项目审查。
- 重新安排与已知假期及其他时间冲突的工作。
- 严格追踪进度，并经常报告进度状况。

项目中最有风险性的活动是有严重的最坏情况估计的活动。对于任何活动，当最可能的估算比实际可能发生的还要差很多时，使用计划评审技术（PERT）公式，计算期望的工期。在项目规划期间使用此类评估技术，可为特定的风险性工作提供适当的时间储备，以降低对进度的影响。

当你尽早安排实施与项目最高优先级相关的进度活动，并将低优先级的活动挪到项目后期时，可降低项目风险。对于每项进度活动，需审查该进度活动的可交付物，并具体列述如何及何时使用每个可交付物。在可能的条件下，工作进度的时间安排应在每个可交付物完成时间与需要使用该可交付物的活动开始时间之间，预留出缓冲时间。如果任何进度活动生产的可交付物似乎是不必要的，则应与项目干系人一起验证他们的需求，或从项目计划中去除该项工作。

很多因延迟造成的进度风险，可以通过更为主动积极的沟通来避免。当需要制定决策时，应提前一周去提醒决策者，并得到快速响应的承诺。如果需要使用特定设备或访问限制性服务，在开始预计的工作之前，在计划中增加一项活动，即与相关人员一起审查这些需求。如果对于某些类型的项目工作来说，设备缺乏属于长期问题，则需要增加产能以降低项目和所有其他并行工作的风险。通常情况下，你应当提前做出生产系统的预防性维护时间表。你需要监测所需服务的可用进度，并使此类服务的进度与计划同步，以减少时间冲突及延迟。

新事物——新技术、新硬件、新系统或新软件等——是造成进度延迟的常见根源。除非使用新技术是项目的绝对要求，否则可通过使用旧的但能力已知的替代性技术管理这类风险。在部分状况下，替代性低端技术可能是项目的更好选择。当新兴技术设备无法满足你的需求时，其可以作为备用选项。也可以在没有新技术的情况下，确定你需要什么或进行项目变更以完成工作。

进度严重延迟的一个原因是开发一个特定的设计，并在其能被测试前就送至外部干系人去构建或创建相关产品。这个设计可能需要花费数周的时间才能获得有形结果。如果设计出现问题，则需要重复整个工期，这需要两倍的时间（或在更差的状况下，第二次也许还是有问题）。在诸如芯片设计等领域内，通常使用一个晶片制作多个芯片，也许设计多个存在细微差别但可以同时制造的芯片版本是一个有效的方法。测试绝大多数来自初始设计的芯片，也可以测试设计改动后制作的芯片。这增加了始终有可用组件以不间断项目工作的机会。在其他状况下，同样可采用并行创建带有细微差别的不同版本组件的策略，此类组件诸如印刷电路板、机械组件或其他新设计的硬件等。尽管采用此类策略可能会增加项目成本，但保证项目进度通常更为重要。变动设计参数及评估设计结果也可用于更全面地理解设计原理，进而降低未来的项目风险。

运输问题造成的进度延迟是很多项目的重大风险。通常情况下，在项目期间尽早订购或发货即可避免该风险。普遍认为，从美国加利福尼亚州的圣何塞市将设备运输至印度班加罗尔市需要一周的时间，该状况并不意味着你需要等到印度国内接收方在需要使用该设备之前一周才发货。使工作尽早完成的方法仅有两种：按照更快的速度完成工作或尽早开始工作。在运输方面，加快运输速度并非总是可行的，因此对于需要物理运输的商品，在需要使用之前尽早提出发送要求并及时发货始终是一项明智的策略，特别是在运输过程会涉及复杂的文书工作及需要遵守国际海关法规的条件下，更是如此。仅选用那些具有良好履约记录、熟悉法律法规知识及具有运输追踪能力的运输服务供应商。

类似地，项目中需要使用新设备或新技能也可能会导致进度延迟。事实证明，完成新设备的安装和运行或掌握新技能所需花费的时间通常比你想象的时间要长。如果你低估了上述进程所需时间，则依赖新硬件或新技能的项目工作将不得不处于等待状态。主动根据此类项目需求制订相关计划，可以从你的项目中移除多种此类风险（正如上文所述，该措施还可降低你产生损失或未能获得所需资金的风险）。你需要保守地估算此类活动，并在项目需要新设备或新技能之前，在项目实施进程中尽可能早地安排设备安装、升级和培训活动。

大型项目具有固有的风险性。如果项目需要超过 20 名全职员工，则应探讨将该项目细分为小型项目的可能性，各小型项目并行负责及实施子系统、模块或组件的开发进程。当你将大型项目集细分为具有自主性的小型项目时，按照规范及时间要求，确保清楚地定义各小型项目之间的所有接口。尽管独立项目更容易管理且风险更低，但没有足够的系统级的规划和强有力的接口控制，整体项目可能容易出现后期的集成问题。

长期项目同样具有风险性。你应当将时间超过 1 年的项目细分为能产生可测量输出结果的不同阶段。一系列短期演进的项目将比更具宏伟目标的长期项目更快地创造价值，并且短期项目更容易处于合理计划时间界限范围之内（低于 6 个月）。这是能用来更快交付中期项目成果并管理范围风险和进度风险的演进式软件开发方法及敏捷方法的核心原则。

如果长期项目必须按照整体方式予以实施，则可采用滚动规划理念。在每个项目阶段结束时，详细制订下一阶段计划，并在总体项目层上调整剩余工作的计划。在项目进程中，你需要调整未来项目阶段的项目计划，以反映从先前项目阶段得到的信息，包括项目可交付物的变更、项目人员的转移及其他项目目标参数的变动等。滚动规划方法需要项目团队在每个项目阶段结束之后全面审查项目，并做好准备按计划继续项目、变更项目或放弃项目。

项目外部时间冲突同样会引发进度风险。检查关键项目工作计划中可能出现的项目时间与法定假期、财务报告期结束时间、员工休假时间或其他干扰事项所需时间之间的冲突状况。验证中期项目目标和里程碑事件是否与负责完成项目工作人员的个人计划相一致。在全球项目中，需要通过收集每个区域的数据，尽量降低部分项目团队因本地法定假期而无法参与项目工作所引发的问题。通过加速或延迟相关人员的执行计划工作的时间，避免已知的项目时间冲突。

最后，在整个项目期间，承诺严格进行活动跟踪，定期安排时间去审查整个计划：估算、风险、工作流、项目假设和其他数据。定期公布准确的项目进度状态。

资源风险的缓解策略。缓解资源风险的策略包括：

- 避免做计划时就排入加班。
- 建立团队合作并信任项目团队。
- 当存在最坏状况的活动的成本很高时，使用预期成本估算法。
- 为资金及人员获得坚定的承诺。
- 使客户持续参与。
- 预测人员缺口。
- 尽量减少安全和健康问题。
- 鼓励团队成员为其自身风险制订计划。
- 为成功的问题解决者委派带有风险的工作。
- 严格管理项目外包。
- 及时检测并解决项目目标缺陷。
- 严格追踪项目资源的利用状况。

在现代项目中，绝大多数可避免的常见资源风险之一是计划的加班。如果项目开始时就已意识到，除非团队在项目期间的大多数时间内加班工作，否则截止日期是不可能实现的，项目注定要失败。当计划显示项目所需的工作量超出项目人员现实可用的工作时间时，则需重新制订项目计划，以去除此类项目需求。即便计划良好的项目，同样可能大量出现人员需要在夜间、周末及假期加班的状况。项目在开始阶段即需要团队人员加班工作，会由于人员缺乏积极性和潜在换人造成的低生产率而面临重大风险。

当团队人员积极性较高时，项目资源风险处于较低状态。积极性是人们是否会主动加班的一个关键因素。积极性低通常是很多与资源相关的风险的根本原因。复杂的项目通常很困难。成功完成复杂项目并不意味着此类项目容易完成，而是因为项目团队关心项目。擅长促进项目团队合作并可使团队人员相互信任的项目负责人，比与团队人员保持距离的项目负责人更容易获得成功。

跨功能性项目边界的团队合作同样非常重要。如果可以在项目实施进程中，尽早使团队人员参与到项目规划、启动或开始活动及其他需要合作的工作中，你就可以获得更为稳定且可依赖的团队凝聚力。团队人员彼此了解和信任，将可相互提供支持并帮助解决各自的问题。团队人员相互之间不了解，则可能相互不信任，并产生冲突、争论和不必要的项目问题。你需要与团队人员一起制订项目计划并启动项目，进而将项目由"项目负责人的项目"转变为"我们的项目"。

对于很多项目来说，财务风险同样是重大风险。当项目中存在严重最坏状况成本问题的活动时，应估计此类活动的合理预期成本，并在潜在的财务敞口和拟定的项目预算中反映该预期成本。

与进度风险相同，足够的支持是管理资源风险的必要事项。你应当基于计划数据，尽早从项目发起人那里获得提供人员和资金的承诺（有关谈判的讨论，请参阅第 10 章）。鉴于项目发起人拥有项目优先级的控制权，因此你需要了解你的项目在他的头脑中的优先级。努力为你的项目获得合理的最高优先级（并记录为书面文件）。如果项目存在多位发起人，则需确定谁对项目最具影响力。特别需了解谁具有能取消你的项目的决策权，以便与他们保持良好关系并让他们知道你的进展。此外，你还需要了解，如果项目进展不顺，则可能对组织更高层级中的哪些人员造成最严重的影响。因为这些人与你的项目存在个人利益关系，当需要处理风险时，他们是最有用的。

客户及最终用户过少参与定义、设计和测试过程，同样是潜在的资源风险。因此你应尽早从客户及最终用户那里获得参与所有必需活动的承诺。对于需要客户及最终用户参与的项目工作，也要提前向他们发送提醒信息。

更为有效的沟通进程可降低或尽早检测出人员缺口导致的风险。对于项目人员（包括你）可能会因为先前项目竣工延期而继续承担先前项目的责任，进而参与当前项目过晚的状况，评估发生此类状况的可能性。获得有关先前项目的可靠状态报告，并确定为先前项目工作的人员是否可参与你当前的项目。如果项目人员在压力较大和加班的条件下完成了先前的项目，则表明项目人员需要时间恢复精力，并应基于此类受影响的项目人员实际状况，降低项目计划中的激进预算结果。你还需要制订适当的计划，以便向任何按照兼职方式参与项目的人员提前发送工作安排通知。

因安全和健康因素而造成项目人员流失的问题总是可能发生的，因此审查涉及危险工作的项目活动是个好方法。对于疑似具有人员健康或安全问题的任何项目活动，你都应当修订活动计划，以便尽量降低风险敞口。你可以通过变更工作环境、时间或地点，或通过修改实施方法等缓解此类风险。同时考虑任何可能面临风险的贡献者的经验和技能，并更换或培训相关背景不足的团队人员。

对于向团队人员分配的活动来说，任何活动风险都属于项目风险的一部分。参与此类活动的人员要一起开发风险响应措施。此方法不但可以发现可能的更多和更好的风险预防措施，还会使他们认识到问题的影响，可以大大降低风险发生的可能性。

对于新颖、具有挑战性的或带有风险的活动，你应当分配富有经验且拥有有效解决问题能力的人员去执行。尽管你无法制订有关创造性或创新性活动的计划，但你可以识别出有这样能力的人员。

外包是项目资源风险中巨大的且在增长的风险来源。第 5 章的讨论已经涉及许多有关外包事项的风险敞口，以及缓解此类风险所需的纪律及努力。对于项目所依赖的外部服务供应商，你在和此类供应商签订的每份合同中，都应明文指定项目团队联系人，以便管理项目与供应商之间的关系。对于在你自身组织中需要合作的其他项目团队，同样应采取相同的方式。如果你是计划中的联系人，应确保除了所有其他职责，你还为此类活动安排了足够的时间。你应当促使每个合同关系的负责人参与供应商选择、谈判及合同的终止过程。你应当确保协议文件具有足够的正式性（应为与外部供应商签订的合同文件，或与内部供应商签订的谅解备忘录文件或类似文件），并在此类协议文件中明文列出与你的项目计划相一致的时间和技术要求。在适当条件下，你还应在协议文件中列出激励和惩罚条款。在现实可行的条件下，你应当制订完成时间早于绝对要求时间的工作进度计划。

对于在项目团队控制范围之外实施的任何项目工作，你都应对所需文档的初始草稿安排时间做审查。此外，还应参与对工作的检查、中期测试及原型测试。识别并充分利用任何早期机会核实取得进展的具体证据。制订计划以定期收集状态信息，并建立关系以使你能自始至终获得可靠的状态信息（包括坏消息）。

付费服务项目的一个重大风险状况是在项目建议和销售阶段缺乏技术人员的参与。如果在团队人员参与项目之前就制定了项目范围并承诺了合同，则项目存在极大的资源风险（更无须说进度和范围风险了）。此类价格导向业务的技巧在付费解决方案项目的销售中极为流行，并且该技巧通常可以签订具有吸引力的大合同额的固定价格合同，但通常会在后期发现需要付出额外的极其高昂的费用。部分按照该方式销售的项目甚至根本不可能交付。或许利用时间穿越技术，通过将时间倒流并促使项目人员参与协议条款谈判过程，可以预防此类风险。鉴于在项目团队人员参与项目及制订风险管理计划时，此类风险已成为确定性风险，因此你唯一能做的是尽你所能缓解风险状况。

对于仅基于少量分析或未做任何分析就承诺的项目，要最小化相关的风险，需要项目团队尽快制定基本项目流程及风险管理规划，并基于承诺的范围按照从下至上的方式制订项目计划。在此条件下，利用最佳工作量计划信息，找出任何不现实的时间及成本预期。此外，你应当使所有相关人员了解项目时间预期，并与内部人员和客户一起处理任何的变更，并可能需要修改合同。你可以向客户隐瞒资源和成本问题，但项目实际的预算仍需要获得内部调整和承诺，即便在实际项目预算严重超出合同所述金额的条件下仍需如此。如果你能在所有相关人员仅基于赢取合同的价格来确定项目预期之前就快速完成上述工作，你可能会获得调整合同价格的机会。如果你试图采用置之不理的态度，期望允许项目交付与合同不一致的结果的奇迹出现，则延迟处理此类风险几乎总是会使现状更加糟糕。对于此类承诺项目来说，设置合理性预期的最后且最佳机会出现在项目开始后的数天之内。该期限过后，项目实际状况将逐步恶化，并且将需要更为高昂的花费解决后续出现的问题。

记录相关信息并使此类靠价格赢取合同的状况处于可见状态同样非常重要。该措施可尽量降低未来重复出现类似状况的风险。长期从事这样的业务的组织很难生存。

最后一项策略为建立项目资源矩阵，并基于实际计划数据，自始至终追踪项目进展、工作量及资金状况，并在信息显示实际状况正沿着背离计划的不利方向发展时，迅速制订纠正计划。此外，你需要在定期报告中持续展示资源状态信息。

风险转移

除风险规避和风险缓解，风险转移可被视为风险预防的第三种方案。特别是在风险影响主要为财务影响时，风险转移策略极为有效。众所周知的风险转移形式为购买保险。通过支付保险费，其他干系人可以承担风险造成的财务影响。风险转移可使双方受益。保险购买者可通过支付小额（相比较而言）保险费，避免遭受潜在的大额资金损失。对于期望仅承担稳定且预期的平均风险，且索赔人数所占百分比极低的保险购买者，保险销售商可通过积累保险购买者缴纳的保险费及管理大量保险购买者风险获益。对于项目来说，尽管该类型的风险转移并非非常普遍，但是在被使用。与风险缓解策略不同，风险转移实际上并未降低任何风险发生概率或风险的非财务性影响。随着转移，无论实际风险是否发生，此类风险都将被接受。在项目外部出现限制项目资源的任何预算影响状况时，保险理赔资金将有助于你恢复工作。

范围和技术风险的转移通常是外包的理由，并且在某些状况下，外包可能会对项目有益。如果项目团队缺乏需要的技能，通过聘用专家或顾问可将相应的工作转给更适合这个位置的人。但遗憾的是，实际上你并未将风险转移给第三方。项目仍是你的项目，因此任何项目无效的风险最终仍需由你自身承担。如果事情未能向好的方向发展，则无须支付服务费用对项目风险缓解的意义不大；甚至最终采取法律诉讼措施，仍不太可能对项目起到帮助作用。使用外包作为风险转移策略仅是我们的主观认知。在部分状况下，无论你如何慎重编制外包合同，外包产生的风险严重程度都可能超过风险管理界限。

执行预防性思想

实施风险规避、风险缓解和风险转移措施几乎总是会有成本，有时还会产生高昂的成本。在采取任何避免或降低风险的措施之前，要先做一些分析。

■ 比较成本和收益

对于每个需要管理的风险，以定量的方式估算期望的结果。对于每个建议的风险应对，评估涉及的成本的增加及时间的影响。在比较这些数据之后，考虑基于业务的预防措施，并将其包括在项目计划中。

通常情况下，可基于时间损失×可能性预测风险成本。为此，你需要获得用数字表示的概率，以及财务、进度及其他可能因素的风险影响的估算。

当某个风险被评估为具有中等概率时，历史数据可向你提供此类风险的估计概率值为 15%。对于风险影响同样应定量评估。对于进度延迟时间为 3 周、成本为 200 万美元且发生概率为 15% 的风险来说，预期风险影响约为 1.5 周（可能不太重大）及 30 万美元（对于绝大多数项目来说，该影响非常重大）。图 8-6 已展示出在每个实际状况下，发生概率为 15% 的风险造成的总体影响。

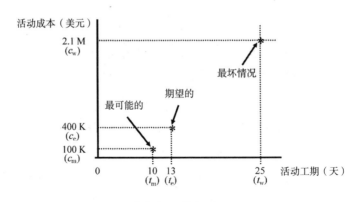

注：K代表千；M代表百万。

图 8-6 预期影响

对于每个风险规避或风险缓解的想法的后果，你应当从时间和成本两个方面比较预期影响的估算，以确定此想法是否具有成本合理性。如果某个想法仅可缓解一个风险——降低风险影响或风险发生概率——则通常情况下应比较风险缓解的成本和风险估算前后的差值。

决定一个风险预防措施是否合理，通常是一个主观判断，而且也许是个困难的判断。造成该状况的原因在于，实施公平客观比较的数据通常处于不准确状态或具有相关性。尽管如此，比较风险预防的成本和风险预期的影响仍非常重要。原因在于，人们总是在可能的条件下，试图预防发生风险。不应仅因为你能做到而不必要地预防每个风险。基于下述两个原因，试图寻求无风险项目并不具有逻辑合理性：第一，在现实中不存在无风险项目，无论你为避免风险付出多大努力，项目中总是存在剩余的风险；第二，在项目中实施每个可能的风险预防措施，将可能因产生过于高昂的成本及花费大量时间而不具有合理性。

对于每个可能降低或去除项目风险的想法，在将其放入项目计划之前，先对比预期成本及预防措施的成本。在上文所述的实例中，如果风险预期影响为项目进度延迟 1.5 周，并需承担 30 万美元费用，则花费 1 周的工作量及 150 万美元实施的预防措施似乎并无采纳的必要性。原因在于，采取预防措施的结果与出现可能性低的风险的结果同样糟糕。类似状况是支付比预期损失成本更多的保险费。如果预防措施成本低且所需工作量很少，这很清楚地表明可以对计划做审慎的修改。

正如本章前文所述，对于影响大的某些风险，即便此类风险发生概率评估结果为较低，并且预期影响的优先级处于高优先级界限之下，你同样应该针对此类风险制定应对措施。对于本章所述实例来说，做出风险管理决策时应考虑组织自身是否可承担 200 万美元的额外费用。风险发生造成的成本增加量绝对不会是 30 万美元，该增加量可能为 0，也可能为 200 万美元。如果组织自身无法承担 200 万美元的额外费用，则基于最小值—最大值策略，你可能会选择投资于这个风险应对措施（如果你确定风险应对措施是有效的，且有助于实现项目整体净值）。

即使在某些风险预防想法已被证明不具有成本合理性的条件下，该措施（或类似措施）同样适用于应急计划。

管理"正确的"风险

针对已知风险而做出应对决策是一项复杂的活动。由于项目总是具有不确定性，对于第 1 章中提出的问题"你能管理项目风险吗"，很难给出准确答案。

从风险的定义我们可以得知，风险可能会发生，也可能不会发生。鉴于你选择应对的某些风险可能不会发生，无法担保你采取的风险管理措施将对项目有益（实际上，未发生风险状况的原因可能是你已采取措施去管理这些风险）。当然，如果你选择不采取风险管理措施，项目也可能进展良好；原因在于，至少部分风险处于未发生状态。如图 8-7 所示，从统计学角度来讲，类型 1 和类型 2 错误可被视为带有假阳性特征的错误（如对于未患有疾病的患者来说，医学测试结果显示该患者患有疾病）及带有假阴性特征的错误（如与上述实例相反，对于患有疾病的患者，医学测试结果显示该患者未患有疾病）。

任何已知风险均具有四种可能结果。此类结果为风险发生或未发生，我们将选择应对与否。图 8-7 是这些情况的总结。

		选择应对措施	
		是	否
风险发生	是	太棒了	类型 2 错误（黑天鹅）
	否	类型 1 错误	我们很幸运

图 8-7　风险的可能结果

　　在风险管理中，类型 1 错误是指我们已有措施，但风险未发生。这造成浪费，因为在风险应对上的投资最终是不必要的。对于项目来说，该状况并非我们所愿，但对于其他类型的错误来说，结果通常更为糟糕。我们可能无法避免出现上述两种类型的错误，即便在小型项目中，同样存在大量让我们成为事后诸葛亮的机会。

　　鉴于通常情况下，类型 1 错误的整体影响相对较小，因此绝大多数富有经验的项目负责人倾向于采用尽量降低风险的应对措施，特别是对于具有重大（或未知）影响的风险，更是如此。图 8-4 已展示出相关信息。尽管如此，实际情况是，这绝非易事。对于不太可能发生的风险来说，在风险发生之前证明应对措施的合理性，并获得适当资源，这很难去说服别人。关键干系人可能不相信你的分析，并可能决定不向你建议的风险管理措施提供支持。如果你决定采取风险管理措施而该风险最终并未发生，则你极有可能遭受事后指责："你将宝贵的资源浪费在不必要的工作上。"鉴于风险并未发生，你无法证明风险预防措施的合理性。在绝大多数状况下，你甚至可能无法确定对潜在损害结果估算的准确性。但是，在类型 1 错误所述状况下，你至少已做好相关准备，并且有时候你的风险预防措施产生的其他积极影响（团队人员接受新技术培训、使用的备用设备或其他长期有益影响），可能会部分证明你所做工作的合理性。

　　类型 2 错误所述状况涉及未能对已发生的风险实施管理。在规划期间制定此类决策并不困难，原因在于，接受风险除了注意并监控工作（想必你已经在做），并不需要你做什么。对于某些风险，因为资源或其他约束条件，或因为你的发起人或关键干系人未批准你建议的应对措施，即使你想要应对也未能实施。低概率（或假定为低概率）的风险仍会发生，在 PRRIL 数据库中，存在大量出人意料但是给项目团队造成很多苦恼的"黑天鹅"。在发生风险之后，特别是造成重大影响之后，你可能会遭受极为严厉的批评："你为何未能发现和管理这种（现在回想起来）非常明显的问题？"

　　总体来说，最佳策略是应对绝大多数已被识别的重大风险。如果你已按照干系人的风险承受能力识别出风险发生概率及风险影响临界值，则风险应对将非常容易完成。如果造成项目进度延期 1 个月或数十万美元额外费用的风险是不可接受的，则你应使用风险评估数据，证明针对超过上述限制的风险采取应对措施的合理性。记录你的风险管理计划，并与关键干系人和决策制定人分享该计划。此外，你还需要利用沟通能力，推迟（部分）对你没能发挥作用的风险管理投资的后期批评。当未能对一个主要潜在问题进行应对的主要原因是缺乏必要资金、支持或其他批准时，记录下这些详情。

▪️ 更新计划

　　在你的计划中集成风险应对措施是制订风险应对计划的最终步骤。对于每个具有成本合理性（或已获批准）的风险规避、风险缓解或风险转移的想法来说，你需要更新项目规划文档。（不确定性机会也可能隐藏在与风险探索、改善和分担相关的变化中。）绝大多数想法需要额外或不同的工作，因此你可能需要改变项目 WBS，并且可能需要修改项目活动工作量及工期估算。任何额外工作都需要工作人员，因此你的资源计划需要更新。当更新后的计划和现有项目的约束条件有冲突时，你得重新制订计划，这可能产生额外的项目风险。

　　在采用每个风险应对的想法之前，必须按照降低项目风险而非增加项目风险的方式，在项目中实施此类措施。在做任何修订之前，审查意想不到的后果，并记录所有需要额外的项目工作的理由。

处理风险影响

　　对于部分风险来说，你的最佳应对策略可能是处理风险影响，而并非处理风险原因。对于已证明其合理性并加入项目中的风险规避、风险缓解和风险转移来说，所有这些都可以降低项目风险，但风险将不可避免地一直存在下去。对于部分风险，你可能无法处理风险根本原因，或无法找到任何低成本、高效益的预防措施。对于其他风险，你可能采取有益于项目的风险缓解策略，但项目中仍将留下大量剩余风险。对于项目中仍剩余的绝大多数重大风险来说，你需要制订应急计划，或决定接受此类风险。

■ 应急计划

应急计划通过制订恢复计划或后备计划以处理风险影响。应急计划的制订流程和其他项目计划的流程完全相同。最好采用与其他项目计划相同水平的详细程度，以及相同的方法和工具。

每个应急计划实施的开始点为出现风险已发生信号的触发事件。有效的风险触发事件都应尽可能地出现于产生风险后果之前的更早时间。触发事件发生时间越早，你可以选择的潜在恢复选项越多。在部分状况下，你还可以降低风险影响。因此，核查是否发生项目计划中确定的触发事件是最好的可用选项。

对于每个通过应急计划管理的风险，必须有一个责任人。责任人应参与制订初始应急计划，并负责监控触发事件及维护应急计划。风险责任人负责执行应急计划，并进行项目恢复工作。项目风险责任人通常是与风险相关的项目活动负责人，但是，对于风险特别严重且威胁到项目后果的风险来说，最好由项目负责人应对此类风险。

一般性应急计划策略。风险应急计划的制订通常开始于原有风险应对方法。某些方法可能会因具有进度压缩（请参阅第 6 章内容）影响而不具有实用性。其他风险应对方法可能是因成本过高或其他原因而未被初始基准计划采用的风险预防措施。尽管上述一些方法可以在未经修改的条件下，简单地被采用为应急计划，但对于其他方法来说，可能需要先实施事后修订进程。对于你曾考虑采用但最终未能使用的预防策略，如替代性组件来源或加快外包活动的进度压缩策略等，你可以在无须实施任何修订的条件下，直接将其记录在应急计划中。对于你曾考虑但未采用的风险规避方法，你可以在小幅改动后，将其采用为风险应急方法。举例来说，采用原有技术可能需要你通过实施额外工作，去除其和失败的新技术之间存在的关联性。

恢复计划流程可以清楚地显示风险发生之后实施恢复工作的困难程度及时间消耗，因此应急计划自身也可被视为功能强大的风险预防工具。应急计划可提供额外激励，以使项目团队按照规避风险的方式完成工作。在项目沟通进程中，应不断努力使风险及风险计划具有可见性。仅在项目团队意识到风险的条件下，他们才可能按照规避潜在风险的方式完成工作。

进度风险的应急计划策略。当某项风险导致项目进度严重延迟时，应急计划必须建立替代性的工作流程，该工作流程应可通过加快工作的方式，在后期时间点重新恢复计划；或者应可按照替代性基准完成项目，以便尽量降低对项目截止日期的影响。

恢复进程涉及第 6 章讨论进度压缩时使用的同样的概念或方法。你可能需要在发生风险之后立即修订基线计划，为实施恢复计划做出努力。在此条件下，可能需要转移、变更或取消其他工作。你可能需要推迟已开始实施且关键程度较低的计划活动，并将此类活动放到项目后期实施。在发生风险事件的条件下，你应当中止或延后任何正在同时实施的非关键性活动，以集中更多资源实施恢复进程。为使部分项目活动逐步退出计划序列，你可能需要修订部分活动的关联性，并使从事此类项目活动的人员参与恢复进程。在上述所有状况下，如果在项目进度中向后推迟必要性活动，则可能增强未来风险的影响，产生新的失败模式和风险敞口，因为额外项目工作成了进度的关键。

你甚至还可以针对后期项目活动，尽可能地设计更快速的替代方法，以便获得可接受（但可能满意度较低）的结果。

如果项目拥有充足的储备资金或可获得额外人员，为缩短工期而在项目后期安排赶工活动，将有助于项目实施。缩短工期将可允许延迟计划工作开始日期，并潜在地释放实施恢复进程所需的工作量。如果你可以获得额外人员的参与承诺，为项目恢复工作增加人员同样是可选方案之一。如果你计划在恢复工作中增加人员，则此类人员应包含执行基线计划所需的训练有素及熟悉项目的人员，以便尽量降低增加新员工造成的不可避免的干扰。在未完成充分准备的条件下，为项目吸收新人员甚至会使项目延迟状况恶化。

在现实条件下，你可能无法通过重新制订项目计划确保在最终期限前完成项目，特别是在风险与项目后期工作相关时，更是如此。在这种情况下，应急计划可以尽量缓解进度延迟状况，并应提供所有必要数据，以便记录延迟后的新竣工日期。

一般性进度应急策略涉及为项目确立进度备用资源。在第 10 章中，我们将更为详细地讨论有关确立进度备用资源的问题。

资源风险的应急计划策略。对于需要大量额外资源的风险来说，应急计划涉及通过修订资源计划以保护项目预算或至少限制损失。需要再次指出的是，该流程应与第 6 章讨论的资源约束的处理流程并行实施。

最为常见的策略同样是最不受欢迎的策略——加班，尤其是周末和节假日加班。这项经实践证明行之有效的恢复策略已被应用于绝大多数项目，但实施该策略的前提条件是资源影响相对较小，并且项目人员先前并不存在严重超出其正常工作日及工作周的加班工作状况。如果恢复进程所需实施的额外工作量较大，或在风险发生时项目团队已处于紧张工作状态，则实施该应急策略可能会因降低人员工作动力而加重风险状况，或在实际状态下使项目现状更加糟糕，并可能导致更多的人员变更。

对于部分项目来说，可能会存在已分配至项目中但未充分利用的员工。在此情况下，在项目进度中实施轮班工作可使此类人员为风险恢复提供帮助，并使项目有效满足其他承诺要求。与利用浮动时间处理进度风险类似，应用该策略可能会在项目后期增加项目整体风险。

尽管应用计划之外的替代性方法同样可以减少项目所需的资源，但在现实可行的情况下，通常采用基线计划中所述的方式实施此类进程。如果存在获取可接受结果的更佳方法，你应当将此类方法集成至基线计划中，而不应仅将此类方法视为恢复策略。

特别是对于资源风险而言，处理此类风险将不可避免地造成整体资源计划及预算损失。所有对项目不利的变更事项都将增加项目整体成本，因此在现实条件下，可能仅存在极少量（或不存在）通过削减其他费用为此类变更提供补偿的简单方法。

尽量降低风险恢复的影响涉及修订项目所用资源的应急计划要按照尽可能为项目预算提供保护的方式。例如，为后期关键路径活动分配额外员工——从其他低优先级的项目中借调人员，可能仅会对项目预算产生较小的影响。使用奖金加快项目外部活动或外包计划中的项目团队工作同样是行之有效的方法，但作为应急计划的组成部分，你应提前获得额外成本批准。如果实施应急计划需要先有效地完成任何培训或前期准备工作，则应将此类准备工作视为基线项目计划的组成部分。

类似于上文讨论的进度备用资源内容，一般性资源风险应急策略涉及建立项目预算备用资源。我们将在第 10 章进一步讨论有关预算备用资源的内容。

范围风险应急计划策略。范围风险应急计划的制订并不复杂。该计划涉及保护可交付物的规范或降低范围需求。通过在进度中额外增加工作量（利用上文概述的策略）或利用额外资源，或者同时采用上述两种方式，可保持项目需求。在绝大多数情况下，现代项目中实现需求的困难度具有高可变性——部分情况下相对容易完成，其他情况下则难以完成——我们很难提前评估实施应急策略所需的变更的数量级。范围风险应急计划通常可提供不同层级的恢复工作量。你应当通过后续审查进程，并基于当前的最终期限，确定是否需要延迟项目竣工时间或需要修改项目范围以与当前的截止日期相一致（或在极端状况下放弃该项目）。

对于很多项目来说，可通过修订项目目标管理范围风险，以与进度及资源目标相一致的方式，提供最具价值的项目可交付物。与第 6 章的讨论内容相类似，该流程开始于规格清单中的优先级。可以放弃部分需求，或将其推迟至项目后期。此外，也可以降低部分需求，使之更容易实现。尽管对于某些项目来说，这些流程可以有效地事先完成，为范围风险做的应急计划通常包括对项目成果及任何假设条件的改变的审查，以便你基于当前数据决定放弃哪些范围。

◾ 风险接受

对于部分风险来说，我们可能无法制订或不值得制订具体的恢复计划。正如本章先前内容所述，对于部分影响极低的风险，我们无须过于提前关注此类风险。其他风险可能很严重，但是缺乏有效的响应措施。这样的风险在通常情况下是会被接受的（假定项目仍具有商业意义）。

作为一般意义上的风险管理技术，接受风险也包含风险转移及应急计划。原因在于，这两种状况中风险根本原因没有造成影响，并且风险仍处于可能发生或不可能不发生状态。为实施风险转移和风险应急计划，你需要提前制定可为恢复进程提供帮助的特定风险应对措施。尽管如此，对于部分风险来说，此类方案可能不具有现实可行性。当风险影响处于模糊状态时，在部分范围风险和其他项目风险敞口中可能存在此类状况，你可能无法提前制订恢复计划。属于此类状况的实例为项目需求明文规定使用新技术或新硬件。在此类状况下，可能存在从小问题到无法克服的问题等诸多潜在问题。

当特定的风险应对措施并非适当方案时，你仍拥有其他可用选项。如果风险足够严重，则最佳策略可能是因项目风险过大而整体放弃项目，或者考虑对项目目标进行重大调整。最为常用的方法是，审查风险登记册中所有风险的状态，接受项目剩下的整体风险并继续推进项目。如果你选择继续实施项目，则需谨慎记录所有已接受风险，并与发起人和干系人讨论此类已接受风险，并确保项目整体层级中的进度储备及预算储备充足以管理此类风险。除期望获得最佳项目结果，你还需要针对风险登记册中所有重大的已接受风险确认触发事件及风险应对责任人，并作为你追踪和执行进程的组成部分，确保主动监测每项此类风险。

记录风险计划及风险责任人

对于存在多种潜在影响或特定严重影响的风险，你可能会需要制订多个应急计划。在最终确定一份（或多份）应急计划之前，需要先审查实施该计划的整体成本及可能有效性。如果你针对某个风险制定了多个应对措施，则应给出优先级，在应急计划中把你认为最有效的响应措施放在计划首位。

记录所有应急计划，包含与项目计划相同的详细水平：WBS、估算、关联性、进度、所需资源、预期项目影响，以及任何相关假设。对于每个风险响应计划来说，应清楚地指定触发事件以检测风险的发生，还应记录风险责任人姓名，他将负责监测风险触发事件，维护应急计划，以及在发生风险时负责执行应急计划。

作为整体项目文档的组成部分，你应记录风险应对计划，并应努力使风险具有可见性。增强风险意识的一个方法是在项目网站上发布或在项目工作区域的墙壁上张贴排行前十的风险列表（并定期修改该列表）。确保所有风险管理计划足够地分发和存储，并计划至少每季度一次审查风险管理信息。

作为整体风险管理计划的组成部分，你应维护风险登记册，并使用其监控风险。对于其中的每个风险，应包括：

- 详细的风险描述信息。
- 风险负责人及已分配相关职责及责任的任何其他相关人员。
- 受风险影响的活动（包括 WBS 编码）。
- 任何定性或定量风险分析结果（发生概率、影响及整体评估结果）。
- 项目计划中的风险应对措施概述。
- 风险触发事件。
- 预期的剩余风险敞口。
- 应急计划和回退计划概述。

在其他项目文档中添加风险管理计划，并选择适当位置储存项目文件，供所有项目人员及干系人使用。

管理特定风险

若干年前，一家跨国企业花费了一年的时间建立其欧洲总部。几年之后，该企业在瑞士日内瓦的人员、计算机及其他设备数量处于不断增长状态，并且企业运营的不便利性及整体费用已增长至不可接受状态。该企业确定了一个目标，将日内瓦的所有工作人员及基础设施搬迁至现代化的新总部综合大楼中。该工作涉及多项高风险项目，本人曾受聘负责管理其中一个项目。

该项目的特定风险之一是需将两台大型水冷计算机移出原来的数据中心，并移入新总部大楼中的现代化中心（计算机系统已运行多年）。在新安装位置，两台大型计算机需要连接总部大楼中所有其他计算机及电子通信设备，以使新总部大楼可以和欧洲及全球各地设施建立联系。两台大型计算机对于公司业务来说非常重要。根据进度安排，每台大型计算机的迁移都将需要使用三天周末假期。非常关键的是，在移动计算机之前的该周结束时，位于原有数据中心的每台计算机都必须处于满负荷运行状态，并且在三天周末假期结束后，该企业开始营业之前，每台计算机必须在新数据中心处于满负荷运行状态。

该项目的绝大多数风险为一般性风险，通过执行计划、配备充足人员，并对已在数月前做出承诺的项目人员提供集中培训即可管理此类风险。此外，我们还采用了诸如额外备份数据等预防措施。但是，移动大型计算机的风险并非一般性风险，原因在于原有计算机中心因相关原因处于原建筑的五楼。该建筑中的电梯可用面积较小（仅约为 1 平方米），并且可允许承重不超过 4 人的重量（按照平均体重计算）。计算机当时移入原建筑时，是在该建筑大理石幕墙上先切割出与计算机尺寸相仿的进入口，并利用带有吊箱的起重机将计算机移入数据中心（见图 8-8）。过去，该企业均采用相同的方法升级、移入、移除及更换大型计算机。

图 8-8　计算机移入

在实施本项目之前，该企业仅曾经利用相同的方法从数据中心更换并移出大型计算机旧硬件。在更换及移出旧硬件的项目中，如果出现任何风险，不会对系统运行造成任何影响，原因在于，仅在成功移入并运行新系统之后，才会移出原有系统。但在重新安放大型计算机的项目中并非如此。该项目必须成功移出、运输并重新安装两台大型计算机。如果在地面上方 20 米之上出现任何问题，则可能导致出现时间远超过重新安放所需三天期限的显著且成本高昂的服务中断风险。

新数据中心较为明智地选择在新总部大楼的一楼。该状况消除了需将价值数百万美元的大型计算机提升至高空的风险（该风险恰是本项目的主要风险之一）。成功完成项目则意味着在新数据中心一楼地面上安放的计算机系统可在未来运行期间更便于实施维护进程。

除了计算机可能会跌落至地面这一明显风险，该项时间紧迫的项目同时涉及天气、风力、交通、人员伤害、起重机问题及诸多其他潜在问题。绝大多数此类风险将可能导致需采用调整人员、更新计划或接受风险等措施（具体措施取决于人员经验，以及在大型计算机移动过程中是否可以处理绝大多数预期风险）。

对我们来说，该项目中的剩余风险之一是大型计算机可能跌落至人行道上，并可能造成大型计算机与地面猛烈撞击的状况。在为期三天的周末期限内，我们将无法管理该风险造成的影响，因此我们已通过大量分析，开发管理该风险的方法。

在风险评估进程中，我们已开展大量辩论活动，特别是在风险发生概率方面。部分项目人员认为该项目风险较低，并同时指出："在瑞士国内，我们过去始终按照相同方式实施类似迁移活动。"其他项目人员（特别是来自美国的项目人员）却持不太乐观的态度。最终项目团队的一致意见是项目风险为中等风险。鉴于本项目的风险影响非常明显，因此项目团队对于风险影响并无太多异议。除成本及延迟问题，本项目需关注的其他重要事项为安全性、在人行道上安放大型起重机、噪声、计算机组件跌落至地面等。

鉴于本项目的主要风险影响为时间和成本，并且此类影响可被视为重大影响，因此制订了缓解项目风险的计划。多种不同的风险缓解方法被开发出来，其中包括拆分大型计算机，并使用起重机移动大型计算机组件；在建筑物旁侧安装升降机（在拆分条件下，计算机系统移动需要花费 1 个月的时间，因此该方法的时间成本过大）；在地面上铺设缓冲垫或其他类型的衬垫；以及其他实际可行度较小的方法。我们曾慎重考虑拆分移动方法，但因时间原因及计算机供应商报告指出"如果我们在制造商工厂中重新组装大型计算机，则无法确保大型计算机系统可以立即正常运行"等原因，最终确定该方法不适合本项目。利用外部起重机被视为良好的方法，但起重机硬件无法到达五楼所处的高度。安装安全网或衬垫可以尽量避免碎屑向四周飞溅，但无法确保计算机系统仍可正常运行。直至重新界定项目问题之后，我们才最终发现最佳风险应对策略。实际上，本项目的风险并非损失特定的计算机系统，而是损失可用系统。

利用提前购买并在新数据中心安装新系统的计划，我们将无须在短时间内移动现有计算机硬件。在将操作系统转移至新硬件的条件下，我们可把原有大型计算机硬件移动到地面上。如果该移动进程成功完成，则可以二手设备出售原有的大型计算机设备。该计划可以有效避免风险，但同时存在成本问题。原有大型计算机残值和新大型计算机购买价格的差额约为 200 万美元。该投资成本远高于预期风险影响，因此我们在本项目计划中已排除该方法。最终我们决定尽可能地采取更多预防措施并接受项目风险。

所有上述调查活动使得我们编制应急计划变得极为容易。原因在于，先前完成的研究表明购买新大型计算机系统作为应急方法具有实际必要性。我们已订购新大型计算机系统，并从供应商处获得承诺。如果我们在移动现有计算机系统的过程中出现任何问题，则供应商将在新数据中心安装新大型计算机系统（鉴于供应商人员将参与现有计算机系统的重新安放进程，因此供应商也非常赞同该意见）。如果我们成功完成现有计算机移动进程，则我们可以在无须缴纳任何罚金的条件下，取消新大型计算机系统的订单。

应急计划文件表明，采用该应急计划将不可避免地使计算机系统在三周内处于无法运行状态，并且系统更换成本将增至约 300 万美元。

结果，通过在两台大型计算机移动进程中使用同样的人员配备及基本计划，两台大型计算机都在无任何意外状况的条件下成功完成移动。尽管我们并未使用应急计划，但每个人都认为制订风险管理计划是一项非常有价值的投资。风险管理计划的制订过程可清晰展示出我们需要面对的问题，并可增强我们对于项目整体风险的认知。我们在该进程中发现诸多可以去除的小风险，进而使得我们可以节省项目实施时间，并更容易在具有时间关键性的周末期限内完成该项目。此外，该进程还使我们更有信心地确定，我们已慎重且详细地制订项目计划，并且我们可以成功完成该项目。即便无法去除所有风险，但对于项目来说，风险管理仍然极具重要价值。

用于记录风险应对的蝴蝶结分析

正如第 6 章讨论所述，蝴蝶结分析提供了一种图示化技术以记录风险的根本原因。除此之外，蝴蝶结分析同样是展示风险后果，以及在风险发生之前及发生之后（如有必要）制订风险管理计划的有效方式。该方法的名称"蝴蝶结"来自图形的整体外形。在该图形中，风险事件位于中间位置，风险原因及预防措施位于风险事件的左侧，应对措施及风险影响位于风险事件的右侧。该图形中心位置收窄（图形外形类似蝴蝶结），并集中展示可能造成失去控制的关键点。

蝴蝶结分析及其图形通常用于公众健康及安全相关风险，可以非常有效地传达对风险状况的全面总结，以及处理风险所需的有效策略。蝴蝶结图形为显示项目风险登记册的信息提供了简单格式。此类图形通常用于总结与航空、隧道、桥梁、大坝、发电厂及其他与公众相关的重要设施的风险管理信息。

蝴蝶结故障树和恢复分析可被视为故障诊断的有效工具。英国石油公司曾于 2010 年在深水地平线钻井平台的钻油机械发生故障并泄漏大量原油（墨西哥湾事故）之后，利用该方法实施风险影响恢复进程。利用故障树，英国石油公司发现了墨西哥湾事故的根源所在。在结合使用恢复分析技术的条件下，英国石油公司构建了其未来水下海洋油井施工所需的风险预防及应对措施。

图 8-9 已展示出上一节所述计算机迁移项目实例的部分蝴蝶结分析内容。

管理活动风险的关键思路

- 决定根本原因。
- 在可行时，规避、缓解或转移有负面影响的风险。
- 为其余的重大风险制订应急计划。
- 记录风险计划，并使风险数据处于可见状态。
- 监控你的风险登记册中的所有风险。
- 低成本预防措施远比高成本纠正措施更值得实施。

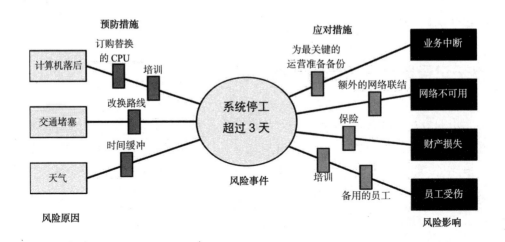

图 8-9　蝴蝶结分析实例

第二个巴拿马运河项目：风险计划（1906—1914 年）

　　在第二个巴拿马运河项目中，风险管理是最大的投资之一。对于第 7 章所述的风险，大多数可使用有效的措施予以处理，在部分情况下使用了创新手段。

　　疾病风险在项目早期造成了毁灭性的破坏。项目人员已通过严谨且科学的卫生措施对其进行管理。尽管努力的规模及成本是显著的，但成果同样极为显著。在 William Gorgas 博士的指导下，通过广泛采用控制蚊虫的方法，项目取得了远超先前的成果。项目采取了在水体上频繁敷加油性薄膜及谨慎倾倒积水的特定策略（热带雨林中几乎到处都是积水）。时至今日，全球热带区域内仍在有效利用此类策略。在蚊虫控制取得显著成果之后，巴拿马成为全球热带雨林中居民健康状况最佳的区域。在巴拿马区域，黄热病已被完全根除，疟疾、结核病、痢疾、肺炎及当时广泛流行的其他疾病，在成功实施蚊虫控制措施之后均处于罕见状态。实施该措施，不仅基本消除了巴拿马地区的蚊虫传播疾病，而且去除蚊虫干扰同样有益于加快工程进度。尽管根据估算结果，杀死一只蚊虫的成本约合 10 美元，但巴拿马运河项目取得成功在很大程度上依赖 Gorgas 博士保证了工人们处于健康状态。对疾病这个风险的管理做得十分完美。

　　对于项目中常见及突发的塌方风险，并无任何完美的解决方案。在工作开始阶段，大多数施工人员抱怨："我们挖得越多，待挖的土方越多。"遗憾的是，这是巴拿马项目的真实状况。现实证明，不可能使用原来的法国计划的挖掘角度。按照该角度挖掘产生了诸多问题，其中最大的就是塌方问题。此外，河道旁堆积大量需由挖掘人员移除的半固体状黏土，如果不移除此类黏土将不断侵蚀河道中心（此类黏土类似于流体，始终流向较低位置）。处理该问题的应急计划为挖掘更深的河道。尽管应急计划并不完美，但最终取得了有效的实际成果。巴拿马运河竣工时的平均坡度比为 4∶1。该坡度尽量降低了出现塌方的概率，并且至少部分稳定了带有流动特性的黏土。这个有些粗糙的应急计划最终不但产生更多需处理的土方，而且使项目实际工作量达到计划工作量的 3 倍。直到今天，巴拿马运河仍存在河道侵蚀、泥石流及偶尔发生的塌方问题。为使运河持续运行，需要不断实施运河疏通工作。

为处理与建设巨大水闸相关的风险，需要一系列的策略。和塌方问题一样，对水闸两侧的处理同样采取蛮力和大量工程施工的处理方式。在巴拿马运河中倾倒的混凝土数量远超历史中的任何其他工程。使用极厚的混凝土及大量钢筋建成的水闸，即便在一个世纪后的今天，仍可继续运行。在经历数千次船只通行及多次地震后，巴拿马运河上的水闸的运行状况仍可与新建水闸相媲美。

机械和电气的挑战是另一大问题。水闸是由数千个可移动组件（大部分组件为大型组件）构成的庞大设施。在经过若干年的前期计划和实验之后，水闸建设最终取得成功。巴拿马运河工程在精确工程设计方面大获成功，并且该项目还使用了新型钢材。钒钢最初被用于汽车行业。此类钢材已被证明具有轻质和牢固特性，可用于建设水闸的闸门。确保闸门可在承载水压的条件下处于紧闭状态需要闸门具有足够的重量，但工程人员同时希望闸门在每次打开及闭合期间处于相对轻质状态。为实现这一目标，最终闸门被设计为中空的。当闸门闭合时，水可在闸门完全闭合之前注入闸门中，进而提供闸门紧闭所需的重量。当需要打开闸门时，可排空闸门中的水后提升闸门，从而使船只通过闸门后向上游或向下游继续航行。

即便采用该策略，移动如此大型和极重的闸门仍需要大功率的现代工程设备。闸门的电气操作极为复杂，并需要使用大量创新型技术（在制定电气操作闸门决策时，美国首家电气设备工厂刚成立一年），但电气操作同时可以提供诸多优势。在电气控制方面，可通过整体运河系统完成集中控制进程。项目人员通过构建等比例缩小模型，详细展示出每个水闸的详细位置。使用模型中的阀门和开关可以控制闸门系统，并且模型底部的机械互锁功能可以防止发生操作错误（如向船闸关闭侧打开闸门，或在完成水充注或排放之前打开或关闭闸门等）。在同一控制中心，操作人员可以监控所有 12 座水闸的整体状况。

当 George Goethals 开始启动这一切时，他意识到，这是他和任何其他人从未做过的。运河水闸的控制需要大量控制装置和多达 1 000 个电机。Goethals 通过寻求外部帮助来管理风险，他向处于快速成长状态且在电气系统生产方面知名的美国企业授予合作合同。尽管当时该美国企业（通用电气公司）规模较小，而且在国际上并不太知名，但在巴拿马运河竣工时，该企业已成长为全球知名企业之一。对于通用电气公司来说，Goethals 授予的合同是一份巨大的合同，并且是该公司获得的首份政府大合同。在该项目之前，从未出现过规模如此之大的私人企业和政府组织合作的合同。在第二次世界大战期间，Goethals 和通用电气公司合作，创建了曼哈顿工程模型，并在美国和全球各地共同完成了大量现代项目。无论利弊如何，现代复杂军工行业的崛起正开始于第二个巴拿马运河项目。

尽管第二个巴拿马运河项目成功地处理了大多数风险，但炸药始终是建设中的一个严重问题。和诸多现代项目相同，爆炸物处理工作造成人员死亡或残疾是很常见的。尽管严格的安全措施有助于预防该风险，但造成巴拿马运河项目人员死亡的最大原因并非疾病，而是 TNT 炸药。对于该风险，建设者们未能找到任何行之有效的解决方案或替代方案，因此该项目被称为"与炸药共舞"的项目。

第 9 章

量化和分析项目风险

知识就是力量。

——Francis Bacon

信息对成功管理项目至关重要。为防止出现问题和项目延期，了解要做的工作及潜在风险，是首要也是最佳的预防方法。对总体项目风险的评估提供了对项目目标做必要的修改的确凿理由，所以它是你用来将一个不可能完成的项目转化成一个成功项目的强大工具之一。对于资源不足或工期太过激进的项目，项目层级风险会急剧上升，风险评估则为项目暴露出的风险提供了令人信服的依据。对项目风险的了解也为项目、项目可交付物和未来的工作设置了合理的预期。本章的重点是针对第 7 章、第 8 章中讨论的已知活动风险，在分析和响应计划的基础上分析整体项目风险。

整体项目风险

逐一考虑一个项目中的已知风险时，它们有的看起来比较容易应对，有的会令人无从下手，有的介于两者之间。在项目活动层级评估风险是必需的，但还不够。你还需培养一种整体项目风险的意识。整体项目风险部分来自所有活动层级风险数据的汇总，但它还有一个更常见的来源——整个项目。第 3 章中已讨论过高层级项目的风险评估，所使用的方法仅需用到最初项目定义中提供的信息。对于那些高层级技术——风险框架、风险复杂度指数和风险评估网格，可以根据你的项目计划对它们做审查和修订。

随着初期项目规划过程接近尾声，你会有更多的可用信息，因此也就能更精确、彻底地评估项目风险。评估项目风险有许多可用的工具，包括统计、指标和建模及仿真工具。利用计划数据所做的风险评估可用来支持决策，提议项目变更，以及更好地控制和执行项目。

整体项目风险的部分来源包括：

- **不现实的项目截止日期**——高新技术项目往往有不合适的、激进的时间表。

- **没有或很少使用指标**——估算和风险评估的测量使用了不准确的猜测值。

- **"意外"项目负责人**——项目由未经过项目管理培训，只是技术能力很强的团队成员来领导。

- **不准确的需求和范围扩大**——糟糕的初始定义和无效的变更控制规范非常常见。

- **项目规模**——项目的风险随规模扩大而增加，项目越大，越可能失败。

一些项目层级的风险在 PERIL 数据库中被很好地呈现出来，特别是项目范围的扩大。确定整体项目风险的方法，在降低风险影响和确定项目潜在问题上都很有效。此外，整体风险评估得分可用来：

- 对低风险项目提供支持，并终止（或修改）风险过高的项目。

- 比较不同项目，并帮助建立相对优先级。

- 为重新谈判约束过多的项目目标提供数据。

- 辅助确定所需的管理储备金。

- 促进对风险的有效沟通并普及风险意识。

本章中将描述的技术、工具、思想和指标都是用来解决这些问题的。

汇总风险响应

评估项目风险的一种方法是把项目所有风险的预期结果相加。为了达到这个目的，对于每个项目风险，都需要将所估算的成本（或时间）取和，再乘以风险的概率（损失×可能性）。

评估项目层级风险的另一种方法是累加风险应急计划的结果。对所有计划的预期成本取和，即加权了风险概率后的预算成本。类似地，使用相同概率值，可计算出应急计划需增加的全部项目工期。例如，一个风险应急计划有 10% 的风险概率，将耗资 10 000 美元且增加 10 天的项目工期，对整体项目的影响将分别是 1 000 美元和 1 天（这里假设项目活动在关键路径上）。

也可以利用基于 PERT 所做的预期估算和最可能的活动的估算之间的差值得到类似的数据。对这些影响项目成本和时间的预算求和，所得到的值大致等同于应急计划的数值。

尽管从这些预期结果的汇总中可以得到一个对项目整体风险的感觉，但因为一些原因，人们往往会低估整体风险。首先，这个分析假设所有项目风险都是独立的，没有预期的相关性。而实际的项目，不考虑相关性的假设根本不适用；大多数项目风险在其他风险发生之后发生的可能性更大。项目活动之间通过共同的方法、人员和其他因素联系起来。其次，项目人员有限，所以每当问题出现时，几乎所有的项目负责人（和大部分项目团队）的关注点都将放在如何解决问题上。由于解决问题分散了注意力，项目负责人会较少关注其他项目活动，因此其他地方更容易发生额外的问题。

使用这种方法使整体项目风险被低估的另一个很大的原因是，加权和的值并没有考虑项目层级的风险因素。整体项目层级的风险因素包括：

- 项目经理的经验不足。
- 发起人不关注项目。
- 重组、业务变化。
- 监管问题。
- 缺乏共识和做法（生命周期、规划等）。
- 市场窗口期或其他时间假设。

- 风险管理无效。
- 项目分解不充分导致工作流效率低下。
- 不熟悉项目工作量。
- 项目优先级低。
- 动力不足，团队士气很低。
- 变更管理控制薄弱。
- 缺乏与客户的互动。
- 沟通问题。
- 基础设施薄弱。
- 指标不准确（或没有）。

上述前两个因素尤为重要。如果项目负责人没有管理类似项目的成功经验，或者项目获得的支持很少，你要在预期影响的汇总值之上，按每个至少10%的比例增加整体项目风险评估值。类似地调整与项目相关的其他因素。即使做了这些调整之后，风险评估仍然会有些保守，因为未知的项目风险的影响并未包括在内。

把与风险相关的项目预期工期和成本的全部影响与你的初步基线计划做比较。无论何时，只要时间或成本的任何一个预期风险的影响超过计划的 20%，该项目就很有风险。对特别有风险的项目，应该用有关成本和进度影响的项目风险数据来准备对项目调整、论证管理储备金的合理性或两者兼顾的谈判。

项目建模和仿真

考虑整体项目的不确定性的目的是确定和描述可能的项目成果的界限。单值估算有助于用清晰、准确的时间表和预算对项目进行确定性的分析。实际上，对任何一个项目的估算都可能有偏差，有些甚至相当大。精准度不够高的三点估算和其他技术，可用于理解风险和可能的项目成果的范围。使用三点估算定义某个范围（在第 4 章、第 5 章中讨论的估算不确定性和第 7 章的活动风险分析）是用于范围估算的一个相对简单的方法。简单的模型，如 PERT 方法，则使用基于三点估算的简单的近似法表示项目的不确定性。计算机模拟技术支持使用更复杂的（尽管不一定是更有意义的或更精确的）分布式和范围数据。即使用"最坏情况估算"和手工画的 β 分布图所做的项目分析，也可用来洞察项目风险和不确定性。

■ PERT 和相关项目风险分析技术

PERT 是第一种试图用系统化的风险分析来量化项目整体风险的方式。它不是项目经理发明的，而是在美国国防部的授意下，为了处理大型的美国政府项目中越来越普遍的成本超支和进度延误而出现的。项目集越大，超支越严重。将军和元帅都是没有耐心的人，他们讨厌等待。更糟糕的是，只要花费超过了原先的估算，美国国会就会介入，将军和元帅更不喜欢这点。

PERT 的主要目的是在活动层级使用详细的风险数据预测项目结果。用于分析进度时，要求项目团队提供三种估算。最可能估算是他们认为与待评估的活动相类似的工作所用的最常见的时间周期，另外两种估算则定义了在"最可能估算"左右的一个范围，给出了工作周期的所有现实的可能性。

图 9-1 表示了一个典型的 PERT 的时间分布，用三种估算值定义：一个是乐观估算 t_o，在低端；一个是最可能估算 t_m，在中间的某个点的峰值；还有一个是悲观估算 t_p，在高端。

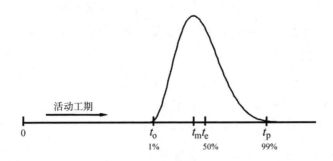

图 9-1　PERT 估算

PERT 分析假设了一个用这三个参数定义结果的连续的 β 分布，如图 9-1 所示。之所以选择 β 分布，是因为它使用起来相对容易；它能基于三个估算的参数，分别向左边（见图 9-1）或右边倾斜。（当估算是对称的时，β 分布等同于正态分布：高斯钟形曲线。）利用三点估算数据，通过简单加权平均，可以计算一个预期估算值 t_e，表示分布曲线上 50%处的那个点。

前面的章节中讨论过 PERT 的一些问题，但在使用 PERT 做项目进度分析时还有另一个问题。每当关键路径法（Critical Path Method，CPM）显示出有不止一个活动的结果将无法在截止日期完成时，PERT 从系统上会低估项目风险。使用预期工期的基本 PERT 的计算将显示一个有更长的预计关键路径的项目，而利用计算机模拟分析的计算对项目整体进度的影响的评估更接近实际结果。计算机模拟使用伪随机数生成与活动的范围估算一致的工期估算。它一遍又一遍地重复这个过程，每次都基于新的活动工期做估算。用 CPM 计算每次新的进度计划中的项目关键路径，并重复多次，直到这个模拟创建了一个结果的直方图。

当今用在项目管理中的计算机模拟和建模工具提供了许多代替 β 分布的方法。你可以使用三角、正态、泊松和许多其他分布，甚至直方图来定义与概率有关的离散估算，如第 7 章中的讨论。（例如，你预期一个活动可能会在 15 天内完成的概率是 50%，在 20 天内完成的概率是 40%，在 30 天内完成的概率是 10%。这些场景使用的是已包含了"最坏的"增量估算的已知风险相关的概率——一个成员可能需要请假一周处理家庭状况，与他相关的延期是 5 天；出现了一个问题，需要完全重做所有相关的工作，延期 15 天。）

正如第 7 章所讨论的，即使是对活动层级风险的分析，选择精确的分布形状也并不很重要。在项目层级，则相关性更小。之所以这样，原因是大多数类型的统计分布（包括所有现实的）随机生成的样本总和的概率密度函数，总是类似于一个正态钟形高斯分布。这是由于统计学家建立了很好的中心极限定理，这也是为什么一个单一的主关键路径的项目的分析总是近似于一条对称的钟形曲线。正态分布只有两个定义参数——均值和方差（标准偏差的平方）。使用 β 分布所做的工期估算，均值和标准偏差都是用第 4 章介绍的公式进行估算的：

$$t_e = \frac{t_o + 4t_m + t_p}{6t_e}$$

式中　t_e——期望工期（均值）；

$\quad\quad t_o$——乐观工期；

$\quad\quad t_m$——最可能工期；

$\quad\quad t_p$——悲观工期。

而标准偏差为：

$$\sigma = \frac{t_p - t_o}{6}$$

对于有一个主关键路径的项目，期望工期是沿着关键路径的所有的预期（平均）的时间的总和。这样一个项目的标准偏差，作为测量整体项目风险的一个指标，可通过计算相同活动所估算的标准偏差得到。PERT 使用下面的公式：

$$t_{proi} = \sum_{i=CP_{first}}^{CP_{last}} t_{e_i} \quad\quad \sigma_{proj} = \sqrt{\sum_{i=CP_{first}}^{CP_{last}} \sigma_i^2}$$

式中　t_{proi} ——预期的项目工期；

$\quad\quad CP_{last}$ ——关键路径；

$\quad\quad t_{e_i}$ ——对活动 i 的"预期的"CP 估算；

$\quad\quad \sigma_{proj}$ ——项目标准偏差；

$\quad\quad \sigma_i^2$ —— CP 活动 i 的差值。

这些公式实际上只适用于具有单一主关键路径的项目。当有长度大致相当于最长路径额外路径的时，PERT 公式会低估项目的预期工期，但高估标准偏差。对于这种项目，用计算机模拟可以得到比用 PERT 近似法更好的结果。引起这一不准确性的主要原因在第 4 章有关多个关键路径的讨论部分曾介绍过。使用每个活动的分布所做的模拟分析将为项目创建一个可能结果的范围，但逻辑是一样的：失败模式越多导致成功率越低。对每个模拟案例，因为任何平行的关键路径在结束时都可能成为最长路径，所以每个都可能导致潜在的项目延误。在第 4 章讨论的简单的项目有如图 9-2 所示的网络图，有一条沿顶部（A-D-J）的关键路径和一条沿底部（C-H-L）的次关键路径。

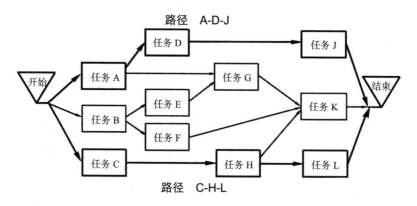

图 9-2　有两条关键路径的项目

　　如预期的那样，CPM 和 PERT 分析表明该项目有 1/4 的机会将按时或早于每条关键路径上的期望工期完成。该项目可能结果的分布为大约 1/4 的左尾低于预期，峰值和右尾则高于预期，如图 9-3 所示。由此产生的分布基本上是钟形的，但与预期的每个关键路径的分布相比，它的均值更大也更窄（具有较小的标准偏差）。

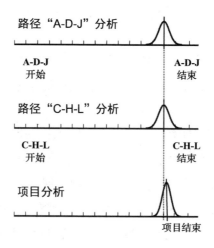

图 9-3　PERT 结果

　　要定量地考虑这点，则想象有一个项目计划，用 50% 的预期估算及一条有 100 个工作日（5 个月）的主关键路径，标准偏差为 5 个工作日。（如果假定预期结果的分布是对称的，PERT 的乐观和悲观的工期，加上或减去 3 个标准偏差后，大约分别是 85 个工作日和 115 个工作日）。项目的 PERT 分析告诉你应该预期该项目 10 次中有 5 次会在 5 个月（或更短）的时间内完成，10 次中超过 8 次（约 5/6 的时间）会在 5 个月加 1 周完成，这是相当不错的概率。

如果将长度为 100 个工作日的次关键路径加入项目，使用类似的估算风险值（标准偏差为 5 个工作日），项目预期在 5 个月或更短时间内完成的机会变成 1/4。（实际上，基于 1 000 次运行的模拟结果显示，概率是 25.5%。模拟结果几乎从未能完全匹配理论值。）在模拟中，平均预期工期略少于 103 个工作日，且类似的 5/6 的点大约是 107 个工作日。对预期的项目，这是一个小的偏移（约半周），但要满足印在项目甘特图上的日期，可能偏移会很大，从 2 次中的 1 次机会变成 4 次中的 1 次机会（如预期）。

类似的模拟是 3 条和 4 条有相同预期工期和风险的平行的关键路径产生的结果。3 条 100 个工作日的路径，项目预期有 1/8 的可能在 100 个工作日或之前完成（模拟显示 13%），预期工期约为 104 个工作日。有 4 条关键路径的项目有 1/16 的可能（模拟显示 6.3%），项目均值略高于 105 个工作日。对应这种情况的直方图如图 9-4 所示，基于分别来自有 4 个独立的正态分布的平行路径，都有平均 100 个工作日，标准偏差为 5 个工作日的 1 000 个样本（锯齿状分布是典型的模拟输出的结果）。

这些有多条关键路径的情况，分布均值增加，范围有所压缩，减少了预期的标准偏差。这是因为分析所用数据的上边界是不变的，而每条额外的关键路径都会进一步限制有效的下边界。如图 9-4 所示的情况，项目持续时间总是等于 4 条里的最大值，而且这个最大值接近在每条补充路径上的"乐观的可能性"的机会越来越小。从每条路径有 5 个工作日的标准偏差开始，对有 2 条类似的关键路径的项目，得到的分布的标准偏差约 4.3 个工作日。对 3 条低于 4 个工作日的路径，标准偏差下降到大约为 3.5 个工作日，如图 9-4 所示。出于同样的原因，得到的分布的形状也斜偏左；数据填充出的直方图被压缩，不过仅在下侧。

这种排序的计算机模拟分析最常用于对工期的估算，但也可以用于工作量和成本的估算。和进度分析一样，三点成本估算可以用来计算预期的活动成本，并汇总为整个项目的成本总和。因为所有的成本都是累积的，PERT 成本分析公式类似于时间分析，提供的结果大致与模拟值相当。

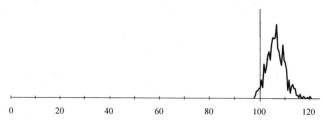

图 9-4　模拟生成的直方图

降低项目风险模型的准确性的一个额外因素是：默认情况下，所有的风险被假定是相互独立的。在一系列的风险、公式、模拟和其他分析中，对每个潜在的风险事件都是独立看待的。然而项目风险却很少是独立的。风险概率通常与许多原因高度相关。一个项目计划的某一部分的问题往往关联到其他部分，因为要共享人员和资源，因为类似的分析缺陷，或者只是因为增加了伴随着挫折而至的压力。由于风险呈正相关性，对项目有不利影响的总体潜在性往往被低估，除非这个分析包含了为有关风险所做的足够的预留。

项目建模与决策支持软件

仿真分析要使用计算机，因为这个原因，在 20 世纪 60 年代以前这是不切实际的（这就是为什么 PERT 要依赖简化的近似值）。一旦以计算机为基础的分析方式变得可行，蒙特卡罗模拟技术就开始被广泛用于分析各种复杂的系统，包括项目。最初，这种分析是非常昂贵的（也很慢），因此它只被用于规模最大、最昂贵的项目。今天，建模工具的发展和廉价的桌面系统使计算能力的限制不再成为一个问题。

在早期实施中，用于进度风险分析的数据也有明显的质量问题，这一缺点现在仍然存在。生成估算的范围仍然很难，特别是以百分比的尾数来定义时，因为这一般都是通过大多数项目管理文献中描述的三点估算完成的。考虑到开始时用初始的单点进行的"最可能估算"一般不精确，所以对两个额外的上限和下限的估算可能会更不准确。因为至少某些输入数据是不精确的，所以无用输入/无用输出的问题一直是蒙特卡罗分析的一个顾虑。

这样更加诱使热情高涨的经理和项目发起人去不当使用乐观估算，抑制了计算机仿真在许多项目上的广泛使用。这令人遗憾，因为即使使用手工近似法的范围估算分析只适用于可疑的关键活动，它仍然可以为确定项目风险的等级提供有价值的洞察。有一些有效的方法，只需要增加适度的工作量，而且有一系列的技术，包括从手工近似到全计算机模拟。综述如下。

手工近似。本书之前的章节中讨论了应用这些概念的一种方式。如果你有一个项目排期工具，并已将项目日程信息输入数据库，那大部分所要做的工作已经完成了。在数据库中的工期估算是作为乐观估算或最有可能估算（或两者兼具）的第一个合理的近似值。要获得对项目风险的了解，就拷贝一份数据库，并为每个有一种最坏情况估算或一个悲观估算的活动输入新的估算。基于这些更长估算的甘特图显示出的项目的结束点远超出原计划中的值。通过将这些点和一个正态分布关联，可以推断出一个 PERT 分析输出的粗略的近似值。

用于缩放和定位钟形曲线的方法虽然不同，但至少一半的分布应该在"最可能值"的下边界和由两个甘特图的终点所定义的"悲观值"的上限之间。因为在一个项目中，所有错误都实际发生的可能性很低，所以上边界应该排到一个在均值之上的有几个标准偏差的点，远离分布图的尾部（然而需记住的是，即使最悲观、最坏情况的进度也不代表就没有未知的项目风险）。在进度数据库中的初始值可能在某一点低于分布的均值，尽管其确切的位置应该是由一个你认定精度的函数来决定的（这个函数取决于你的估算是保守的还是积极的）。图 9-5 给出了一个类似的直方图，用设定为约 20% 处的点（低于均值约 1 个标准偏差）的初始计划和最坏可能的计划来定义 99% 处的点（均值以上，约 3 个标准偏差），可以将此作为第一个近似值。

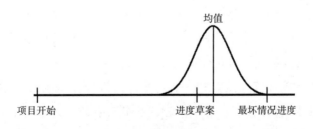

图 9-5 PERT 近似值

图 9-5 所表示的结果看起来是不现实的，可如果你计算了预期估算值，至少对在或接近关键路径上的风险最高的活动，它是可以在某些方面有所改善的。如果你选择了该算法，可以将数据库的 1/3 的副本数据填充到预期的估算值，定义正态分布的均值（50%处的点）。项目完成概率的累积图相当于图 9-5，看起来如图 9-6 所示。

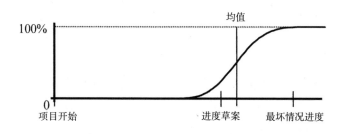

图 9-6　PERT 估算累积图

虽然这种分析仍然是主观的，可一旦你生成了一个项目的初步时间表，之后需要的额外工作量并不大，而且它对项目风险也可以提供有价值的洞察。

关于使进度风险可见的技术，一件最有价值的事情就是它们提供了一个具体的、特定的结果。这一分析的结果对你来说，或者看起来合理，或者就是"错误的"。如果结果看起来是现实的，它们可能就是有用的。如果看起来不可信，通常额外的计划是必要的。看似不可能的结果是一个很好的迹象，它表明你的活动清单是不完整的，估算是不准确的；你漏掉了一些关联性，低估了一些风险，或者你的初步计划中有一些其他的缺陷。

即使这种快速和有缺陷的进度风险的近似形式，也能提供对你的项目计划的彻底性的洞察。

计算机电子表格。计算机电子表格对做资源分析特别有用，因为这里的一切都是累积的。电子表格是一种非常简单的方法，可快速评估三成本（或工作量）估算，以获得对项目整体预算的分析。包含某一列里的所有活动和其相邻列里的最可能估算和范围估算的一个列表，可以很容易地用来计算预期估算和每个活动及整个项目的偏差。利用 PERT 公式计算成本，可以简单地累加和评估来自所有项目活动的数据（不仅来自关键路径）。所有的预期成本和计算出的偏差的总和可以用来估算项目预算的风险。假设一个正态分布中心是预期成本估算的总和，加上由计算的标准偏差定义的一个表格，可以近似估算预期项目成本的范围。

鉴于前面所述的原因，类似的进度估算分析会低估预期的项目进度和高估标准偏差，但对一个简单项目或小项目还是有用的。

计算机排期工具。真正的蒙特卡罗模拟分析能力在低端和中端的计算机排期工具中并不常见，而且其所建立的用来支持三点活动的持续时间的估算往往是以奇怪和难以理解的方式来实现的。要在这里列出所有可用的排期工具不太现实，所以下面讨论的是它们的通用特征。

有几十个这样的工具可用于项目排期，从实施基本活动分析的最简产品到高端的基于网络的企业应用。通常，提供了一系列功能的软件家族都是由同一家公司销售的。几乎所有的项目管理排期工具都可用来确定项目的关键路径，但使用大部分工具，甚至包括一些相当昂贵的工具所做的进度风险分析却往往需要之前讨论过的手工分析，或者需要购买额外的、专项的软件（更多的有关专项软件的内容在后面）。在一般情况下，排期工具被设置成使用单点估算来确定关键路径，以及使用三点估算做进度分析，三点估算需要几套项目数据的副本（或一个用于假设分析的临时版本）来分析潜在的进度差。一些产品（包括 Microsoft Project）提供了三点估算的入口和一些基本的分析，但这通常基于计算（如用 PERT），而不是模拟。

一些高端的项目管理工具比随处可见的中型工具更强大也更昂贵，能提供集成的蒙特卡罗模拟分析，或者内置，或者作为可选功能。然而，即使用高端的工具，进度模拟分析依然需要一个有经验的、对过程完全理解的项目计划者。

计算机仿真工具。提供真正的蒙特卡罗模拟功能的工具有两种类型，或者与计算机排期工具集成在一起，或者用于独立的分析。同样，在这两个类别中有许多选项可用。

相当多的应用程序被设计来提供基于模拟的风险分析，它或者被集成在高端工具中，或者被"添加"到中端排期软件包里。如果你正在使用的软件有这样一个附加功能可用，那不必重新输入或转换你项目的任何数据就可完成模拟分析。使用独立软件，项目信息必须再次输入或导出。除非你还需要做一些非项目的模拟分析，否则蒙特卡罗仿真工具常常是一个比较经济的选择，因为它被设计成直接与排期应用程序做接口。

除了专门设计的用于蒙特卡罗进度分析的产品,包括决策支持软件和通用统计分析软件在内的通用模拟应用程序都是可用的。对于真正的"受虐狂",甚至可以只用一个电子表格来做蒙特卡罗模拟。(如微软的 Excel,包含用于产生各种分布类型的随机样本的功能及用于解释数据的统计分析功能。)

不管你选择什么,都要有取舍。一些技巧可以快速且相对容易地实施,能提供主观但仍然有用的对项目风险的洞察。全功能的蒙特卡罗方法带来了非常实际的风险管理的好处,但随之而来的还有成本,包括在软件上的投资、更多数据的生成、应用的专业知识,以及增加的工作量。在决定开始一个复杂项目的蒙特卡罗模拟分析之前,特别是第一次,要仔细考虑成本和带来的复杂性。

所有此类风险分析的一个主要优点是图形和可视化的对比——点估算关键路径方法确定的进度与从这些方法中发现的可能的结束点(和相关的概率)的范围的对比。由单点估算甘特图产生的对确定性的错觉与现代项目呈现的实际风险不一致。在一个项目中,可见的差异是一剂控制项目过度乐观的良药。

此外,请记住,看似精确的输出可能会使人产生对精确的错觉。这些方法的输出精度永远不可能优于精确度最小的输入。输入时把进度估算四舍五入到"天"是一种常见的做法,但报告的结果会有很多小数,特别是用蒙特卡罗模拟软件后的结果。对项目估算以质量著称来说,这特别具有讽刺意味。

在目前缺乏系统的项目层级风险分析的项目环境里,比较谨慎的做法是在开始时对一些项目采用适度的手工近似分析,然后在未来的项目需要时再逐渐加入新的方法。

集成的进度/成本评估

在之前对进度和资源风险的讨论中,很多地方强调了时间和成本之间的相互关系,特别是关于工期和成本/工作量的估算。将一个时间估算与项目人员或财务假设不一致的项目提前总是有风险的。

在整体项目层面,进度和成本之间的联系也非常重要。汇总的进度风险(不管是通过汇总的风险数据所做的评估,还是利用建模和仿真技术,如在本章稍后要讲的）会直接影响成本。原因很多，包括：

- 完成工作所花费的时间比预期的长，几乎总是需要额外的工作量和资金。
- 活动的工期和里程碑的延误导致后续工作采取加速、突击或其他消耗资源的手段试图赶上进度。
- 比原计划晚开始工作可能意味着额外的成本，包括合同费用的调整，暂时性或其他对时间敏感的资源置换，设施或专业技能延长使用，最后一刻的出差改期，以及其他无法预料的费用。
- 任何对截止日期的延误都可能造成罚款等直接的经济后果（往往因延迟交付导致价值减少而加重惩罚）。

仔细考虑你的整体项目进度的不确定性所带来的成本，包括项目中的工作和其他工作及并行的项目，它们可能会受到资源使用期延长，关键依赖关系下滑，"借用的"人员和其他因素的影响。

系统分析

作为整体项目风险评估的一部分，你最好重新审视范围风险，特别是对于复杂系统项目。审查你的计划和初步设计工作，全面检查范围。检查你的流程图、功能区块图，定义的案例，子系统的分解、功能或特征点评估，或者其他复杂度分析。发现潜在的失败模式、过度的依赖关系或其他关系，以及结构化风险的其他系统级标志。

当评估系统相关的项目风险时，将过去类似的项目与你的分析进行对比，以他们处理无法预料的系统困难的经验作为指导。如果找不到过去对复杂性的评估，就要考虑参考用于之前所完成的工作的初始文档，并决定向前推进，开始收集数据。

关键链的思考

过去 10 年，在项目管理界，关键链项目管理（Critical Chain Project Management，CCPM）已享有一定的知名度。CCPM 的讨论始于 Eliyahu Goldratt

1997 年出版的《关键链》（*Critical Chain*，已由电子工业出版社出版中文版）。这部小说描述了如何应用"约束理论"概念进行项目计划分析。"约束理论"的基本概念是确定资源约束（或瓶颈），然后消除或中和它们。在完善制造工艺流程的工作流时，约束理论非常有效。

因为项目也类似于一种工作流，Goldratt 问道："为什么不利用约束理论也对其进行优化？"约束管理的基本步骤是：

- **确定**最重要的约束。
- **利用**重新调度前序工作确保约束（或瓶颈流程）运行不中断。
- 按需提供约束从属的其他进程缓冲容量来最大化吞吐量。
- **提升**约束能力，增加其容量。在需要缓解瓶颈和改善相关流程的地方增加资源。
- **重复**。一旦你成功地消除了最坏的约束，就会出现一个新的"夹点"（Pinch Points）。继续不断完善优化系统。

把这些想法应用到项目中，可能有助于生成更稳健、更合适的项目计划。但它也可能带来有更多失败模式的更高风险的项目。CCPM 往往被用作压缩项目进度的一种方法，其基于这样的假设：几乎所有的时间估算都"留有余量"，可以被压缩。一旦所有项目的估算被削减，并计算出一个新的关键路径，则所"节省"的时间部分，可以被分配回在新关键路径上的小"供给缓冲区"，并作为项目后期的"项目缓冲区"。缓冲区在项目层级支配，由此产生的项目计划包含了所有的缓冲区，被假定为既现实又明显短于原计划时间。然而，对于实际项目，有一些原因值得对此持怀疑态度。

关键链项目分析先假设工期估算均过于保守且可削减。PERIL 数据库中的数据（更不用说常识）就至少引发了对此的大量怀疑；工期估算经常过于乐观而过短，并不是过长。

此外，项目是独特的，具有固有的不确定性。优化一个反复使用的制造或其他流程是非常合理的，你可以收集精确、可靠的测量值来支持对这些流程的优化工作。但大多数项目都不适用这种重大的优化工作，因为你只会执行一次，所以从 CCPM 要求的这种分析中可能收获极少。缺乏可靠的数据（记住，大多数项目的估算至少有部分基于猜测）也是另一个让人不愿意陷入过多分析的原因。

　　CCPM 还明确假定，从不会有任何多任务或项目之间的资源共享。但这仅仅是愿望，在现代实际的项目中，这根本不切合实际。

　　无论如何，CCPM 的主要概念本质上与大部分项目领导者熟悉的项目实际情况很类似。许多人已经观察到 CCPM 的独特之处更多的是词汇而不是内容。主观设定项目的截止日期，但与进度分析不相关的情况很常见。激进的截止日期的设定往往是追求一个自上而下的目标的结果，一个在项目开始时的机会选择导致了对反向项目进度不确定性（提前完成的机会很小）的很大的偏见。CCPM 缓冲区，特别是在项目最后的项目缓冲区，相当于进度预留，是管理整体项目风险的一个广为人知和常用的技术。

　　尽管 CCPM 基于不太可靠的假设并使用容易混淆的术语，但对于理解和管理整体项目风险来说，它的应用与行之有效的技术是一致的。然而，对采用 CCPM 的项目领导人来说，明智的做法是对不切实际或武断的假设保持谨慎，设定缓冲量的大小时要考虑整体项目风险，并保留在项目级别对所有缓冲量和风险储备的所有权和控制权。在阻碍建立和管理储备的项目环境中，采用一些 CCPM 的概念被证明是有用的。

　　在组织中采用 CCPM 是比较罕见的，即使在那些认为其基本思想令人信服的人当中也是如此。按照文字描述，很难用 CCPM 去管理复杂项目，因为缺乏能支持它的项目管理软件工具。相反，用于关键路径分析的工具，甚至采用蒙特卡罗技术用于模拟不确定性的工具都很容易找到和使用。但是，能做好资源约束分析和项目缓冲量管理的应用并不多见。

问卷调查

　　问卷调查是一种行之有效的评估项目风险的方法，从简单的多选项调查表到使用计算机的电子表格、网络调查，或者使用其他计算机工具做的评估。如果你决定要做一个风险评估调查，最有效的方法是按照你项目的情况来自己定义。

　　几年前，我有机会帮忙修改一个用微软 Excel 软件做的风险评估调查。其中包括 12 个问题，每个问题的得分从 1（低风险）到 5（高风险）。12 个问题是：

1. 业务需求的完整性。

2. 估算的工作量。

3. 范围变化的可能性。

4. 远程人员的使用。

5. 项目目标的可信度。

6. 成本估算的准确性。

7. 所需技术的经验情况。

8. 期望的员工稳定性。

9. 新的技能或合同工的使用。

10. 外部关联性。

11. 工期估算的准确性。

12. 其他潜在风险因素。

对于每个问题的 5 个可能的回答，调查都提供了详细的描述和指南。举个例子，对问题 2，附加信息包括："这个问题描述的是规模。根据人员的工作量来评估项目风险。（1）不到 3 000 人时；（2）6 000 人时以内；（3）10 000 人时以内；（4）25 000 人时以内；（5）超过 25 000 人时。"

所有问题的加权不一样。前 11 个问题中，排在前面的 4 个权重略高，而最后 3 个则略低。每个项目加权计算后产生的风险评估等级为 1～5。问题 12 一般不用，除非它的值超过了前 11 个问题计算的风险总评分。如果这个值更大的话，那这个分数就取代了计算出的风险评分。

每个项目，不管大小，都必须提交风险调查结果。调查有多个用途。低风险评分（1 或 2）的所有项目都有资格使用标准项目方法的简化版，可以只提交少量文档和报告。高风险评分（4 或 5）的项目，必须包括管理风险的最低预算储备。调查还为该组织中每年执行的包括成百个项目的项目组合的风险分析提供了数据。

许多组织使用了类似的风险调查。如果一份调查问卷能普遍适用的项目与你的项目类似，那只需很小的调整就可以了。即使格式没问题，使用前通读问题并做些微调总是有益的。如果你手头没有标准格式的问卷，下面的例子是一个通用的包括 3 个选项的风险调查，它能适用于各种类型的项目。

　　这种调查的风险评估方法在总问题数量最低时效果最好，所以你在筛选出要采用的格式后，要选择与你项目的风险最相关的问题。一个有效率的调查可能只需要探测几个关键领域，最多不要超过 20 个。如果你打算模仿下面的调查表做调查，那么要审查每个问题，仅选择那些与你的项目最相关的问题。如果你自己做调查表，要将每个问题的答案的选项数量限制在 3~5 个，而且表述清晰。确保这些选项列出了所有相关的可能性，没有遗漏或重复（如 "1" "2" "3 或更多"）。

　　一旦你完成了风险评估问卷，下一步就是收集数据了。需要从参与项目规划的所有成员处收集对每个问题的答案。

　　风险调查数据可用于两个途径。首先，你可以分析所有数据，生成一个整体的风险评估。然后用它来比较项目，设定期望值，并建立风险储备。其次，你可以逐个扫描每个问题的回答，找到特定的项目层级的风险源——答案总是在高风险类别中的那些问题。风险调查可以作为一种令人非常信服的证据，对项目基础设施或其他增加风险的项目因素做必要的改变。对于高风险的因素，要问问自己："我们需要解决这个吗？我们应该考虑为减少项目风险做出改变吗？"对于在参与者之间有广泛的不同答案的所有问题，你也要进一步深入调查。与项目团队进行更多的讨论以达成共识和一致的理解。

▗ 使用一份项目风险问卷

　　图 9-7 的列表提供了一组典型的定性风险调查的问题。检查问题并选出一些能反映项目环境的问题。有效的调查是短小的，因此将调查的全部问题限制在大约 12 个。必要时做出调整；第二部分"技术风险"通常需要最密集的修改。三部分聚焦于：

1. 项目外部因素（如用户、预算和进度约束）。
2. 开发问题（如工具、软件和硬件）。
3. 项目内部因素（如基础设施、团队凝聚力、沟通等）。

　　收集数据时，鼓励项目成员选择最能描述项目的选项。每当发现最合适的回答似乎是介于两者之间的选择时，选择两个答案里面更靠右边的那个。

在收集调查数据之后，可以将数值 1 分配给左列的选项，3 分配给中间列的选项，9 分配给右列的选项来解释信息。对于每个条目，汇总所有回答，然后按照回答的计算值将汇总分开。为了评估风险，使用的评估标准如：

- 低风险——1.00~2.00
- 中等程度风险——2.01~4.00
- 高风险——4.01~9.00

用相同的标准，将所有问题取均值以确定整体项目风险。虽然这种调查的结果是定性的，但它们可以帮助你识别项目的高风险来源。对于任何中或高风险的条目，考虑变更项目来降低风险。特别是要关注答案经常落在右列中的问题。头脑风暴、战术或项目的变更，都是可以改变选项、降低整体项目风险的方式。

◾ 风险调查问卷的问题样例

第一部分：项目参数和目标用户的风险

1-1. 范围（项目可交付物规范说明）稳定性

☐ 不可能变化　　　　　　☐ 可能有小的变化　　　　☐ 可能变化或定义不完整

1-2. 项目预算/资源

☐ 承诺且真实　　　　　　☐ 加上预计的利润/预留金可能够　☐ 不够或未知

1-3. 项目截止日期

☐ 现实可行　　　　　　　☐ 可能；预设余地/预留　　☐ 过于激进或不现实

1-4. 项目总时长

☐ 少于 3 个月　　　　　　☐ 3~12 个月　　　　　　☐ 超过 12 个月

1-5. 估算的项目全部人月

☐ 少于 30　　　　　　　　☐ 30~150　　　　　　　☐ 超过 150

1-6. 核心项目团队的峰值人数（项目的关键成员）

☐ 5 人或更少　　　　　　☐ 6~12 人　　　　　　　☐ 超过 12 人

1-7. 项目管理经验

☐ 成功完成不止一个类似项目　☐ 成功完成一个类似项目　☐ 没有完成过类似项目，或只完成过更小或更短的项目

1-8. 用户对项目目标的支持（范围、进度和资源）

☐ 热情　　　　　　　　　☐ 一般　　　　　　　　　☐ 很少或未知

1-9. 对范围、进度和资源设定优先级（受限、优化、接受）

❏ 知道也同意；仅一个参数受限　　❏ 两个参数受限，但其中一个灵活　❏ 没有优先级设定或全部参数受限

1-10. 不同类型的用户数 （市场细分）

❏ 1 人　　　　　　　　　　❏ 2 人　　　　　　　　　　❏ 3 人或更多

1-11. 项目期间团队与用户的交互

❏ 频繁且容易　　　　　　　❏ 仅在项目开始和结束时　　❏ 很少或没有

1-12. 作为项目可交付物的用户需求

❏ 确认对用户业务是关键的　　❏ 能解决某个问题，提高用户效率　❏ 未验证或未知

1-13. 在项目开始时用户被可交付物激发的热情

❏ 高　　　　　　　　　　　❏ 有一些　　　　　　　　　❏ 很少或没有

1-14. 项目可交付物的用户验收标准

❏ 很好地定义　　　　　　　❏ 接近完整　　　　　　　　❏ 不完整

1-15. 因使用项目可交付物导致的用户环境和流程的改变

❏ 没有　　　　　　　　　　❏ 很小　　　　　　　　　　❏ 很大

1-16. 操作或使用项目可交付物的用户界面

❏ 与现在使用的相同　　　　❏ 与现在使用的类似　　　　❏ 新的或有很大变化

1-17. 规划与项目可交付物的实际用户相关的测试

❏ 很早进行，使用模型或原型　❏ 项目中期进行，至少对关键可交　❏ 项目后期进行，Beta 测试
　　　　　　　　　　　　　　　付物进行

第二部分：技术风险

总体

2-1. 开发的复杂度

❏ 低于最近成功的项目　　　❏ 类似于最近成功的项目　　❏ 未知或超出最近类似的项目

2-2. 开发方法论

❏ 标准的　　　　　　　　　❏ 与近期的其他项目类似　　❏ 临时，很少或没有

2-3. 团队对关键开发技术的经验最少为

❏ 超过 1 年　　　　　　　　❏ 6 个月 ~ 1 年　　　　　　❏ 很少或没有

2-4. 工具、计算机设备及其他技术资源

❏ 已置备，稳定且易用　　　❏ 以前都用过　　　　　　　❏ 需要新设备或工具

2-5. 对以前项目的重要性

❏ 超过 75%　　　　　　　　❏ 40% ~ 75%　　　　　　　❏ 很少或没有

2-6. 可交付物的早期模拟或建模

❏ 将利用现有流程完成　　　❏ 计划了但需要新的流程　　❏ 未计划或不可能

2-7. 需要的技术接口 （该项目可交付物与一个更大系统或其他非关联项目的可交付物的接口）

❏ 没有（独立）且好理解　　❏ 少于 5 个且所有都与现有系统　❏ 超过 5 个或 1 个以上是新的（并
　　　　　　　　　　　　　　　　连接　　　　　　　　　　　行开发）

硬件

2-8. 可交付物中包含的硬件技术

❏ 全部配置好，现有技术　　❏ 新应用中的现有技术　　　❏ 新的、不存在的或未知的技术

2-9. 测试

❏ 仅使用现有设施和流程　　❏ 使用现有设施，用新流程　❏ 未知或需要新设施

2-10. 组件数

❏ 数量和类型与最近成功的项目 ❏ 数量近似，但要求新组件　❏ 未知、大量或很多不熟悉的组件
　　类似

2-11. 组件资源

❏ 对所有关键组件有多个可靠、可 ❏ 所有关键组件中有一个以上确 ❏ 至少一个关键组件有一个单一
　　管理的资源　　　　　　　　定了资源　　　　　　　　　（或未知）资源

2-12. 组件可用性 （相对于项目工期的前置时间）

❏ 所有关键组件的前置时间很短 ❏ 一个或多个关键组件的前置时 ❏ 一个或多个关键组件的前置时
　　　　　　　　　　　　　　　间很长但已知　　　　　　　间未知

2-13. 机械需求

❏ 所有重要流程以前都用过　❏ 对现有流程需要做一些修改　❏ 新的、特别的或需要很长的流程

软件

2-14. 可交付物所需的软件

❏ 不需要或有现成的　　　　❏ 大部分可以找到或重用　　❏ 大部分是新开发的

2-15. 软件技术

❏ 仅需高级语言（4GL）　　❏ 标准语言（C++、Java、PERL、❏ 新的或低级语言
　　　　　　　　　　　　　　　COBOL）

2-16. 需要的数据结构

❏ 不需要或关系型数据库　　❏ 其他数据库或定义良好的文件 ❏ 新数据文件

2-17. 数据转换需求

❏ 不需要　　　　　　　　　❏ 很少　　　　　　　　　　❏ 很多或未知

2-18. 系统复杂性

❏ 不需要开发新控件或算法　❏ 少量新控件或算法开发　　❏ 大量新的或未知的开发

2-19. 可交付物处理的环境

❏ 单一系统　　　　　　　　❏ 多个系统但单一地点　　　❏ 分布式、多站点系统

第三部分：结构风险

3-1. 发起人和管理团队对项目目标的承诺（范围、进度和资源）

❑ 热情的　　　　　　　　　❑ 支持的　　　　　　　　　❑ 中性或没有

3-2. 项目优先级

❑ 高　　　　　　　　　　　❑ 中　　　　　　　　　　　❑ 低

3-3. 项目经理的经验

❑ 最近在类似项目上成功　　❑ 最近在类似项目中管理了一　❑ 很少或没有做过类似项目
　　　　　　　　　　　　　　　部分

3-4. 项目经理的权限

❑ 做很多关于项目的决定　　❑ 有限的决策和预算控制　　❑ 没有；所有决定要上报给其他人

3-5. 项目经理的专注度

❑ 全职在项目上　　　　　　❑ 一半时间管理此项目　　　❑ 不到一半时间管理此项目

3-6. 项目计划

❑ 计划现实且自下向上　　　❑ 计划看似可行且做了进度/预算　❑ 计划不现实或没有计划
　　　　　　　　　　　　　　的预留

3-7. 项目版本控制和变更管理

❑ 定义得很好且严格按照流程　❑ 流程不正式但是有效　　　❑ 很少或没有变更控制
　执行

3-8. 项目生命周期

❑ 定义了清晰的里程碑及阶段可　❑ 定义了但未严格遵循　　　❑ 没有正式的生命周期
　交付物

3-9. 项目成员

❑ 可用且承诺　　　　　　　❑ 已找到所有关键成员　　　❑ 重要成员未知

3-10. 子项目

❑ 项目与其他工作无关　　　❑ 所有关联子项目已很好定义及　❑ 相关子项目关联性未定义或不
　　　　　　　　　　　　　　协调　　　　　　　　　　　清晰

3-11. 项目工作环境

❑ 地点、环境已知且有利于项目　❑ 有些工作需要在未知或较差的　❑ 大多数工作不在现场或在较差
　进展　　　　　　　　　　　环境下进行　　　　　　　　的环境

3-12. 成员承诺

❑ 所有关键人员是全职的　　❑ 全职和兼职人员都有　　　❑ 全部是兼职或外聘人员

3-13. 团队之间的距离

❑ 同一地址　　　　　　　　❑ 单一地点　　　　　　　　❑ 多个地点

3-14. 团队的项目热情

❑ 高 ❑ 适中 ❑ 不想做或未知

3-15. 团队包容性

❑ 大多数团队成员一起成功合 ❑ 团队中的一些成员以前合作过 ❑ 新组建的团队
作过

3-16. 核心项目团队成员的最低级别的共同经理

❑ 项目负责人 ❑ 同一组织内向上两层 ❑ 向上两层以上或没有

3-17. 与项目输入、决策或审批有关的外部组织或独立项目的个数

❑ 没有 ❑ 一个 ❑ 一个以上

3-18. 项目与外部子项目或供应商的关联度

❑ 很小或没有（低于10%） ❑ 比较小 （10%～ 25%） ❑ 很大 （超过25%）

3-19. 分包商的质量

❑ 高——合作过的分包商 ❑ 好——来源可靠且有参考信息 ❑ 值得怀疑或未知

3-20. 项目沟通

❑ 频繁（每周）的面对面的状态 ❑ 零星的非正式或远距离的状态 ❑ 临时或没有
更新及书面报告 更新和报告

3-21. 项目跟踪

❑ 频繁（每周）报告实际进展和 ❑ 项目负责人跟踪并当计划异常 ❑ 不正式或没有
计划的差异 时进行处理

3-22. 项目文档

❑ 准确，在线文档随时可用 ❑ 目前状态和进度对项目团队可用 ❑ 文档只有项目负责人有，或没有
文档

3-23. 项目问题的解决

❑ 有完善的流程，问题跟踪及解 ❑ 有不正式但有效的流程 ❑ 问题不容易按时解决
决及时

规模分析

使用所有前述的技术，无论是计算机工具还是手工方法，定量项目分析都是基于项目工作——活动、最坏情况、资源问题和其他规划数据的细节进行的。基于项目整体规模来评估风险也是可行的，因为整体工作量是另一个重要的风险因素。那些项目只要比以前项目的工作量超出20%就表明有显著增加的

风险。

项目规模分析基于项目计划中的总工作量。按照与以前成功项目相比的预期工作量，项目分为三类：低风险、中等风险、高风险。在开始时，规模评估通过累加自下而上的项目计划中的数据，以合适的测量单位测量，如人月，来确定项目总投入。然后，将计算出的项目规模与几个最近的、类似的项目实际消耗的工作量做比较。在选择用来比较的项目中，找出有类似可交付物、时间和人员的工作，以使比较的结果尽可能有效。如果其他项目的数据不是你需要的形式，就用人员级别和项目工期进行粗略估算。如果用来比较的项目中有一段时间内需要大量加班，特别是在快结束的时候，那么也要考虑这部分工作量。得出的数字不需要很精确，但需要确实能相当程度地代表完成被比较项目所实际需要的整体工作量。

用你的项目全部计划的人月数与用来比较的所有项目的均值来确定风险：

- 低风险——低于均值 60%。
- 中等风险——在均值的 60%～120%。
- 高风险——高于均值 120%。

这个范围的中心是 90%，而不是 100%，因为比较的是过去实际项目的数据，其中包括了所有发生的变化和风险，而当前的项目计划并没有这些。除了规模，风险还来自其他因素，如果下述事项发生，就要考虑将风险评估提高一个级别：

- 进度被严重压缩。
- 该项目涉及新的方法或技术。
- 40%的项目资源是外部人员或待定的。

项目估量

更进一步地，进行项目规模分析既能验证项目计划，也能获得更精确的风险估算。该技术需要一个估量，类似于你需要知道某个东西，如一笔财产或珠宝的价值时所经历的过程，但你不想通过出售它去发现这个价值。价值估量基于最近销售的几个类似的物品，因微小差异而进行适度的增加和减少。如果你想知道你房子的价值, 估价师在估量时要找到最近一段时间在附近出售的几座相似房屋的描述。如果被比较的房屋多了一间浴室, 则销售价格就要降一些; 如果你的房子有一间更大、更现代化的厨房, 估价师就要将价格上调一些。这个过程会持续进行, 至少要和其他两座房屋对比, 直到评估完所有常见指标。平均调整后的最终价格就是你房屋的价值, 也就是目前你可以出售的价格。

同样的过程也可以应用于项目, 因为你所面临的是类似的情况。你想知道完成一个项目需要多少工作量, 不能等到所有的工作都完成后才知道。在这种情况下, 就要比较最近完成的两到三个类似的项目, 通过确定每个项目需要的人月数来估算 (起始用的数据与规模分析技术使用的数据相同)。

依照你的自下而上的计划, 计算项目预计需要的人月数。用一系列与你的工作有密切关系的因素, 将项目与参照项目做对比。有关范围、进度和资源的因素都可以比对, 如图 9-7 所示 (这是用计算机电子表格做的快速汇总)。

项目: __Zinfandel__   人月数 (计划)   [100]

		项目 A		项目 B		项目 C	
		对比值	工作量差异	对比值	工作量差异	对比值	工作量差异
人月数 (实际)		110		80		107	
范围:	功能性	相似	0	3%	2.4	相似	0.0
	可用性	−3%	−3.3	相似	0	相似	0.0
	可靠性	相似	0	3%	2.4	相似	0.0
	性能	5%	5.5	相似	0	−3%	−3.2
	可支持性	相似	0	相似	0	相似	0.0
	技术	−5%	−5.5	5%	4	−3%	−3.2
资源:	最大项目成员数	−3%	3.3	3%	2.4	−5%	−5.4
	控制	相似	0	相似	0	相似	0.0
	项目成员经验	3%	3.3	相似	0	相似	0.0
	地域分布	相似	0	5%	4	相似	0.0
进度:	总工期	−5%	−5.5	相似	0	3%	3.2
	总差异量 对应的人月数	−8%	−8.8 101.2	19%	15.2 95.2	−8%	−8.6 98.4

[98.3]

图 9-7　项目估量

应用这种技术的一个目标就是要找到尽可能相似的参照项目, 这样所做的调整不大, 而且估量会更准确。如果某个因素看起来很类似, 甚至不需要做调整。如果有差异时，则所做的调整要保守一些，如：

- 小的差异——±（2%～5%）。
- 大的差异——±（7%～10%）。

如果目前的项目规模更大，就做正向调整；如果所参照的项目看起来更具挑战性，就做负向调整。

项目估量的第一件事就是检验你的初步计划是否现实。一旦根据参照项目均值调整后的人月数高于你目前计划显示的数值，那么几乎可以肯定的是这个计划遗漏了一些东西。与自下而上的计划相比，当评估值显示差异大于 10%时，就要去了解根本原因。看看你忽略了什么？在什么地方你的估算过于乐观？什么样的活动你没有考虑进去？同时，将项目估量的人月数的估算与原项目目标中的资源目标做比较。项目估量还可以为潜在的预算问题提供早期预警。

项目估量通常大于相应计划的一个原因是风险。已完成的项目包含了所有风险的后果，包括那些在工作早期没有显现的东西。目前的项目计划包括的仅是针对已知的、已经考虑了防范策略的风险的数据。计划和估量之间最起码的差异来自参照项目的未知风险、应急计划和其他用于风险恢复的工作量。

除了计划的验证，项目估量在项目层级风险管理中也非常有用。一旦计划中项目的参数和项目目标中制定的目标值之间的差异比较大，估量值将是一个非常简洁但具说服力的结果。估量也有助于评估因规模引起的风险，以及提供验证项目层面资源储备所需的数据。

项目估量也是你与项目发起人开始讨论选择、取舍，以及被过度约束的项目所需改变的一个非常有效的方法。所有这些会在第 10 章中讲解。

场景分析

对成本和工期使用范围估算的计算机模拟过程代表了一种形式的场景分析。你还可以利用叙事来加深对整体项目风险的洞察。审查计划，在你的脑子里播放一部电影，按周闪过你按进度安排的工作。寻找可能发生冲突的平行项目或其他工作的实例。考虑人员配置并验证共享或稀缺资源是否足够。总体来说，想象一下你所期望进行的工作，并且考虑一下什么将会让你夜不能寐。

在你的日程表中，对代表了最大的潜在风险的部分做标注，然后进行进一步的分析，并考虑可能的计划调整，以便更好地管理风险。

项目指标

项目测量是风险管理的关键。它还为其他的项目计划和管理过程如估算、进度和资源计划等提供了理论基础。测量指标驱动行为方式，所以选择合适的测量指标对动机和项目进展都有很大的影响。惠普创始人 Bill Hewlett 最喜欢说"能测量，方能执行"。测量指标提供了改进流程的必要信息，检测什么时候你应该修改或替换现有的流程。所建立的测量指标也是项目跟踪和控制的基准，建立测量项目进展的基线。定义、实施和解释一个正常运行的测量系统并不困难，但在许多项目中，不是根本没做，就是做得很差。

◾ 建立指标

首先，在决定要测量的内容之前，仔细定义你想要的行为，并确定最有可能鼓励这种行为的测量方法。其次，通过收集足够的数据去建立基线，以确定你想要测量的现有绩效。更进一步地，你可以使用指标来检测变化，触发对流程的提升，评估对流程的改进，并使绩效和进展可见。

流程开始于定义你想要的结果或行为。要支持更好的项目风险管理的指标，最典型的一个目标或许就是减少未预料到的项目工作或提高项目工期估算的准确度。考虑一下，对于预期的结果，你能测量的是什么。对于未预料到的项目工作，可能测量的是"项目实际消耗的总工作量和计划工作量的对比"。对于估算精度，可能的一个指标是"在项目结束时测量的项目估算和实际工期之间的累积差值"。

指标有三种基本类型：预测、诊断和回顾。一个有效的指标体系一般包括不止一种类型，以提供良好的平衡。

预测指标使用当前信息来提供洞察未来的条件。因为预测指标是基于投机数据而不是经验数据的，所以通常它是三种类型中最不可靠的。预测指标包括项目投资回报率的初步评估，定量风险管理工具的输出，以及基于规划数据的更多其他预测值。

诊断指标的设计目的是提供一个系统的当前信息。它们依据最新数据来评估一个运转中的流程的状态，而且会检测到异常或揭示未来的问题。上文提到的有关未预料到的项目工作的指标是挣值——这个项目指标将在本章的后面讨论。

回顾指标报告的是流程事实上是如何工作的。回顾指标报告流程的整体健康状态，也可用于对趋势的跟踪。回顾指标可以用来校准和提高后续项目所对应的预测指标的准确度。

◾ 测量项目

下面给出了一些有用的项目指标。项目不需要收集全部指标，但在每种指标中选择一个或多个并用于评估一个组织中的所有项目的做法，可以显著提高对未来项目的规划和风险管理水平。这些指标直接关系到项目和项目管理。有关财务测量的附加指标的讨论见下一节。

在执行任何一套指标时，在做出任何决定或改变之前，你需要花费一些时间收集数据来验证测量用的基线。在没有得到一个被验证的基线之前，很难解释测量结果，而且无法确定对你将要做的流程改造的影响。在第 10 章中，你会发现更多有关如何选择和使用指标的讨论。

预测指标。大多数预测指标所用到的因子，可以通过用你的项目计划的数据计算得出。这些指标很容易定义和计算，并且可以用项目结束时对应的实际数据进行验证。随着时间的推移，每个指标要达到的目标都是推动预测值和回顾性结果越来越接近一致。测量基线就是通过项目目标和计划数据来设定的。

预测项目指标可作为项目风险的早期预警系统。这些指标通常使用在工作的早期阶段获得的预测信息、发现的不切实际的假设、潜在的重大项目风险，以及其他项目风险源。因为主要依据预测而不是经验数据，所以预测指标通常是三种类型中准确度最低的。预测指标通过以下几种方式支持风险管理：

- 确定项目规模。
- 确定降低风险的需要和其他项目计划的修订。
- 决定是否要求风险预留金计划。

- 决定进度和预算储备。
- 支持项目组合决策和确认项目的相对优先级。

预测指标可以帮助你预测潜在的项目问题。方法之一就是要识别任何明显大于过去成功项目所测量的典型值的预测指标，15%～20%的差值代表着重大的项目风险。使用这些指标的另一个方法是将它们与其他项目属性关联起来。在测量了诸如未预料到的工作量、不可预见的风险和 10 个或更多个项目的项目延迟等因素后，其中一些因素可能显示出在预测未来的风险和相当的准确性之间所具有的足够的关联性。预测指标包括：

范围和规模风险

- 基于规模的可交付成果的分析（组件数量、主要可交付物的数量、非注释代码行、系统图中的区块数）。
- 项目复杂度（接口、算法评估、技术或架构分析）。
- 所预计的变更的数量。
- 所规划的活动的数量。

进度风险

- 项目工期（消耗的日历时间）。
- 总长度（按顺序执行的所有活动工期的总和）。
- 逻辑长度（单一网络路径上的活动的最大数目）。
- 逻辑宽度（并行活动的最大数目）。
- 与最坏情况的工期估算相比的活动工期的估算。
- 项目网络图中关键（或次关键）路径的数目。
- 逻辑上的项目复杂度（活动之间关联性的比率）。
- 任何里程碑的最多前置活动的数目（扇入）。
- 外部前置活动的关联性的总数。
- 项目独立性（内部关联性与全部关联性的比率）。
- 总浮动时间（全部项目活动的浮动时间的总和）。
- 项目密度（总长度与总长度加上总浮动时间的比率）。

资源风险

- 总工作量（所有活动工作量估算的总和）。

- 总成本（完成项目所需的预算）。
- 人员规模（全时等效人数和/或总人数）。
- 与最坏情况下的资源估算相比的活动成本（或工作量）估算。
- 未指定的活动所有者的数量。
- 未分配或雇用的人员的数量。
- 没有确定备选人员的活动所有者的数量。
- 预期的员工流失。
- 不同地域的地点的数量。

财务风险——预期的投资回报率（Return on Investment，ROI）

- 投资回收期分析。
- 净现值。
- 内部回报率。

整体风险

- 在项目风险登记册中确定的风险的数量。
- 定性（和定量）风险评估。
- 调整后的总工作量(项目评估:将基线计划和已完成的类似项目做比较，对重大差异做调整)。
- 基于问卷调查的风险评估（用选定的评估问题，汇总从项目成员中收集的风险数据）。
- 汇总整体进度风险（或汇总最坏情况的工期估算）。
- 汇总资源风险（或汇总最坏情况的成本估算）。

诊断指标。诊断指标基于整个项目的测量，它们被用于事先或在使用中尽可能早地检测不利的项目差异和项目问题。测量基线的设定通常结合了既定目标和以前项目的历史数据。诊断指标是比较性的指标，无论是趋势导向型的（比较当前与早期的测量）还是预测导向型的（一般根据规划来比较测量值与相应的预测值）。

基于项目状态信息，诊断指标评估正在进行的项目的当前状态。与风险相关的用途包括：

- 触发风险响应和其他适应性行动。

- 评估项目变更的影响。
- 为潜在的未来问题提供早期预警。
- 确定是否需要更新或开发新的应急计划。
- 决定何时修改（或取消）项目。

一些诊断指标与挣值管理（Earned Value Management，EVM）的概念相关。这些指标与资源测量指标一起列出，下面是这个列表中的典型的诊断指标：

范围风险

- 测试、检查、评审、演练的结果。
- 被批准的范围变更的数量和幅度。

进度风险

- 错过的关键里程碑。
- 关键路径上的活动延迟。
- 累积的项目延迟。
- 增加的活动数量。
- 活动提前完成。
- 活动完成指数：项目迄今为止已完成的活动与预期活动数量的比例。

资源风险

- 过度消耗的工作量或资金。
- 计划外加班费。
- 挣值（Earned Value，EV）——目前完成的每个项目活动计划成本的和。
- 实际成本（Actual Cost，AC）——目前完成的每个项目活动实际成本的和。
- 计划值（Planned Value，PV）——预计到目前将完成的每个项目活动成本的和。
- 成本绩效指数（Cost Performance Index，CPI）——挣值与实际成本之比。
- 进度绩效指数（Schedule Performance Index，SPI）——挣值与计划值之比。
- 成本差异（Cost Variance，CV）——挣值和实际成本之间的差额，是一个测量项目是否在预算范围内或超支多少的指标。
- 进度偏差（Schedule Variance，SV）——挣值与计划值的差额。

整体风险

- 在项目基线设置后增加的风险。

- 待解决和已解决的项目问题。

- 沟通测量指标，如电子邮件和语音邮件的数量。

- 未预料到的项目会议的数量。

- 所测量的对其他项目的影响。

- 风险结束指数（项目中结束的风险的数量与基于历史数据的预期数量的比）。

这里列出的许多指标都是不言自明的，许多都是常规状态报告中所包含的。例外的只有 EVM 的指标——EV、AC、PV、CV、SV、CPI、SPI 等。这些定义看起来很复杂，但实际上并没有那么复杂。EVM 确定项目是否按计划进行，并在开始时将项目预算的一部分分配给每个规划的项目活动。所有这些分配的资金的总和必须正好等于项目人员编制的预算。随着项目的进行，EVM 收集所有已完成活动的实际成本和实际时间，以计算出各种指标、比率和差异。这些诊断指标的定义在这里都是用财务术语加以说明的，但 EVM 的数字等同于基于工作量数据的等价测量指标，而且定义这些的一组平行的指标都可以被取代。虽然 EVM 的术语也在周期性地发生变化，但基本的概念并没有改变。

EVM 的基本原理是每个项目都有两个预算和两个进度。根据其中的一个开始制订基线计划。随着项目的执行，从实际项目进展数据中得出另一个进度和另一个预算。

规划的资金和时间的组合可以表示为如图 9-8 所示的曲线，从零开始，蜿蜒向上、向右，直到它到达了代表该项目预计结束和项目资金总和的那个点（完工预算是项目完成所需的预算，在图 9-8 中标记为 BAC）。预期的资金消耗曲线描述了 PV 指标，有时被称为计划工作预算成本（Budgeted Cost of Work Scheduled，BCWS）。实际支出和实际完成活动的组合可以绘制在同一张图中，作为指标 AC，也被称为工作实际支出成本（Actual Cost of Work Performed，ACWP）。这两个指标可以在项目的任意一个点上做计算，而且如果该项目完全按进度执行，它们应该是重合的。如果不是重合的，一定有些地方有偏离。由于 PV 和 AC 基于不同的进度和预算，你无法真正地说存在的问题是一个时间问题，还是一个成本问题，或两者兼而有之。为了解决这个问题，我们可以使用 EV，也被称为实际完成工作的预算成本（Budgeted Cost go Work Performed, BCWP）。当项目工作完成时，EV 累加与这个工作相关的成本估算，而且可以在图中绘制出来。这三个基本的 EVM 指标如图 9-9 所示。

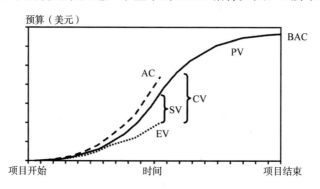

图 9-8　摘选的挣值测量指标

	预算	
	计划的费用	实际的费用
进度　计划的进度	计划值（PV）	
实际的进度	挣值　（EV）	实际成本（AC）

图 9-9　三个基本的 EVM 指标

要表明一个项目的进展，无论是 PV 还是 AC，都可以与 EV 相比。任何 AC 和 EV 的差值（在图中表示为 CV 或成本偏差），一定是由成本问题引起的，因为测量指标都基于相同的进度。同样，PV 和 EV 的差值（SV 或图上的进度偏差）则一定因为时间的问题。EVM 还包含指数和其他更复杂的衍生指标，但都基于 EV、PV 和 AC 三个基本值。

有很多关于 EVM 价值的讨论。它代表着一笔相当大的开销，而且对很多复杂的项目来说，跟踪 EVM 所需要的数据甚至被认为是多余的。通常在项目消耗了 15% 的预算的时点上，EVM 就可以准确地预测项目是否超支。

如果对你的项目来说，EVM 指标看起来不太实用，那么作为替代的指标，活动完成率（与进度指标列在一起）也可在整个活动的更高颗粒度上提供类似的诊断信息。活动完成率测量指标用的工作量少得多，但提供了类似的信息。

活动完成率的准确度不太高，但在项目进行到一半之前，也能准确地判断出是否有超支的趋势。

　　回顾指标。回顾指标用于在一个流程完成后确定它是否工作得很好。它们是项目环境的后视镜。测量基线基于已发生的结果，这些指标对长期的流程改进最有用。使用回顾指标可以：

- 跟踪趋势。
- 验证使用预测指标的方法。
- 确定经常性的风险来源。
- 制定（计划和/或预算）储备的标准。
- 确定判断项目未知风险的理论和经验。
- 决定何时改进或替换当前项目流程。

回顾指标包括：

范围风险

- 接受的变更数。
- 缺陷数（数量、严重程度）。
- 项目可交付物的实际规模分析（组件、非注释代码行、系统接口）。
- 与项目目标相比，可交付物的质量如何。

进度风险

- 与计划相比，实际项目工期如何。
- 新的、计划外活动的数目。
- 未能完成的主要里程碑的数目。
- 评估工期估算的准确性。

资源风险

- 与计划的预算相比，实际项目预算如何。
- 总的项目工作量。
- 累积的加班时间。
- 工作量估算准确性的评估。
- 项目生命周期中各阶段所需的工作量的比例。
- 增加的成员。

- 离职的成员。
- 用于标准化项目活动的标准估算的质量。
- 在旅游、通信、设备、外包或其他费用类别上的差异。

整体风险

- 项目后期缺陷修正工作量占项目总工作量的百分比。
- 项目遇到的风险数量。
- 项目问题的跟踪和关闭。
- 实际测量的投资回报率。

财务指标

项目风险超出了项目管理的正常界限，而且项目团队必须考虑并尽其所能管理风险，这并不是严格的项目管理。许多方法和原则被用来开发与广泛的ROI 概念相关的预测指标，对许多类型的现代项目来说，理解这些方法和原则也是很必要的。正如在第 3 章中讨论的市场风险，ROI 分析仅有部分落在项目管理传统的边界里。测量 ROI 有几种方法，每种都既有好处，也有缺点和挑战。

▰ 金钱的时间价值

大多 ROI 指标的基础是金钱的时间价值这个概念。该概念基于这样一个想法，即今天的一定数量的金钱比未来某个时间的相同数量的金钱价值更高。高多少取决于利率（或折现率）和时间的长短。其公式是：

$$PV = \frac{FV}{(1+i)^n}$$

式中　PV——现值；

　　　FV——将来值；

　　　i——利率；

　　　n——周期数。

如果利率是每年 5%，时间是 1 年，则今天的 1 美元相当于将来的 1.05美元。

回收期分析

即使可以用金钱的时间价值的公式，精确地确定所有复杂投资的价值依然不容易，尤其对项目的投资更是如此。项目分析包括许多（可能是数百个）参数和数值，多个周期，可能有几个利率。要估算所有这些数据，特别是项目完成后的项目可交付物的价值，会非常困难。

项目最基本的 ROI 模型是简单投资回收期分析，而且假设没有金钱的时间价值（相当于零利率）。这种类型的 ROI 指标有很多名称，如收支平衡时间、投资回收期或回归映射。投资回收期分析加总所有预期的项目费用，然后按照一个一个周期继续增加预期的收入、利润或计提的利润，直到利润的价值与成本持平。由于项目很少在完成之前就产生利润，因此累计财务值会是很大的负值，而且收入和利润开始收支平衡需要很长时间。

图 9-10 的项目运行了 5 个月左右，预算近 50 万美元。大约再需要 6 个月的时间，产生的回报就等于该项目的支出费用。简单投资回收期分析很适合比较工期长度类似的项目，以找到更快速地回收成本的一个（或几个）项目。将预测项目成本的指标用于费用和销售收入或其他收入的数据预测，优点是简单易行。

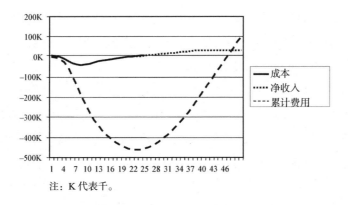

注：K 代表千。

图 9-10　简单投资回收期分析（单位：美元）

将简单投资回收期分析与利率（或贴现率）结合起来并不难。第一步是确定一个合适的利率。有些分析使用了借贷的利率，其他则用了外部投资的利率，还有一些使用了基于业务目标的利率。当评估 ROI 指标时，所选择的利率的不同会导致很大的差异。

一旦选择了合适的利率，在算总和之前，对每项支出费用和收入的估算都可以折算成一个等价的现值。盈亏平衡点会再次出现，当总和（在本例中为累积现值）接近零时。对于一个非零利率，回收期分析所需的时间将明显长于简单分析，因为未来产生收入的时间越长，由于金钱的时间价值，它们的贡献就越小。贴现回收期分析相对比较容易评估，也更适用于比较具有不同工期的项目。

投资回收期的分析，不管考虑还是不考虑金钱的时间价值，往往都被批评为太过短视。这些指标确定的仅仅是收回初始投资所需的时间，它们并不考虑任何在收支平衡点之后可能发生的利润。因此一个项目即使很快收回投资，然而不会产生进一步的利润，其排名也会高于一个虽然需要更长时间收回投资，却有更大的、源源不断的后续收入或利润的项目。

◢ 净现值

总净现值（Net Present Value，NPV）是测量项目 ROI 的另一种方法。NPV遵循与回收期分析一样的过程，但它不会在收支平衡点处就停止。NPV 包括项目可交付物全生命周期中的所有成本和预期收益。一旦估算了所有的项目成本和收益，并折算成现值，那么总和就代表了项目的总净现值。可以用这个基于项目的全部预期收益的总净现值，对比那些可能的项目，即使那些具有完全不同的财务概况和时间范围的项目。

不考虑其他因素的影响，总净现值法可以有效地确定一个项目总体的预期收益，但它往往青睐大项目而不喜欢比较小的项目。与项目间做比较相关的一个想法是通过计算获利指数（Profitability Index，PI）来归一化它们的财务量值。PI 是一个比值，即所有贴现收入的总和除以所有贴现成本的总和。项目NPV是正的，PI 就大于 1，而 PI 超过 1 越多，预计项目的盈利就越多。

尽管这些指标要求额外的数据，但按整个可交付物的全生命周期所做的收入或利润的估算，评估起来是相对容易的。

◢ 内部收益率

对比大小不同的项目的另一种方法是计算内部收益率（Internal Rate of Return，IRR）。IRR 利用通过之前同样的方法得到的成本和收益估算值来计算总净现值，但并不是先假设一个利率，然后再计算该项目的现值。IRR 先设置现值为零，然后求解所需的利率。在数学上，IRR 是最复杂的 ROI 指标，因为它必须用迭代、试错误来确定。对于相当复杂的现金流，IRR 可能有几个值（这仅在有反向现金流迹象出现时才会发生，所以在项目分析中它很少发生）。目前，如果有可用的成本和收益的较好估算，使用计算机电子表格（或者甚至一个财务用计算器）都使得确定 IRR 相当简单。对于每个项目，从你计算出的利率就可以看出预期投资的项目的效果好坏。

◢ 使用 ROI 估算

所有这些计算 ROI 的方法都试图确定项目的财务投资情况是否足够好。理论上讲，从许多可能的机会中选择一些有前途的项目，或者比较项目与其他投资机会，这些方法中的任何一种都有效。

由于具有不同的假设，对潜在的项目列表，这些方法可能会产生不一致的排名结果，但这并不算使用 ROI 指标的最大问题。大多数情况下，更根本的问题与输入数据有关。对给定的一个项目，这些方法中的每种都会根据输入的数据生成一个精确的数值结果。对于很多项目来说，这些信息来自两个一直不太可靠的来源：项目规划数据和销售预测。在规划过程中对风险进行测量和调整时，做出的项目规划数据会更准确。遗憾的是，项目计算 ROI 一般是在大多数计划制订之前进行的，这时的项目成本数据仍然是基于模糊的信息或猜测得到的。在许多情况下，自上而下所做的估算是根本与计划无关的一厢情愿的想法。

财务收益的估算是一个更大的问题。这些估算不只是通常意义上的非常不确定（根据销售预测或其他推断性的预测），因为它们也是更大的数字，所以在计算时更重要。对于产品开发的项目，在许多情况下，对其收入的估算是高于成本一个数量级或以上的，所以即使很小的估算误差也能导致大的 ROI 的差异。

在项目完成很长时间后，用历史数据做回顾性计算时，ROI 指标可以非常准确，也很有用。预先计算的项目 ROI 指标的预测值永远不会比输入的数据更可靠，所以大量的偏离可能会发生。

> **项目风险分析的关键思路**
> - 使用问卷调查风险评估的参与者和干系人。
> - 使用最坏情况估算、应急计划数据或蒙特卡罗分析来估算项目的不确定性。
> - 用人月数估算项目规模。
> - 建立和使用项目指标。

第二个巴拿马运河项目：整体风险（1907 年）

当 John Stevens 第一次到达巴拿马时，他看到的是一个毫无斗志，甚至缺乏热情的团队。他评论道："巴拿马有三种疾病。它们是黄热病、疟疾和信心缺失；其中最大的是信心缺失。"对前两个，他请 William Gorgas 医生去解决，这些风险不久就从项目中完全消除了。

对于信心缺失，Stevens 打算由自己提供治疗。他认真地规划工作并进行深入的分析，将看似不可能的工作转化成小的、现实的表明该工作可行的步骤；随着时间的推移，完成工作的方式和手段变得有据可查且可信。虽然这个项目仍然存在许多具体问题和风险，但 Stevens 已经证明，整个项目是真实可行的。与 John Wallace 坚信的"企图开凿运河是一个巨大的错误"的结论相比，这是一个相当大的转变。

按照 Stevens 的计划，几乎每项工作所依靠的技术都已在别处使用过，几乎所有要做的工作以前在某个地方也都已经做过。美国政府保证了项目所需的资金。成千上万的人能够并且非常愿意在这个项目中工作，所以劳动力从来就不是问题。特别是在罗斯福总统通过政治权力为他们提供保护之后，权利和其他法律要求不再是问题。唯一让运河工程依然看起来不同一般的是它的巨大的规模。正如 Stevens 所说："没有什么神秘的元素，这就是一个数量级的问题。"

　　规划和真正地了解整体项目的风险使魔幻和奇迹般的需求（没有人能自信地承诺可以做到）转化成了纯粹只是实施难度的问题。那些开始被视为困难的项目，可能就是最后成功的那个；"一定能完成项目"的信念是人们努力并做好工作的一个重要因素。当项目看起来似乎需要奇迹发生才能完成的时候，人们往往就放弃了，而且他们的怀疑完全可能使项目无法完成。

第 10 章

管理项目风险

"我们绝不因畏惧而谈判，但也绝不畏惧谈判。"

——John F. Kennedy

这样的项目很少见，即每个参与项目的人员都感觉所有事情都在充分掌控中。项目中似乎总是存在时间、资金和人员配备不足的状况，并且通常情况下，项目中还可能存在一些尚未解决的技术挑战。管理项目层级的风险需要在项目工作早期充分了解此类状况，以便设定切实可行的项目期望，并在必要时，通过谈判对项目至少进行微小的变更。尽管完全处理项目风险及问题不太可能实现，但能尽量减少最严重的问题也许就足够了。一旦项目被视为可行，那么努力工作，加上一些灵感、聪明和运气，通常就足以帮你弥补差距。

管理项目风险开始于前几章所述的风险评估及计划。本章将在此基础上，讨论如何有效利用风险及项目数据，对必要的变更产生影响；如何清楚地沟通项目风险，以及如何采用正在实施的风险管理实践，以迅速检测新风险，并尽量减少项目生命周期中出现的问题。

项目文档需求

比收集项目文档更无趣的事情之一是阅读包含冗长描述信息的文件。鉴于项目存在不同的规模、形态、工期和复杂度，因此项目文档需求（项目可交付物的书面说明、计划及其他相关信息等）会有很大的不同。不管项目文档是否冗长、复杂或非正式，其都是项目执行和控制的基础。如果未建立足够的文档，项目团队将因了解项目信息过少而承担更多风险。此外，如果缺乏数据，对于项目中的必要变更，你可以施加影响的机会将大幅减少，原因在于你没有足够的事实去支持建议及谈判。尽管可能存在在项目文档方面投入过多的状况，但对于当今的项目来说，在项目文档方面投入过少的状况更为常见。审慎的项目风险管理趋向于即使出错也要获取更多数据。

当项目文档适用于各种不同层级时，它最为有效。在最详细层级，项目文档将事无巨细地描述项目团队所需的各种不同项目计划。但对于其他项目来说，在项目文档中列出此类冗长的细节信息不但没必要，而且不适当。对于发起人、干系人，以及其他较少涉及项目但将参与项目讨论、谈判、决策、升级、问题解决及其他项目沟通的人员来说，你应当使用清楚的、汇总的文档与之进行讨论。

在项目规划和风险评估过程中创建的完整的项目文档，可以为你提供验证项目计划所需的基础。对于不太可能实现的项目来说，当有必要对约束过多的项目实施转型时，完整的项目文档还可以向你提供实施项目变更谈判所需的信息。这个流程的终极目标是建立和项目目标及切实可行的计划相一致的项目基线。持续实施项目风险管理同样需要定期审查项目计划，以及建立一个有效的变更管理流程，这也依赖完整的文档。

项目文档可分为三种类型：定义文档、规划文档和定期项目沟通文档。

通常情况下，定义文档为最早编制的文件。定义文档中需包含下述事项：

- 高层级项目概述。
- 范围说明及项目目标概述。
- 项目建议书（数据表、项目章程或称为项目总体描述的文件）。
- 项目干系人和发起人分析。
- 项目员工和组织信息。
- 重要的项目假设和项目约束条件。
- 使用的方法论或生命周期。

- 风险管理计划。
- 管理规范变更的流程文档。

其他必要的文档还可能包括详细的规范文档、高层级项目财务分析、项目预算、详细的发布或验收规范、任何市场研究报告或用户调查文件，以及你的组织要求的任何其他具体项目数据。

在早期项目阶段同样需要完成规划文档的编制，但在整个项目过程中，可能存在因批准变更或新的信息而修改和增加项目规划文档的状况。典型的项目规划文档包括：

- 项目工作分解结构（WBS）和活动列表。
- 项目进度。
- 项目资源计划。
- 功能计划（质量、支持、测试及其他方面）。
- 风险登记册和风险管理计划。
- 计划假设和约束条件。

整个项目过程中积累的定期项目沟通文档包括：

- 状态报告。
- 会议纪要。
- 规范变更通知。
- 项目评审。
- 阶段交接、开发迭代或门径管理文档。
- 中期和最终项目回顾报告及经验教训。

当格式具有一致性且易读时，项目文档最具可用性。因此，对于每份项目文档来说，最有效的编制方式是采用现有格式（或定义一种），并严格遵守格式要求。特别是对于冗长的项目文档来说，使用不超过半页的高层级概述或摘要信息作为开头。如果把重要的项目信息隐藏在项目报告的第 43 页，通常是有风险的。对于每份项目文档，确定负责人（通常为项目负责人）以负责创建、维护及发布该项目文档。要定义如何及何时变更文档，当有批准的变更时，应决定如何提供更新的文档及标注过时的旧版本文档。

仅在需使用项目文档的人员容易访问时，该文档才具有价值。在线储存项目文档（带有适当的访问安全措施）是一种有效方式，能确保所有项目成员能访问同样的项目信息，并基于这些信息进行工作。你需要确定集中储存所有纸质项目文档的场所（或在项目团队在地理位置上比较分散的状态下，建立若干个项目文档集中储存场所），并使项目人员了解该场所位置且容易访问。当你的项目文档存放在笔记本电脑、文件柜或服务器中时，需确保项目文档可用且是最新的。

项目启动

现代项目最严重的问题之一是缺乏团队凝聚力，特别是在地理位置上相互分离的项目团队，更是如此。完成困难项目需要团队合作，并需要团队成员相互信任及具有照顾和帮助其他成员的意愿。链条通常在最薄弱的环节断裂。由虚拟团队组成的项目的支撑点或许仅仅是团队成员之间薄弱的关系链。

在必须由相互之间并不熟悉的团队成员完成项目的条件下，解决上述问题并尽量降低项目风险的方法之一是召开项目启动研讨会。项目启动研讨会（有时也称项目开始会议、开局会议、规划研讨会或项目初始会议）旨在启动项目流程并组建项目团队。良好的项目启动研讨会可使团队成员共同了解项目目标、项目事项优先级，并可避免浪费过多时间和不必要的工作量，还可构建更具有凝聚力的团队，以便更快速且更有效地启动项目。

通常情况下，你需要在规划流程早期、项目开始执行时及每个主要的新的项目阶段开始之前召开此类研讨会。尽管在不同时间点召开启动研讨会的目标有所不同，但所有启动研讨会都重点关注团队建设及对项目的共同理解。实现这些目标将可显著降低很多类型的项目风险。

◢▪ 论证和准备启动研讨会

阻碍召开启动研讨会的原因之一为会议成本。特别是对于全球化团队，成员必须出差才能参加面对面的研讨会，相当耗费成本和时间。但不召开项目启动研讨会的成本同样很高。在复杂项目里，如果项目成员未能建立合作精神或对项目信息理解错误，则可能导致严重的问题和生产力损失。对于复杂项目来说，该问题并非在花钱召开项目启动研讨会和省钱之间做选择，而是在在项目初期花费相对较少的时间和资金和在项目后期花费更多时间和资金处理风险及不可避免的项目问题之间做选择。为项目建立共同的项目目标、沟通语言及团队成员之间的合作关系，将使风险最小化并创建成功项目所需的环境。

在项目早期论证召开面对面启动研讨会的合理性。如果在时间和成本方面确实无法保证召开团队成员亲自参会的真正的启动研讨会，则你至少需要利用视频会议或其他电话会议技术，召开单次或一系列启动研讨会。尽管视频会议或电话会议在建立团队成员之间的合作及信任方面效率较低，但其效果比什么都不做要好得多。

高效的项目启动研讨会，需要事先计划好会议议程，并为完成议程所述活动提供充足的时间。你需要确定需要参加研讨会的人员，并获得此类人员的与会承诺。你需要编制并向与会人员分发所有相关信息，以便与会人员可以提前审查。此外，你还要准备好研讨会中需使用的所有项目信息。

召开启动研讨会及后续跟进

在启动研讨会开始时，介绍与会人员（特别是应重点介绍相互之间尚不熟悉的团队成员）。在启动研讨会的开始阶段应先回顾会议议程、项目目标、基本准则及其他必要的背景信息。

在研讨会中，安排专人记录项目团队提出的问题、疑问、解决措施及其他数据。在研讨会中，你需要和与会人员一起审查、开发并改进项目定义及规划文件。

在研讨会结束之前，需审查会议中提出的问题、假设条件并评估项目风险。风险识别是启动研讨会重要的副产品。因此，在项目风险登记册中详细记录启动研讨会中发现的新项目风险及重大问题，以便后续分析及跟踪。在确认所有项目任务、截止日期及所有措施和所需的额外工作的负责人后，结束会议，衷心感谢与会人员的参会。

在研讨会结束之后，你需要将研讨会的成果集成至适当的项目文档中，并将更新的文档放在可参考及可用的位置。分析新风险，并针对所有重大风险，制定应对措施。跟进启动研讨会中制定的所有措施及相关任务，直至此类措施及任务完成或将其纳入你的项目计划中。

选择及实施项目指标

项目指标是项目风险管理的基础。部分项目指标与风险触发事件相关，其他项目指标可提供未来项目问题的预示性趋势数据。项目指标的价值取决于测量的内容及测量的频度。每个项目都是一个复杂系统，你需要一系列监控项目流程所需的项目指标。定义过多项目指标同样会产生问题，因为先需要花费大量的成本和精力来收集这些指标。你需要权衡之后定义一套能满足需要的最小的项目指标集。第 9 章已列出多个项目指标实例。

▪ 选择及实施项目指标

有用的指标是客观的，如果由不同人员对项目指标实施评估，则每位人员都应提供相同的评估结果。好的项目指标还应该是易于理解和容易收集相关数据的指标。你需要明确如何测量项目指标及测量哪些项目指标，并需通过讨论，确保每位参与人员了解项目指标流程。定义测量所需使用的单位及精度，并在所有数据收集、评估和报告进程中使用相同的单位。举例来说，对于工期估算的测量结果，你可能会决定按照四舍五入的方式，以整数工作天数记录该结果。此外，你还需要决定测量的频度。你需要按照适当的频率收集数据，以便向你希望获得的测量结果提供支持，但是测量频度不应产生高昂的开销。过于频繁地捕捉数据还会产生噪声数据，即可能会产生变化幅度极小或无实际意义的数据。

对于考虑使用的任何项目指标，应确定优先级。确定优先级使用的标准包括关键性、与风险之间的关系、对潜在流程改善的贡献、与所期望的项目行为之间的联系或数据可用性。你仅需要收集具有实际意义的指标数据，绝不能仅因可以收集而收集。有效的项目指标集合还提供张力——改善其中一个项目指标的测量应可降低另一项目指标测量的必要性。与单独测量每个项目指标相比，利用其他项目指标的测量缺陷或测量质量，减缓相应项目指标测量的执行速度，将可获得更为适当的测量方式。你需要消除虽可改善测量进程但无法获得任何所需测量结果的因素，以减少项目指标之间的博弈。鉴于实际条件下可能会出现推翻所有项目指标的状况，所以定义时要尽量减少不同的解释和漏洞。

最后，确保任何项目指标数据收集的主要目的为监控和改善流程，而不是作为实施惩罚措施的基础。项目指标是可用于识别项目有利变化机会及确定发展趋势的强大工具，但如果指标数据提供人员认为此类数据将用于评估其自身绩效，则可能会出现数据质量下降的状况。一旦项目指标被用于项目排名或被取消的流程，则未来数据的可靠性将大幅下降。使用项目指标实施流程控制及改善进程，而不应将项目指标作为指责项目团队的依据。如果项目指标涉及个人信息，则需确保测量是在保密状态下进行的。

实施项目指标及收集数据

在开始使用某个项目指标之前，你需要与所有项目团队成员一起共同定义、制定数据收集和使用措施，并确定项目指标测量结果的含义。此外，对于每位负责收集或提供指标数据的人员，你需要提前获得此类人员的承诺，并寻求获得不会使项目指标之间产生博弈的一致意见。

在定义了一套项目指标后，下一步就是定义可接受的或理想化的正常范围。对于成熟的指标而言，基线可能已经被记录下来。对于新的测量方法或用于新应用的指标，你需要确立其正常值范围。尽管你可以在开始阶段基于有根据的推测设定临时基线，但你仍需要利用开始时的若干周期内收集的数据，确认该临时基线是否正确。在建立用于测量的基线之前，应当抵制决策或流程变更的诱惑。

记录并向每位相关人员提供每个项目指标及其参数信息的数据。在数据中，应包含项目指标名称、预期目标、所需数据、测量单位、测量频度、数据收集方法、所用公式、可接受的目标值范围，以及测量负责人信息。

在设定测量基线之后，按照计划收集项目数据，并利用这些信息指导你的项目决策。你需要在项目早期阶段，利用当前数据或先前类似项目数据，设定诊断项目指标的基线。对于回顾指标，你应使用先前项目的现有数据设定基线，或者等到几个已完成的项目收集了所需的数据后，再来设定基线。对于预测指标，你应当建立相应的回顾指标（如基于实际财务表现，验证投资的财务回报预测结果），并建立与期望结果之间的规范合理的连接。对于所有项目指标，你应当保持怀疑态度，并通过审查数据，解决任何疑似的测量问题。你应当定期重新评估所有项目指标，特别在重要重组或项目流程更改之后。在完成项目变更之后，审查每个项目指标的基线和可接受范围。在考虑额外的系统变更之前，对于新基线的测量，确认任何必要的调整。

在整个过程中，确保测量的可见性。对于需要测量数据或受测量结果影响的所有项目干系人，按照计划报告测量因素的状态。通过快速实施数据评估及报告，确保及时获得反馈信息，并尽早检测项目中出现的重大差异。

建立和管理风险项目储备

设想一个中心有一个红色圆形靶心的靶子。如果你站在距离靶子 2 米的位置，使用步枪瞄准靶心，则你可以轻松击中靶心。如果你站在距离靶子 200 米的位置再次射击，则情况将大不相同。在第二次射击时，如果仅使用步枪瞄准靶心，则受子弹飞行路线已不再处于直线状态的影响，你可能无法准确击中靶心。如果你仅瞄准靶心，你将击中靶心下方。早在数百年前，Isaac Newton 爵士就已准确描绘出控制子弹飞行的抛物线。每个人都知道，为补偿重力的影响，需要瞄准靶心上方的位置。

简单的短期项目可类比为首次射击。在此条件下，设置项目日期及项目计划将更容易实现项目目标。原因在于，项目时间窗口短、项目工作相对明显且风险较小。复杂项目更像第二次射击。项目工期较长，存在大量未知事项和风险，状况是完全不同的。正如重力对飞行子弹的影响一样，项目风险同样对项目实施存在影响。即便基于合理性及现实的估算，准确按照项目计划设定的截止日期实施最终计划活动，也极有可能致使项目无法按期完成。风险"作用力"将使项目进度不再具有可靠性。

项目储备是处理项目风险，以及为项目不确定性提供补偿的常用策略。基于预期风险，储备时间、预算，或者储备两者，将有助于开发可靠的项目进度。建立储备不是填充估算或进度选择以适应马虎或团队的懒惰，而是利用风险评估信息，在项目层级上设定适当的缓冲，以确保按照承诺交付项目。实际上，项目储备涉及设定项目目标及其范围、规模，根据项目层级的风险评估决定。

项目储备基于两个因素：已知风险的预期影响（基于应急计划、最坏情况场景及你已选择接受的已知风险的后果）及未知风险。正如先前章节中的讨论所述，第一个因素的数据来自规划流程。根据定义可知，未知风险是指你不能预期和描述的风险。你无法针对未知风险制订详细计划，但先前项目的项目指标可提供有关风险敞口的指导准则。使用项目风险评估数据及项目指标，你可以估算适当的进度储备及预算储备。实际上，管理储备可向你的整体项目提供一般应急计划。储备不可分配至活动层级，并且应由项目负责人而不是活动负责人进行管理。

进度储备

有几种不同的方式用于管理进度储备。最简单的方法是估算预期进度敞口的时间量，然后基于项目完工日期，按照提前该时间量完成项目的方式开发项目计划。在处理项目中出现的问题时，进度延迟时间量处于储备时间量以内时，你仍可按照承诺完成项目。在发布的项目进度计划中，可仅列出较为激进的项目完工目标日期，或以里程碑日期作为目标日期，并同时在该日期之后列出虚拟项目活动及已承诺的截止日期。虚拟活动工期可被称为"风险应对准备时间"，并且虚拟活动工期估算值应等于进度储备时间。

对于已知风险来说，利用本书先前章节中列述的方法，即可估算给定项目所需的时间储备量。第 4 章的利用最坏情况估算的方法提供了一个来源。你需要利用最具可能性的工期估算值，建立一个可能的项目结束日期。进度分析基于最坏情况估算法，计算第二个项目可能结束日期。最后利用上述两个结束日期之间的差值，确定所需的储备。如何确定时间储备取决于你对数据可靠性的信任程度，但通常情况下应将两个结束日期之间差值的一半作为项目所需的时间储备——在此条件下，你可以利用最具可能性的项目进度管理项目工作，但将项目截止日期设定在项目进度结束日期及最坏情况条件下项目结束日期之间的中间日期。

决定进度储备的第二种方法是基于应急计划数据，并考虑已知且已接受的风险。该流程需要使用第 9 章中讨论的方法，确定总的活动风险数据。在此情况下，你需要使用项目计划作为目标，追踪并管理项目，但你承诺的截止日期处于已知风险的预期后果的累积的持续时间之后。

评估进度储备的第三种方法为按照第 9 章讨论内容，依靠 PERT 分析或蒙特卡罗模拟，利用已知风险数据。此外，你还可以使用直方图及预期分布，通过决定最有可能的项目结束日期（在该日期完成项目的概率为 30%～50%）及与项目风险承受能力相一致，而且项目完成概率更高的相关日期之间的时间段，来估算需要的储备。需再次提醒的是，你应当按照最有可能的项目结束日期管理项目工作，并定义可接受日期范围窗口的最早日期点。窗口的上限将是项目承诺。

仅利用任何上述方法估算进度储备仍不够充分。利用此类方法计算出的可接受时间储备仅基于已知风险。在未考虑未知风险的条件下，你将严重低估实际所需的储备。如果你已有指标用于测量未知风险对进度的影响，则应在你所需的储备中增加适当的余量。

通常情况下，大多数项目计划都需明确未知风险储备。大多数建筑项目及重建项目都需要确立名为"剩余工作清单"的项目计划活动表或类似表格。实施该清单中所述项目活动的目的在于，修复及完成项目期间累计的缺陷、问题、遗漏等。在项目开始时，基于该清单估算的工期在逻辑上应为零，原因在于，项目开始时并未发现任何项目缺陷。鉴于我们无法基于自身已掌握的当前项目信息估算该工期，因此需基于先前数十个或数百个已完成的类似项目的历史信息完成工期估算。先前项目的经验可以向你提供完成上述剩余工作所需的平均时间及工作量。根据此类信息，你可以预计最终进度活动完成日期和客户签收日期之间的时间差值。用于测量计划外工作量、项目中额外添加的活动数量、低估的项目活动的项目指标，以及其他项目计划不完善的指标，均有助于估算典型的未知风险。

估算未知风险对进度影响的替代方法为第 9 章中讨论的项目估量方法。通过比较包含未知风险影响的项目及当前未包含未知风险影响的项目，你可以了解未知风险导致的任何差异。

项目所需的进度储备量由于项目类型的不同而有很大变化。对于短期常规项目来说，可能仅需要为期若干天的时间储备；但对于复杂且激进的项目来说，目标日期应处于已承诺的截止日期之前若干周或若干月，以便处理项目中可能出现的大量问题及可能出现的资源到位的延迟。无论进度储备如何变化，都应谨记需为项目整体设定进度浮动时间。把已建立的项目风险管理储备用于其他目的（特别是范围蔓延问题），将会增加项目风险。

不同项目对进度储备有不同的最佳处理方法。在部分项目中，可以公开讨论及管理储备。已发布及分发的进度计划反映了实际状况，在项目状态会议上，剩余进度储备状况及其他议题会被一起讨论。对于其他项目来说，应在更为隐蔽的条件下管理进度储备。团队成员了解的项目截止日期为项目计划中的最终项目活动结束日期。尽管利用该方法可使团队成员集中精力尽快完成项目工作，但该方法违背公开且诚实开展项目沟通的原则。作为替代方法，公开管理储备通常是更佳的方法，但除非你可以有效防范两个潜在问题：范围蔓延和帕金森定律，否则该方法可能会造成不利影响。

在复杂项目中总是存在范围蔓延问题。团队成员在思考及开展工作方面花费的时间越多，使项目工作"更佳"的可能性越大。在设定风险管理缓冲时间的项目中，受"我们仍拥有缓冲时间"思维的影响，增加和修改项目范围的冲动可能会处于不可抑制状态。在所有项目中，风险管理均依赖严格和全面地控制变化，特别是对于进度储备处于可视状态的项目来说更是如此。进度储备仅用于辅助可直接解决项目难题及问题的项目变更。进度储备并非项目改善工具。

帕金森定律——扩展工作以填充可用时间——也代表了一个重大挑战。滥用进度储备，特别是在项目后期利用尚未使用的储备，是一个始终存在的诱惑。防止出现该状况的一个方法是建立项目完工的可用时间窗，并按照项目结束时未使用的时间储备比例设定团队成员奖励。鼓励措施可有效避免储备滥用，但是必须谨慎使用，以有效防范出现储备滥用及范围蔓延状况。

进度储备管理的最佳方法是确保项目负责人可以有效控制所有相关决策，并按照预期用途要求，使用可用的储备处理实时难题、问题及冲突。在此条件下，已建立的储备利用方式可有效抵消风险带来的影响，并有助于按照项目进度，按时在已承诺的截止日期之前完成项目。

◼ 预算储备

利用资源储备方法，可根据项目资源分析及风险数据，在项目层级上建立预算储备，以加快工作进度、增加额外资源，或者采取其他必要措施以保证项目按进度进行。

与上文所述的进度储备量确立方法类似，你可以通过使用最坏情况法完成的已知风险分析、应急计划或预算分析估算储备量。对于未知风险，可使用先前项目的财务指标估算所需的储备。将当前可用的最佳数据作为确定所需预算储备的基础。

需再次提醒的是，在了解预算储备的同时，抑制利用储备预算实施与风险无关的项目变更的冲动，将是一项挑战。通常情况下，相对于管理进度储备来说，管理预算储备较为容易。原因在于，与资金及资源相关的决策，通常由项目负责人或组织中更高层级的管理人员做出。

使用管理储备

决定一个谨慎的进度储备和/或预算储备仅为第一步，设定这些储备需要与项目发起人及干系人讨论、谈判，并获得他们的批准。你需要利用所有项目规划及其他数据计算项目所需的储备，但仅做到这一点仍不够。你还需要识别项目约束条件。如果申请的进度储备与要求的项目完工日期不一致，以及建议的预算内储备超过预期项目收益，这样的储备均无任何实际意义。努力使分析结果与项目目的和目标相一致，并了解如果进度和/或预算储备量超过项目的逻辑，则项目处于高风险状态。这也许表明，你的项目将无法成功完成。放弃该项目并选择更佳的替代项目可能是你的最佳决策。

项目基线谈判

管理项目风险几乎总是涉及变更项目目标。自下向上制订的项目计划和风险评估结果与初始项目目标完全一致（无须任何谈判）的状况极少出现。你需要确认计划并记录基线。然而，对大多数项目而言，都有问题要面对，而且往往是重大的问题。

项目谈判有诸多目的。最为明显的目的之一是将约束过多的项目转变为现实可行的项目。需谈判的其他原因包括确保获得发起人支持、设定项目范围界限及管理期望。

获得发起人支持

有风险的项目需要争取能获得的所有帮助,因此你需要使项目获得并保持高优先级,同时获得可见的支持。有重大风险的项目得以实施是因为预期有丰厚的潜在收益。你应当确保关于项目的所有讨论重点强调项目可产生的正面成果,而并非仅强调项目风险、问题及挑战。尽早建立并经常维护项目意识,以便管理层在言行上持续支持项目。特别是对于风险项目来说,你需要承诺尽快解决升级后的项目问题,保护项目团队免受项目冲突及非项目承诺的干扰,并有充足的管理储备。此外,你也许还需要在新技能培训、简化或变更流程方面获得发起人批准。项目发起人可以通过积极消除组织壁垒和行政障碍,以及处理可能会对快速执行项目造成限制的其他因素,降低项目风险。与此相反,如果发起人促使上述因素发展并为当前分配至项目中的人员启动新工作,则会加剧项目风险。强有力且持续的支持是风险项目成功地摆脱失败命运的关键因素之一。

设定项目范围界限

正如第 3 章所述,复杂项目中的大多数风险来自这样一个事实,即对于设想的项目的产出是什么,相关人员可能有多种不同的概念。你和你的项目团队在完成规划和风险分析时,可能已经有了相当清楚的定义,但其他方面可能仍然存在模糊不清的问题。对每个相关人员而言,项目范围必须像项目截止日期一样明确。

对于和项目发起人的讨论,应准备项目文档,该文档明确项目包含的事项,并概述项目范围之外的具体事项。即使采用敏捷方法的项目,也会受益于在工作中尽早确立可交付物的限制和期望值;了解项目整体目标及创造项目价值的可靠性基础,将建立有用的、具有成本效益的结果的交付的边界。在项目早期确立范围界限,并向所有相关人员提供清楚的项目范围描述,有助于确认项目团队对于项目范围的理解,或者促进讨论及必要的调整。在项目开始阶段实施必要的范围修正进程,可以降低项目整体风险,并为所有干系人建立一致的项目期望值。

管理期望

项目基线谈判进程需要定义及规划文档。初始讨论将重点关注概述性信息，所以书写清楚且翔实的概述是必不可少的。在准备讨论所需的信息时，应包含高层级目标概述、项目进度里程碑、高层级 WBS、项目估量，以及主要假设和风险的概述。如果你的规划显示当前项目计划和所要求的项目目标之间存在重大不匹配，则你还应当提供几份描述替代性项目的高层级建议。

在获得相关数据之后，你的下一步是召开项目发起人参与的会议，并与项目发起人一起讨论项目、你的规划结果，以及与替代性项目（如有必要）相关的问题。通过介绍你的规划结果来开始讨论。如果你的项目计划目标与初始要求的项目目标不一致，则你需要变更谈判。项目变更应考虑包含请求提供额外资源、延长截止日期、获得更多富有经验或训练有素的员工、缩减项目范围或任何其他选项。

掌握数据是你成功的关键，因为在这样的谈判中，权力天平通常向发起人一方倾斜。虽然让发起人和管理层消除疑虑和意见是相对容易的，但让他们搁置确凿的事实会困难得多。当项目团队和他们的管理层在项目时间和项目资源方面的期望上存在重大差异时，利用半页纸的项目估量（如第 9 章所述）开始讨论是个不错的起点。在项目估量中应明确展示为何按照先前期望的快速及低成本方式无法完成项目（"还记得这个项目吗？该项目我们必须 2 个月做完，但花了 6 个月才结束"）。当问题是要求以不可能实现的速度完成一个项目时，你需要使用项目甘特图这一有效工具，明确展示所有项目活动和工期。当要求的项目工期太短以致你无法完成项目工作时，展示项目甘特图并明确提出，除非发起人选择删除部分项目活动，否则你将无法按照进度完成项目。大多数发起人会很快重新坐下并开始更具成效的替代措施的讨论，而不会随机删除其自身不太了解的项目工作。历史的、有记录的数据备份的任何项目信息都可作为基于事实谈判（并非基于情绪谈判）的良好开端。

哈佛大学谈判项目团队成员 Roger Fisher、 William Ury 和 Bruce Patton 在其著作 *Getting to Yes* 中指出，通过谈判降低项目风险是最佳的风险管理方式。原则性谈判的流程是，通过有效方式实现双赢谈判，并至少使所有干系人均可部分实现自身的谈判目标。如果仅发起人赢得谈判，则实际上所有人员都输了。对于不可能实现的项目强迫做出承诺是没有任何益处的。项目团队及项目负责人失败的原因在于，他们将继续受困于注定失败的项目。发起人、经理和客户也会失败，原因在于他们得不到所期望的和需要的。尽早进行原则性谈判对于处理不切实际的项目是至关重要的。

项目谈判的一些有效方法包括将参与人员从对于问题的关注中分离出来，转而专注于共同的利益点，而不是自身立场。通过坚持事实及双方相互理解的需求，你可以摆脱项目团队一方"该项目很难完成"及另一方"你是我们最好的项目负责人"之间的分歧，开启更具成效的讨论进程。尽管双方的陈述也许是真实的，但实际上任何一方都并未提及真正的问题——所述的项目目标是不可能实现的。在准备谈判时，你需要开发可使谈判双方互惠互利的替代性措施，如探索可能增加原有项目的益处的机会，或者将当前项目细分为一系列可更早实现项目价值的小项目。在谈判中，应基于符合客观标准的决策及分析，并通过头脑风暴等解决问题的方式，促使参与谈判的人员寻求更佳解决方案。在谈判进程中，你应尽量提出问题，并使参与谈判的人员将注意力集中在如何解决问题上，而非对项目进行争论。

你最大的财富就是你自身拥有的知识。关于项目规划的结果，没有人了解得比你更多。此外，你还拥有可圈可点的工作记录及可信度。管理人员和项目发起人了解这些，这也是请你领导项目的原因所在。你需要利用你的技术经验、规划经验及你的项目团队的经验，进行谈判。

对于有过多的残留风险的项目来说，需要以清楚的、基于事实的术语列出接受项目承诺所产生的后果。利用保守性假设以支持对于潜在项目问题的分析，你将可能获得三种可能的谈判结果之一。第一种可能性即最理想的谈判结果，是按照你的计划目标变更项目目标，或者至少使项目目标接近你的计划。第二种可能性是，基于工作及其风险的现实性分析，可能得出项目并非良好项目，并且无任何继续实施的必要的结论。上述任何一个谈判结果均可避免出现项目失败。

第三种可能性是，你提供的数据不具有说服力，或者未引起项目发起人的关注。在此情况下，你可能会最终被迫承诺一个不可行的项目，而且无任何现实的计划支持此项目。如果发生此类状况，你应记录下这种状况以供未来参考，并防止再次出现类似状况。最后你需要尽最大努力并期待奇迹发生（或继续更新你的简历另谋他职）。

项目计划确认

在完成讨论及谈判之后，你要确认在项目上已达成共识。确认你有支持项目目标的计划，此目标对于项目发起人、其他干系人及你和你的项目团队是可以接受的。

利用来自项目计划流程且经谈判修改后的项目文档，建立项目基线计划的记录。在最终确立项目计划之前，先审查项目计划文件，并确保其包括在项目整体周期中定期进行的风险评估活动。在这些审查中，如果识别出任何在项目开始阶段并不明显的额外风险，则应更新应急计划。

发布及分发最终版本的项目文档，使项目团队成员在项目整体进程中访问并利用此类文档管理流程。在线发布项目文档，或者在每个团队成员可以任意时间访问的另一个场所存放当前版本的项目文档。如果你使用计算机进度工具跟踪项目，则应当把项目进度作为基线进行保存，并在数据库中追踪活动状态。

当你设置项目基线时，应至少在开始实施开发工作及交付成果时冻结规范。应同时定义项目范围和制订基线计划，并仅使用已确立的变更流程实施项目范围或基线计划变更。冻结项目整体进度及资源，但同时允许项目范围继续变更，是大量项目风险的来源。

在风险可见性方面，创建当前项目阶段排行前十的最重大的已知风险的列表，并在团队工作区域、网站或其他突出性位置张贴或发布该列表文件，这样可以使项目团队了解此类已知风险。承诺在项目整体周期中，定期检查和更新该列表。

规范变更控制

一旦项目计划被接受，并且你已锁定项目需求，则需采用适当的流程，以在接受任何项目变更之前进行慎重考虑。在所有合适的决策制定者（项目发起人、客户、干系人及其他人员）在项目文档上签字之后，允许实施未经检查的项目变更将会有风险。尽管现代项目中持续存在新信息流，但保持规范控制是项目成功的关键所在。未经管理的项目变更可能产生进度延迟、预算问题及PERIL 数据库中列述的其他不良后果。即便在采用敏捷法实施项目开发进程的条件下，进一步开发迭代产生的项目范围变更仍无法避免，你需要通过严格控制当前项目阶段中出现的项目变更来管理项目风险（项目进程中通常存在一次或多次后续开发迭代）。

针对每个建议的变更，建立提交、分析和处理流程将降低项目风险，特别是在把拒绝作为已提交变更请求的默认决策的条件下更是如此。有效的变更管理流程将向每个变更请求赋予举证责任，所有项目变更在未能证明其必要性之前，都被视为不必要变更。

有效变更控制的另一项需求是向变更流程负责人授予可强制性执行其决策的权限。变更批准人需要具有拒绝变更（或决定至少当前无须变更）并坚持其自身决策的权力。基于效率方面的考虑，部分变更流程中设置变更筛选人岗位。变更筛选人将负责对任何建议的变更进行初步检查，并决定变更何时（甚至是否）值得进一步考虑。

即便最基础的项目变更控制流程，都应以书面文件的方式记录下来。根据项目类型的不同，实际变更流程可以采取不同的程序，但变更流程中应至少包含：

- 所有变更请求的记录和跟踪。
- 适用于分析所有建议的变更且经定义的分析流程。
- 记录的标准，此标准用于变更接受、拒绝或推迟。
- 决策和状态的沟通。

◼ 变更提交

变更的想法通常来自问题解决和机会识别进程。变更提交中应包含下述信息：

- 为什么变更是必要的。
- 变更预期收益的估算。
- 变更对进度、成本及其他因素影响的估算。
- 变更所需的特定资源。

记录所有已提交的变更，并在项目整体周期中维护已提交变更建议的最新日志（或变更拒绝列表及积压的变更列表）。在变更申请提交之后，需检查每项已提交的变更事项。如果存在信息不明确或关键数据缺失状况，需向提交人退回申请文件，以便提交人修正变更申请。

◼ 变更分析

在影响和成本/收益方面对所有变更进行分析。变更影响评估与用于风险影响分析的流程并列进行。评估开始于变更影响的高层级分类：

- 小——仅对可交付物或项目计划造成轻微影响。
- 中等——造成可交付物的功能进行变更，但对项目影响较小。
- 大——造成项目目标和可交付物的重大变更。

此外，还需评估变更的成本和收益。每项变更都可能会有某些益处，否则变更将不会被提交。你需要估算和验证变更的预期收益，以便和变更的预期成本及其他影响进行比较。

通常情况下，变更属于几种常见类型之一。大多数建议的变更用于解决项目中遇到的问题，或者处理一些不需要的功能。这些变更的益处与避免费用超支或时间延迟有关，费用超支或时间延迟将持续存在于项目中，直到问题解决为止。其他变更由外部因素引起，如新法规或新安全要求，需遵守不断演变的标准要求，或者竞争对手的行动。通常情况下，有些类型的变更是不可避免的，包括要解决实际问题、遵守公司要求或应对环境不利变化所需等。除非实施变更，否则你的项目可交付物可能会出现即使不是所有，也是绝大部分的价值损失。强制性变更类型所带来的益处足以证明你需要慎重考虑此类变更。

其他项目变更的目的在于使项目变得"更好"，但缺乏相对可靠的依据，如增加或替换可交付物的内容，或者引入项目工作的新流程或新方法。鉴于此类变更带来的收益更具有推测性，因此更难完成分析进程。我们很难针对变更带来的销售、营收或可用性增加状况获得可靠估算结果，并且这些估算往往是乐观的。尽管某些变更的机会可能会带来重大收益，但大多数旨在改善复杂项目的变更通常会带来意想不到的影响，导致变更收益远低于预期。此外，还可能存在对变更的影响难以估算的状况，特别是在变更涉及采用新工作方法的时候，更是如此。有效的变更管理系统应对那些自由支配的变更持高度怀疑态度，并趋向于拒绝变更申请。如果在现实条件下不可能完全拒绝项目变更，则该系统至少可以按照"当前尚不能批准"的方式处理变更申请，并使得项目按照计划继续实施，然后开始继续努力以获得新方法或重新考虑将该变更作为未来开发迭代的一部分。

在所有情况下，任何良好决策的必需的基础，是合理地考虑变更带来的净收益，即使用合理预期收益减去估算成本和其他影响。无论变更由何种原因引起，这种分析应该应用于所有已提交的变更。如果由客户提交变更申请，则应向客户提供变更在时间和成本方面带来的具体影响，以及变更给客户带来的负担。如果由项目团队成员提交变更申请，则团队成员应提供适当文档，并应预料到只有努力争取才能获得批准。从行政方面考虑，复杂项目中出现的最困难状况是由项目发起人及管理层提出变更要求。尽管拒绝你的上级或老板提出的要求从来都不是一件容易的事情，但一个已获批准的项目变更管理的文档化的流程是重要的初始步骤，并且也有必要对于变更请求的后果给出清楚的且由数据支持的描述。与一般风险管理一样，有效的管理变更风险依赖详细且可靠的项目规划数据。

■ 处理选项

对于每个潜在变更，你有四种不同的选项：批准、经修订后批准、拒绝及延迟。对于每个拟定变更，你应使用变更分析结果及关于项目目标和优先级的文档制定业务决策。通常情况下，制定此类决策可依靠的主要标准是收益和成本评估结果，以及每项变更相关优势和劣势的测量结果。变更批准的正式的级别应与项目规模相符合，但通常情况下在变更决策流程中应考虑两个方面的要求。一是要求快速制定决策。你需要快速关注变更申请（特别是用于处理项目问题的变更申请）。紧急变更的价值可能会因延迟实施而出现显著降低的状况，因此你需要确保在无任何故意拖延的条件下，考虑并决定是否实施变更。即便根据范围管理程序，需将该重大变更延迟至某项目阶段结束，或者开发迭代需要一个异常处理流程用于临时的紧急行动时仍是如此。二是要求严格遵守已批准的变更决策程序。某些变更系统基于绝大多数相关人员的批准；某些要求要获得所有相关人员的一致批准，还有一些制度赋予拥有更高权限的批准人变更否决权。有效的变更系统应避免出现需获得过多决策者批准的状况，以便缩短决策时间并减少决策争议。变更系统应明文指定备用批准人，以便在指定批准人不在时，由备用批准人制定决策。

有效的变更管理流程总是开始于假设变更是不必要的，并拒绝所有缺乏吸引力和可靠性商业基础的变更。即便在变更可能会给项目带来相应益处的条件下，仍需实施审慎的变更检查进程，以便确定变更中的某些部分是否有必要，或者变更是否会被推迟到后续项目或相应阶段，或者是否需要开发迭代程序，特别是变更是否可能对已承诺的项目目标造成重大影响。即使你决定对此变更进行修订后批准或延迟变更，也要寻求实质可信的净收益。变更的批准和接受应该相对较少，并保留最有说服力的需求以解决项目问题或交付重要商业价值。项目中实施的变更越多，风险越大。无论最终决策如何，你都需要在变更管理流程确立的时间内，快速关闭所有请求。此外，要尽快向上级提交任何项目层级中无法解决的问题或冲突。

◾ 沟通决策

在制定每项决策后，都应使用书面文件记录该决策。决策文件应包含决策制定的合理依据，以及有关项目影响的概述。你需要编制并向项目干系人和项目团队成员分发有关批准、拒绝或延迟变更的概述文件。

当某项变更未被批准时，需向提交人回应理由，包括决策的合理依据信息。如果项目已确立具体的申诉及重新考虑流程，则应同时向提交人提供有关此类信息。

对于任何已接受的变更，需更新所有相关的项目文档——WBS、估算、进度、规范、范围、项目计划、图表，或者任何其他受已批准变更影响的项目文档。

即便在拒绝变更申请的条件下，仍需在项目档案中保存变更信息。在后续项目、并行项目或项目后期阶段中可能需重新考虑此类变更。当项目结束时，你可以通过审慎检查变更管理流程、已制定的决策及后续影响（有意的和无意的），利用该项目中的变更历史信息，降低未来项目的风险。

> **管理项目风险的关键思路**
> - 召开项目启动研讨会。
> - 选择并使用几个项目指标。
> - 决定所需的项目储备。
> - 谈判并承诺可信的项目目标。
> - 管理范围并控制规范的变更。

第二个巴拿马运河项目：调整目标（1907 年）

为项目设定具体目标并不一定是一项快速且容易完成的过程。以巴拿马运河为例，尽管罗斯福总统已制定建造运河的决策，并且美国参议院已于 1904 年批准该项目决策，但直到两年后，建造何种类型的运河等具体决策才最终确定。John Stevens 根据积累的相关数据最终得出和法国工程师相同的结论：在巴拿马建造海平面式的运河并不可行。Stevens 的估算结果为，建造配备水闸和大坝的运河需要 8～9 年的时间，但建造海平面式的运河至少需要 18 年的时间。他使罗斯福总统相信了这一点，于是他认为这件事得到解决了。

然而，实际情况并非如此。尽管有法国的经验，但美国参议院在 1906 年仍对是建造配备水闸和大坝的运河还是建造海平面式的运河存在严重争论。与当今美国参议院的决策方式相同，勤奋且睿智的参议院成员最终通过投票的方式决定建造何种类型的运河。经过一次性投票后，美国参议院批准建设海平面式的运河。受政治决策很少基于逻辑的影响，针对过去项目的研究并未随着时间的推移使该决策发生任何变化。

1906 年，在 John Stevens 刚从华盛顿返回巴拿马之后，尽管项目事务缠身，但 Stevens 还是决定重新返回美国。Stevens 采用与多位美国众议院和参议院成员面谈的方式，耐心解释在河流泛滥的热带雨林区域建造海平面式的运河所需面对的挑战。他利用其开发的数据、绘制的地图及一般性说明信息，向愿意倾听意见的众议院和参议院成员介绍该项目为何无法建造海平面式的运河。与法国工程师的早期建议相同，主要的困难在于泛滥的 Chagres 河向北流入墨西哥湾，该河流近一半河道平行于拟建设的运河河道。

Stevens 花费大量的时间与来自宾夕法尼亚州匹兹堡市的参议员 Philander Knox 建立同盟。他们通过共同努力举行了一次重要的演讲，并由 Knox 在演讲中详细介绍为何必须在巴拿马运河上建设大坝及水闸。所有报告文件均表明这是一场且充满激情的出色演讲。

尽管如此，仍有 31 名参议员坚持投票选择建造海平面式的运河。但对于巴拿马运河项目和 Stevens 来说，非常幸运的是，Stevens 的建议获得了 37 名参议员的关注，并且最终参议院批准了他建议的项目设计。

尽管花费了一年多的时间，但 John Stevens 制订了项目计划，并且该计划最终获得批准。坚持可行性计划需要充分的支持性数据、原则性谈判及坚强的毅力，John Stevens 最终避免了在巴拿马因再次实施不切实际的运河项目而造成灾难性的成本浪费。

第 11 章

监控有风险的项目

为一个延迟的软件项目增加人力将使它更加延迟。

——Fred Brooks，*The Mythical Man-Month* 作者

风险管理不能随着初始计划的完成而结束。你的项目始于计划，就如同一次漫长的汽车之旅，在开始时我们根据地图和其他信息制订行程计划。但是，旅行如何能完全按照计划执行？在行驶途中，司机按照突发事件和当时的条件做些小调整是必需的。如果遇到更严重的问题，如车辆故障或交通事故，可能导致对行程的重大修改。在整个行程中，司机必须保持警觉和一定程度的灵活性。项目风险管理是在项目中发现未按计划进行的事情。就像司机必须保持警觉并及时应对路上发生的事情一样，项目负责人使用跟踪、审查，以及不断采用之前章节中讲述过的方法来根据现行项目条件做调整，设法使项目能成功完成。

有效的项目风险管理依赖频繁地、有规则地重新评估项目进展中新的信息和状态。特别是对于长期的项目，在开始时你无法知道工作的所有事项。定期的项目审查是保持项目推进和高效所必需的。

不要恐慌

本章的主要关注点是帮助正在执行中的项目尽可能地少走弯路。风险计划有助于揭示什么可能会出问题，并对其中的大部分做出响应。然而，项目工作不可预测，总会有事情发生。当问题出现时，高效的项目负责人会努力保持冷静。风险管理取决于冷静的分析和迅速的行动，以使工作保持稳定。从问题中恢复，不仅取决于及时和恰当的反应，还取决于执行的能力。看看 Rudyard Kipling 的话，你就能更成功地保持正确的方向："如果你能够在周围的人失去理智而责怪你时保持头脑冷静……"

说远比做要容易得多，但在危机中将情绪和混乱状态的影响降到最低是度过危机最快速的途径。压力往往引起低效和错误，增加了未来出现风险的可能性，所以你要尽力保持项目工作始终运转平稳，即使在事情看起来正偏离正轨的时候。惩罚将会使事情变得更糟。

遵循计划

可预测的项目进度取决于你的基线项目计划。这个计划现在是工作的路线图，你可以开始跟踪状态并用实际结果更新你的项目数据库。状态信息主要用于评估进展，但它也提供了风险的早期预警。通过在定期项目评审和项目回顾性分析中的过程改进，状态数据也能支撑长期的风险管理。

风险管理依靠系统化的项目跟踪，在问题还小，也容易解决的时候，为前瞻性地发现项目问题提供所需的信息。项目跟踪可以帮助你预测潜在的问题，从而使项目至少避免其中的一部分问题。有计划的跟踪易于发现早期预警信号，并为你采取有效的反应提供所需的数据。没有准确、及时的信息，项目问题始终是隐患，这样它们就会在毫无征兆的情况下发生，严重破坏你的计划。

可靠的状态数据也能减少因缺乏信息而引起的对项目的担忧和团队的压力。即使当项目状态显示为坏消息时，用可信的信息支撑的真实情况，几乎总是好过那些人们因缺乏数据而想象出来的替代品。此外，详细的状态经常能为你提供问题的根源和其他问题恢复所需的信息。实际信息也有助于减少过度乐观和悲观的情绪，而这两者都不利于项目。

规律地收集项目状态信息并频繁地与计划比对，防范了一个常见的项目风险——"目前为止，安全"的项目报告。只要项目的截止日期还未到，该项目就不是正式的延迟。如果数据很少或没有可信的数据，项目报告就可以继续说项目正在很好地运行。只有在截止日期时，或者马上接近截止日期时，项目负责人才公开承认，该项目不能按承诺的日期完成。这类似于一个从 10 层楼坠落的人，他每经过一层的窗户，都报告说"目前为止，安全"。

项目在某一天会延迟。不能尽快发现这一点将导致项目进度和其他风险始终不能被发现，从而进一步恶化，并最终压垮项目。

项目监控

一旦有了一个明确的、已验证的、被项目发起人批准且被项目负责人和团队接受了的基线计划，项目监控就可以开始了。有效的项目跟踪的其他先决条件是一个运转良好的沟通机制、有序的跟踪方式，以及为所有团队成员和项目干系人提供完整的项目计划数据。

◢▪ 监控的决策

关于项目状态信息收集和存储的细节，是为项目搭建初始管理框架时要考虑的基本决策的一部分。

你需要决定合适的状态信息收集的频率和方法。项目跟踪通常是按周完成的，但对于非常短（如敏捷项目的迭代式开发）或非常紧急的项目，或许需要每天收集数据。对于长期项目，可以接受不太频繁的信息收集，但多于两周就有悖于良好的风险管理。最常见的是在线或用电子邮件进行状态信息收集，任何有效且以书面备份的方法都可以。

对大型的、复杂的、多团队的项目集，一致的信息收集是必不可少的，而且状态的信息量可能还会成为负担。应对这种情况的一种方式是建立一个集中的项目办公室，负责汇总、总结和持续地分析所有项目团队的数据。这确保了数据的及时性和一致性，并且允许使用更复杂的进度工具，又无须花费多个副本的价钱和所有项目负责人掌握工具所花的相当大的精力。

项目状态会议通常每周一次。不能召开面对面的会议时，要使用最可靠的远程通信方法。频率和方法随项目不同而不同，但当报告、会议和其他通信的频率低于每周一次时，风险将大幅上升。

决定如何和在哪里存储项目状态信息也很重要。在线存储项目状态信息最好，因为它可以让项目团队随时访问。确定用于收集和存储数据的工具和系统，并设置适当的安全控制，使得只有需要更新项目信息的团队成员才能修改它。

有关项目监控的决策的细节将影响你管理风险的能力，所以应当使用最适合你的项目的方法和频率。

■ 项目状态

项目状态信息有两种类型：硬数据（事实和图表）和软数据（传闻、谣言和粗略的信息）。对风险管理来说，这两种类型的数据都有用。硬数据包括在第 9 章中讨论的项目指标，其中大多数是告诉你有关项目正如何进展的诊断指标。收集的一些硬数据将与风险关联，甚至可能是一个风险事件的触发器，其他数据则可以显示危险趋势。软数据可以告诉你有关项目状态的原因，它也能提供对未来的问题和风险的早期预警。

硬数据。硬数据包括评估进展的指标，包括对未来任务调整的开始和结束时间的估算。硬数据收集应该是常规的、容易的且不太耗时的。在大多数项目中，人们都很忙，如果收集硬数据很复杂，则很难完成。收集的硬数据至少包括：

- 进度数据，如已完成的活动、已计划但未完成的活动、完成或错过的里程碑、实际活动的开始和完成日期，以及未完成活动的剩余可用时间。
- 资源数据，包括实际消耗的工作量、成本数据、剩余的用于未完成工作的工作量，以及缺失的资源。
- 关于问题、难题和规范变更的数据。

软数据。额外的不太实际的信息也会渗透到你的项目中。从与项目成员相关的信息中可以发现如所需人员可能会流失、个体的生产力，以及其他潜在的项目资源风险。工作环境中的变化、重组的传言，或者某个团队成员有个人问题，都可能不利于接下来的项目工作。软数据也可以提供有助于项目的信息。

软数据包括：

- 与预期的新项目或其他工作产生冲突。
- 团队单个成员的生产力下降。
- 将影响你的项目的基础设施变更。
- 你的项目所需的变更延迟了。
- 具有普遍、持久根本原因的潜在问题情形。
- 经常超出你权限的情形。
- 逐步升级的问题迟迟不能解决，决策很慢。

◢▰ 状态周期

项目监控是一个贯穿项目的包括四个阶段的周期性（一般每周）重复的过程。第一阶段是信息到达，收集项目状态信息。第二阶段是比对计划与状态，评估指标数据，并分析所有差异。第三阶段是响应发现的任何问题或难题。第四阶段也是最后阶段是输出信息，让人们意识到项目中发生了什么。

监控周期在收集项目状态信息后、项目报告前提供分析和计划。这帮助你在项目状态报告中包括对报告中提到的任何问题的响应。任何你要报告的坏消息，如果有可靠的恢复计划，接收方感觉会更好。

收集项目状态信息

收集项目状态信息主要是项目负责人的职责。状态信息是项目整体健康状况的仪表板。无论你决定要收集什么信息，要坚持去收集。使用敏捷方法的项目通常采用每日站会，会上每个人快速报告三个状态：昨天完成的内容，今天准备做的内容，以及任何预期的问题。项目风险管理需要信息，所以你必须保持信息的流动。

一些因素可能妨碍项目状态信息的收集。一个容易犯的错误就是仅在"有时间的时候"收集项目状态信息。随着项目的进行，工作量增加，并且问题、干扰和混乱开始出现。在有时间上的压力时，跳过一次状态收集周期，你可能感觉很不错。但这是非常危险的，会丢失信息，特别是在重大的问题上。你可能会发现，当遇到问题或接近项目完成时，甚至有必要加强信息的收集。

其他需要防范的事情是：收集完信息，但不用它或滥用它。收集完项目状态信息后，至少将其汇总到你的整体项目状态报告中。当你不使用所收集的信息时，团队成员会停止发送或不会真的花时间来提供有意义的信息。滥用状态信息也可能成为一个主要问题。当得到的状态信息是坏消息时，你的第一个念头可能是抢一把椅子，砸向发给你信息的人的头，或者至少冲他大喊大叫。一个项目负责人必须学习的最难的事情是不要攻击信息提供者。即使坏消息，你也需要积极地回应。感谢坏消息的提供者并不容易，但如果你经常惩罚那些提供了诚实信息的团队成员，很快你就会看不到你需要知道的事情了，并且项目风险将升级。最好先在心里从一数到十，然后给出回应，譬如"好吧，我希望你有更好的消息，但我很感激你及时提出这个问题。有什么能帮助你赶上进度？"每个人越早开始关注如何恢复，事情就越早回到正轨。

指标和趋势分析

在对比状态的基础上，通过分析差异发现项目问题。差异分析涉及对收集的状态信息与项目基线计划的比较。差异，既有正向的也有反向的，需要依据影响来分析；正向的差异可以为今后的工作执行提供改进的机会，同时，反向的差异需要特别关注，以避免它们导致的项目失控。对指标的趋势分析也可以揭示未来潜在的风险和问题。

■ 诊断指标

在将状态数据与计划数据比对后，首先要做的是验证存在的差异，尤其是大的差异。在准备分析影响之前，与提供数据的人核查以确定问题（或正向的差异，任何看得见的机会）都是真实的。对于每个差异，确定差异的根本原因，而不仅仅是表象（在第 8 章中探讨过根本原因分析）。利用硬数据和软数据来了解每个差异为什么会发生。指标很少孤立地偏离预期的范围；项目进度、资源和范围都是相互关联的，所以这些参数中任何一个出现问题都可能影响其他参数。

借助于对每个差异的根本原因的了解，你可以更好地决定如何应对。了解某个问题的根本原因也帮助你对项目后期出现类似问题做好准备。在差异分析中，专注于对数据的理解，而不仅仅是责怪他人。

进度指标。通常先检测的是进度差异，无论是正向的还是反向的。如果是正向的差异，意味着某项工作提前结束，有机会将其他工作的开始时间提前。与活动负责人讨论提前结束的原因也很有价值，要确定提前结束是不是采用了某种方式或方法的结果，以及在项目后续计划的类似任务中，还能不能继续采用这种方法和方式；或者是否有可能缩短对工期的估算。

更常见的情况是差异对进度有负面影响，如果是关键任务的差异，则会影响至少一个项目活动的开始时间。除非压缩后续任务的工期，否则关键任务的延迟将影响项目后续所有的任务和里程碑，包括项目的最终完成时间。即使非关键任务，负向的差异也值得探究；延迟可能超出了计划中预留的进度余量，或者它可能表示分析有错误，证明后续项目活动工期的估算无效。

最后，进度差异可能是在风险分析中没有发现的那些根本原因所引起的。如果进度偏离的根本原因提示了新的风险和项目失败模式，则记录此风险，并设定一个时间点来进行额外的风险分析并制订响应计划。

资源指标。资源差异也很重要。挣值管理的相关指标在检测项目资源时非常有用。EVM 指标，如成本绩效指数（CPI），测量了项目消耗的工作量或成本与计划的关系。如果花费少（CPI 小于 1），进度不变，项目可能会以少于预算的钱完成。如果花费太少，进度又延迟，则根本原因很可能是人手不足或其他可用资源太少。当由于资源不足导致项目进展缓慢时，迅速将情况汇报到更高的管理层，特别是当你的项目被剥夺了使用承诺的资源的权利时。

当使用的资源超过预期，也就是说 CPI 大于 1 或其他指标显示你"烧钱"太快时，几乎可以肯定，这个差异会是一个严重的问题。最终需要比计划更多的资源来完成项目的可能性非常大，因为资源的过度使用几乎不可能逆转。即使在刚开始整个进度的 20% 的时候，项目 CPI 如果是负的，就基本上没有可能在预算内完成。使用超出计划更多的资源，可能导致项目达到人员、资金或其他一些硬性指标的上限，还没有完成就被暂停。尽管公开承认这类问题很难，但等待只会使事情变得更糟。随着时间的推移，像这样的问题会越来越多，而越到项目后期，可用于恢复问题影响的方法选项越少。如果你太晚才宣布不好的消息，项目发起人和干系人原本的一些同情也完全没有了。

有些资源问题是严重的，仅对项目的一小部分有影响；其他则是长期的，在整个项目过程中会反复出现。长期的情况不仅会造成项目预算问题，也会导致项目人员经常加班和面临持续的压力。风险概率随着压力的增加和积极性的降低而上升。长期资源问题也可能影响你对现有的风险应急计划的执行。

范围指标。虽然最常见的状态差异是进度差异和资源差异，但还是有一些差异是有关项目可交付物的。测试结果、整合尝试、可行性研究，以及其他一些工作或者可以满足项目需求承载的期望值，或者无法满足。显著的范围差异可能表明了需要提出项目变更。重大的差异可能预示着项目的最终失败。

如果与范围相关的指标超过了预期的结果，你应该尝试看看项目是否有机会在同样的时间框架和预算范围内交付一个较好的结果，甚至更快或更便宜地交付结果。虽然这种情况比较少见，但确实会发生，只是这样的机会不容易被发现。不要因为你"能做"就增加项目范围，做决定之前，要与你的项目发起人、客户和其他干系人一起讨论。先根据变更管理流程评估任何附加的产品功能的价值和实用性，然后再决定是否将其纳入项目范围。

当范围相关的数据显示某个问题可以通过额外的工作来解决时，影响的或许是项目进度、资源，或者两者都有。通过分析在项目预算和截止日期内切实可行的可交付物，来考虑不同的替代方案。按照项目相对的优先级来决定最合适的一个（或多个）选项，并提出对项目目标的变更。

如果不能通过额外的工作解决范围问题，剩下的选项就是修改可交付物或停止项目。像资源过度消耗的问题和交付范围不足的问题，处理起来总是很棘手。有些项目选择了隐藏问题，寄希望于有人能提出一个高明的想法来弥补所要求的和实际所能交付的之间的差异。这是一个基本不可行的、风险很高的策略。最好的做法是，一旦验证了数据，马上将问题提出来。越早这样做，项目可能的选项越多，在项目上的整体投资还相对较小，期望也更不容易被锁定。虽然这样做也是痛苦和不愉快的，但远比后面再处理要容易得多。当一个项目的可交付物很明显不可能被完成时，变更（或终止）它的最佳策略都是赶早不赶晚。

除了对现有项目的影响，范围问题可能也会影响其他项目。对于那些依赖你的项目可交付物的项目，通知它们的负责人（或那些正使用类似的、有缺陷的假设前提的人），以便他们能制定替代方案或其他变通的方法。一旦你完成了差异分析，请记录影响。按照下述内容列出每个差异的结果：

- 预测的进度偏差。
- 预算或其他资源需求。
- 花在项目可交付物上的工作量。
- 对其他项目的影响。

一旦确定了问题的来源和严重程度，你就有了能做出响应的基础。

▗ 趋势分析

趋势分析并不一定是每个监控周期的一部分，但定期检测状态数据的趋势是个好主意。当项目的资源消耗率或累计偏离值正滑向一个危险的方向时，通过趋势数据就可以看得很清楚。你越早发现和分析不利的趋势，就越容易应对它。趋势数据可能显示出某些需要，譬如调整项目结束日期，增加预算，要求更多的项目人员，重新谈判合同，或者修改项目可交付物等。如果是这样的话，越早开始，你成功的机会就越大。

在项目早期发现不利的趋势，接受变更的要求也能有更多的包容度。在一个项目的开始阶段，在项目发起人、干系人和项目成员的心目中，项目目标仍然是有一些灵活度的。在状态数据中忽略或未能检测到不利趋势非常危险。如果趋势信息显示出了问题，而你又未采取行动，趋势很可能会继续发展，最终不得不采取一些行动。随着时间的推移，到了项目后期，可用的选项会减少，能改变趋势的变更则变得愈加不太可能。此外，在项目后期的干预往往会产生额外的问题，甚至可能导致项目失败。

及早检测和处理不利趋势，能避免后期的项目变更甚至项目终止——这些都严重打击项目团队的积极性。在一个项目上工作了几个月甚至几年后，即使项目可交付物的一个很小的变更，对团队都是很严重的打击。大部分项目让每个项目成员都认同了一个激进的、高科技的、前沿的目标，然后又让他们在最后一刻因为变更而心灵受到打击，取而代之的是沮丧和尴尬。项目成员已经认同了他们所做的工作，所以对后期的项目变更容易产生情绪化的反应，对后续项目的积极性会很低。如果这种情况经常发生，项目成员将不再关心他们的项目，也不再相信那些项目领导者和发起人。现代项目的成功不是因为它们容易，而是因为人们的关注。任何干扰这一原则的事都会使项目的风险增加到难以克服的程度。

响应问题

在状态周期内的这一点，可以看到计划和实际项目的结果之间的每个重大差异。认真对待计划差异的问题，发现问题后及时解决，问题越小，解决问题对项目的影响就越小。像在第 8 章中所讨论的，项目问题响应就类似于风险响应计划。事实上，对于曾预期是风险的那些问题，你所做的可能就是简单地实施你的风险应急计划。响应计划要根据问题的具体情况决定。如果差异很小，委派负责受影响的工作的项目团队成员做出响应即可。其他可能的响应包括从非常小的人员调整或项目任务的重新排序，到项目目标的重大变化，甚至取消项目。问题响应的处理过程类似于质量管理中的计划—执行—检查—行动周期。在做问题响应计划时，除了找到好的解决方案，还要迅速行动。

当有了如何响应的想法时，你要分析每个想法对项目进度、资源和范围的影响。探究在项目和其他相关的工作上可能出现的无法预期的结果。能想到的最佳方案，可能没有明显的问题，也可能需要重大的项目变更（有时就是使蛮力——额外的加班，这是阻力最小的一条路径）。

较大的问题可能需要的变更很大。如果是这种情况，你要把正在考虑的每个方案提交给变更管理程序做审查。对重大的变更，可能要重新做基本的计划。如果发生这种情况，要获得项目团队和干系人对修订的计划的支持。必要时，与项目发起人重新确认项目目标和基线，并更新所有受到影响的文档。

一旦响应计划被接受，就要开始执行计划。与项目团队和所有其他参与者沟通计划的修改部分和项目变更所需的其他信息。在执行了响应计划中的任务项后，要确认问题是否得到解决。如果问题没有得到解决，应制订额外的响应计划，以寻求更好的解决方案。

这种情况类似于消防部门处理火灾。最初，新出现的火灾是一级警报，需要一支消防队去灭火。当火势太大或开始蔓延时，消防部门将火灾升级为二级警报，然后，如果需要的话，会升级到三级或更高。升级会持续到火势被控制住。持续的项目风险管理也需要同样的努力、升级和坚持。重大的项目变更往往导致意想不到的后果。在跟踪大的变更的状态周期中，尤其要做全面的数据分析，寻找未能预期的结果。

沟通和风险报告

状态周期的最后一个步骤是让项目成员了解项目目前进行得如何。这包括项目状态报告和状态会议，以及一些非正式的沟通。成功项目的坚实基础就是清晰、频繁的沟通。缺乏有效的沟通，就无法检测项目的风险，更不用说管理风险了。

项目的沟通也正面临不断增加的挑战。众所周知，距离是沟通的一大障碍。距离限制了可用的通信方式和数量，让非正式沟通几乎不可能。随着项目团队的日益全球化，时差也成为障碍。在全球范围的项目中，甚至打电话也很困难。每次当你需要交谈的时候，似乎都正好处于对方的休息时间。不同的语言和文化也成为现代项目沟通中越来越多的挑战。参与全球工作的项目成员语言不同，工作和交流的方式也不同。在这样的环境中，很难共享复杂的项目信息，疏漏和误解也很常见。对所有类型的项目，毫无例外，技术性工作中的文化和语言的多样性已成为常态。最后一点，现在的项目包括具有不同的教育和工作背景的跨职能的项目团队。美国的工程师与远在日本的工程师的沟通可能比他们与营销经理在大厅的面对面沟通更容易。

作为项目负责人，你的主要职责就是项目沟通。你需要应对这些挑战，并最大限度地减少项目沟通的风险。在现在的项目中，这需要纪律和努力。

◢ 项目状态报告

书面状态报告是大多数项目常见的沟通方式。清晰、可信、项目每个成员都能理解的项目信息是进行风险管理的基础。过于粗略的状态报告会增加风险，因为项目成员缺乏足够的信息，不了解项目正发生什么，这会导致混乱。

项目负责人太忙或精力太分散，提供的数据太少时，也会出现这个结果。它也可能是那种"须知"型项目状态报告的结果——项目负责人发给项目每个成员的报告很简短，仅包含一部分项目数据。甚至有些时候是项目负责人不喜欢写报告而导致的。无论什么原因，项目信息太少都会导致风险增加，特别是与依赖关系和接口有关的风险。

另外，在状态报告里喋喋不休也不好。没人有时间去读所有的内容，虽然可能每个人需要的信息报告里都有，却找不到在什么地方。长报告的一个常见原因是，项目负责人从整个团队收集每个人的报告，并把它们汇总起来，成为几十页的长报告。时间压力是这个问题的原因之一。有一句老话说得好："如果有更多的时间，我会写一份更短的报告。"不管什么原因，长篇大论的报告也会增加项目的风险，因为没人会有耐心或有时间去寻找他们需要的信息。

最好的报告始于简短、明确的摘要，包括当前的风险。不管状态报告发给谁，你都应以一个简短的摘要（20 行或更少）开始。需要特别注意的是，有时候接收报告的某些人实际上只读这个摘要，他们不需要甚至不想知道更多的内容。

在摘要之后，附加必需的信息，这些信息应该简洁、诚实和明确。如果你承诺了在每周的特定一天发报告，那就照这样去做。在了解了你的干系人需要知道什么信息以后，用一致的格式和位置把这些信息写在报告中。遗漏了任何需要成员注意的重要数据，都可能会导致不必要且耗时的电话、会议或其他干扰。

列出以上信息之后，项目状态报告可以包括以下内容：

- 简短描述自上次报告以来的每个主要成就（认可个人和团队的成就）。
- 在下一个状态报告期间内所计划的任务。
- 进度摘要，包括计划、实际和未来预期的日期。
- 资源摘要，包括计划、实际和未来预期的资源需求。
- 重大的风险、问题和难题，以及你计划响应的问题。
- 项目分析，包括所有差异和问题的说明及计划的解决方案。
- 风险分析，包括近期已知的项目风险和现有风险恢复工作的状态。
- 需要附加的细节、图表和其他信息。

在书面状态报告中，只放那些你能够证实的状态信息。

风险触发和指标报告

在风险登记册中，许多风险都定义了触发器，这是一种特定的、表明风险已经或即将发生的信号。剩余的那些则与诊断项目指标的趋势或阈值有关。在整个项目过程中，与风险负责人一起监控事件和那些显示出已知风险的当前状态的测量指标。

汇总你从状态报告和其他报告、风险登记册，以及其他任何与风险相关的沟通中所获得的信息。在报告风险时，侧重用指标和其他基于事实的数据，而且一定要包括对你的响应工作和恢复结果的总结。

风险成为问题和风险响应状态

当风险发生时，它就变成了一个问题（可能性现在是 100%）。除了跟踪风险登记册中的进展情况，记录并管理所有当前你正在响应的风险与其他项目问题。在你的状态报告和其他报告中，不要有意最小化风险的影响和不良后果。掩盖不良事件让它们看起来比实际的破坏性小，虽然这样做有诱惑力，但毫无疑问，遇到问题时恶果就会呈现。总体而言，隐瞒坏消息不但使解决和恢复变得更难，而且如果（或当）你需要向上级寻求帮助时，它还会损害你的信誉。相对于那些突然出现并成为重大灾难的问题，人们更容易接受那些看得见的问题。

其他报告和演示

通常你还需要做一些与项目相关的额外的报告，包括满足组织需要的定期报告。特别是长期项目，偶尔你还需要写更高级别的报告并做演示。演示是重申你的项目重要性的很好的机会。你可以积极分享项目团队已经完成的工作及未来的计划，还可以概述你目前面临的挑战和风险，以及应对它们的计划。演示是一种特别有效的方式，可以重新获得强有力的对项目的支持，激励团队，并重新激发对项目的热情。在长期项目中，所有这些因素都有助于避免未来的问题和风险。

▰ 最高风险

可见度和风险的沟通是强大和有效的风险缓解策略。在你的团队成员看得到的地方，如网站、工作区域的海报或你的团队通信软件中发布当前十大最高风险的名单。人们总是努力避免他们所知道的风险，特别是当了解了其影响和后果的时候。

▰ 项目状态会议

项目状态会议被许多人视为不可避免的"累赘"，几乎所有项目成员都不积极参加。大多数做技术的成员都讨厌会议，特别是冗长的会议。但很遗憾，事实是沟通不充分增加了项目风险。在项目状态会议期间进行的讨论和交流是避免风险的关键；在会议上及时讨论和充分认知的结果就是许多潜在的问题可能永远都不会发生。定期举行状态会议，即使通过远程会议的形式，都是使困难项目回归正常并保持风险可控的有力工具。

控制会议时间是提高项目状态会议的出席率和参与率的一个关键因素。如果会议只关注重要的项目信息，包括已经完成的和悬而未决的问题，会议会更有趣和充满活力。攻克难题和解决问题无疑很重要，但这些任务很少要求全体项目成员都参与。将攻克难题和随之相关的讨论委派给小组，并努力保持会议简短。

有效的会议是按照既定的议程进行的。会议要按时开始，为每个议题设定时间限制，并尽可能早地结束会议。面对面的会议能最大限度地减少误解，增进团队合作，但并非总能实现。对于远程电话会议，要减少沟通风险，需要：

- 使用最好的电话会议技术。
- 确保所有参与者都熟悉所使用的技术。
- 对任何改变或升级重新测试，验证要使用的技术是兼容和可用的。

对召开的所有会议，记录讨论的内容，及时向所有项目成员（和其他需要的人员）分发会议记录，并将会议记录归档到项目档案中。

◢▉ 非正式项目沟通

项目沟通不要局限于正式的报告和定期的会议。在大多数项目中，一些最重要的沟通发生在咖啡机旁、走廊上和在随意的聊天中。项目风险可能在这些谈话中很早就显现出来，而不用等到正式沟通的时候。

一个成功的项目负责人会为这些频繁的、非正式沟通创造机会。由 Dave Packard 和 Bill Hewlett 推广的"四处走动"管理理念，是在项目团队中加强信任和建立关系的一种特别有效的方法。即使团队成员分散，无法频繁地与他们沟通，你仍然有机会这样做，同时可以依靠电话和网络。在非正式的沟通中，你会得到项目风险的大量软数据和有价值的项目信息。好的项目负责人也鼓励项目团队成员之间相互交流。团队凝聚力与非正式沟通的多少密切相关，是抵御项目风险的最佳方法之一。

项目归档

项目文档和报告除了分发给干系人和项目成员，你还需要在项目管理信息系统（Project Management Information System，PMIS）中保留副本。这个档案不仅在项目进行过程中可以作为参考，对项目结束后的分析和经验教训总结也至关重要。它包含的数据可以提升对未来项目的风险管理水平。

一个典型的项目档案包含：

- 项目定义文件。
- 所有使用过的项目计划文件。
- 每次的项目状态报告。
- 其他定期的项目报告和通信。
- 风险登记册和问题日志。
- 变更控制历史记录。

当项目完成后，最后一项任务是做项目回顾分析和总结经验教训。

管理风险应对储备

在理想情况下，要为你的项目按风险的比例设立时间和预算的风险应对储备。风险应对储备是当项目面对不可能的甚至未知的挑战时，帮助项目完成承诺的手段。预算储备最好用于应对风险的财务影响和不可预见的必要费用。时间储备则为那些因未预料到的工作或风险相关的延迟而引起的进度延迟提供了一个缓冲。风险应对储备用于保护项目，只专门用来支持风险影响的恢复。强烈抵制将其用于范围蔓延、方便项目成员，或者与风险响应无关的其他用途。

在项目进展中要监测风险应对储备的情况。如果发现预算或时间储备消耗过快（如在项目中期时剩余量还不到一半），你应该与项目发起人和关键干系人讨论这个情况。在接近项目结束时才是最可能动用风险应对储备的时候，所以一旦风险应对储备降到很低，你可能要考虑修改项目截止日期或对其他基线做调整。

项目审查和风险评估

当操作一台复杂的机械如汽车时，你需要添加燃料，检查机油和胎压，进行其他小调整。短期来说做这些足够了，但如果除此以外不再做任何其他事，长期下来汽车就会出问题。你还必须定期地进行维护，更换机油，更换磨损或运作不良的部件，检查刹车和其他系统，使汽车回到运转良好的状态。

一个项目也是一个复杂的系统。对所计划的任务进行监控和报告是必要的，就像给汽车添加燃料。除非这个项目很短，否则你还需要做更多的事情。长期项目也需要以项目审查的方式做定期"维护"。一些项目的计划周期短则一两个月，长则一年。然而，不管到什么程度，没有哪个项目能突破计划的局限性。在做计划时要足够详细。采用敏捷方法的项目，要在每个开发迭代结束时做审查。项目审查让你看到比下一次状态报告所描述的要更长远的情况，让你重新验证项目目标、计划和假设前提。成功的项目和风险管理需要定期审查和评估，以确保项目正常运转。

有限的计划周期和技术的复杂性也加剧了长期项目的风险，项目审查则是更好地管理这些因素的一种有效的方式。在项目审查中，有三种可能出现的结果。第一种是审查发现了少量问题，但项目继续进行，很少或不修改项目计划。第二种是审查结果要求做必要的变更和对计划的修订。在更新目标和项目基准之后，项目才能继续进行。项目审查的第三种可能结果是一个要取消未来项目工作的建议。虽然这令人不愉快，但对每个人来说，在投入更多的时间和金钱之前，取消一个最终会失败的项目总是好事。

无论你计划做项目审查的议题还有哪些，一定要计划这两个议题：重新评估风险和分析风险储备。对迄今为止项目中遇到的问题和风险进行讨论，进行头脑风暴，讨论如何避免类似的问题随项目的进展而再度出现。此外，审查你现有的风险列表，并识别额外的有关范围、进度、资源或其他现在项目中可见的风险。在风险登记册中添加新的风险并重新评估全部风险，并按照现有信息对风险排序。对还没有做出响应的重大风险，制定相应的风险应对措施。

在审查风险时，你也要评估项目的整体风险情况。随着项目的进行，事情发生了变化，整体风险也随之发生变化——增加或减少。随着工作的进展和越来越多的了解，项目层级的风险在下降，但每个项目情况不同，更谨慎的做法就是重新评估。项目审查也是检查项目所有风险储备状态的好时机。如果应急储备金消耗的速度比预期要快，你要决定需要采取什么样的行动来保持足够的储备金。如果你已经使用了大部分（或全部）时间储备，请考虑增加人员，修改截止日期，或者采取其他替代方案。

如果看起来必须对项目的目标或储备做更改，请提供建议方案，并与你的项目发起人进行讨论，通过变更流程来实现。

在审查之后，要记录你们所讨论和获知的内容。在项目归档中增加一个审查总结，并将你的审查结果与发起人、相关的项目团队和关键干系人进行沟通。

准备一个演示文稿来总结项目的进展情况和进一步的计划。一份正式的项目评审结果的演示文稿，有助于保持项目的透明度，突出其获得的成果和面临的挑战。突出积极面，强调项目的价值和重要性。特别是对于长期项目，确保组织始终能了解项目工作，从而帮助保持项目的优先级和资源，使整体风险管理更容易。

项目审查也是表彰和庆祝的好机会。利用沟通、报告和演示来突出重要的成就，并公开感谢特定的人和团队。用感谢和认可重新激发对项目的热情，激励你的项目团队。项目审查也是你庆祝自己的成就的好时机。

接手有问题的项目

本章最后要探讨的是一个额外的项目执行风险。正如 PERIL 数据库中显示的那样，员工流失是一个很大的难题。你可能因为有员工离职而被要求接手一个正陷入困境的项目。对一个项目领导者来说，这种情况就是最可怕的噩梦之一。即使接手的项目看起来进展还不错，你也最好这样来回应这种要求："我先了解一下项目，然后尽快告诉你是否需要变化或调整。"

你做的第一件事就是要找出你所能了解到的有关这个项目的一切，并了解整个团队。虽然你可能很想知道为什么之前的项目负责人不再继续负责，但除非这个信息有助于项目的恢复，否则还是留到以后再去了解吧。

你可以从项目档案和其他地方的项目文件及其他信息开始了解项目。一个项目信息归档做得很好的 PMIS，价值不可限量。对能访问这些信息的新项目负责人来说，尽管面临的任务依然艰巨，但肯定比不知道这些信息要好得多。虽然在一个陷入困境的项目中，有用的信息可能很少，但你要尽快来填补这个空白。

对于现状信息，你可以通过查看近期的状态报告来了解。任何信息，如果和你自己观察到的不一致，都值得怀疑并进行核实。与每个项目成员讨论项目，并通过谈话寻求对变更的建议；构建你对目前进行的事情的理解，并开始建立关系和信任。在调查时，你要避免做预测或确定的承诺，但沟通要开诚布公，而且让人们知道你希望有更好的答案。

如果具体的（或可信的）信息很少，你需要启动一项"快速"计划工作去发现更多的信息。即便已经有计划，也至少要做一次对项目计划的快速审查来验证它。开始时可以借鉴其他人的计划，但在其完全变成你自己的计划之前，不能把它当作执行项目的可信的基础。一项"快速"计划工作应至少包括：所有现有和未决的任务的详细检查，项目承诺的范围、时间、人员和资金的核查，以及所有目前确定的问题和难题的文档。

项目失败的原因有很多，所以要确定主要问题或一般问题。一些典型的问题是：

- 计划延误。
- 过度的资源消耗。
- 没有足够的项目人员或其他资源。
- 使用现有技术和能力不能达到项目范围。
- 低优先级。
- 与其他项目冲突。
- 发起人不关注。

问题恢复需要及时行动，有关最佳策略的想法来自医学领域：分诊。一旦你确定了哪些工作目前运转不畅，并列出了所有需要关注的项目活动和问题，可以把它们分为三类。第一类：有些事情需要立即引起关注，如果不马上解决就会给项目带来永久性的损害。明确这些工作并分派人员，必要时停止其他不太急迫的任务。第二类：另一些在你的列表中但不需要马上关注的事情，先把它们放在一边，并做好下一步解决的行动计划。第三类：列表中其他剩余事情可能是无法解决的，记录这些事情并采取行动。

第三类有可能很明显地表明，由于现实存在的项目问题，该项目无法完成。即使你能够管理和解决这些问题，但相比合理的要求，你需要更多的资源、时间，或者两者都需要。与项目发起人约定时间一起审查你的响应行动和整个项目。准备好讨论对项目的修改，甚至取消。并不是所有的问题项目都能被挽救，最好尽早停止一个注定要失败的项目，赶早不赶晚。

如果项目是可恢复的，在解决短期问题后，如刚才所述，你的下一步就是安排一次深入的项目审查。这样做的目的是了解这个项目，并让项目团队参与进来一起发掘当前、现实的项目计划信息，包括更新的风险数据。一旦你把车开回到高速公路上，就要花时间来确保你的车始终在路上行驶，不会再开进沟里。本书提供了要做到这些所需的工具。

风险监控的关键思路
- 坚持收集状态信息。

- 在项目中始终监测差异和趋势。
- 及时响应问题和难题。
- 清晰和经常地沟通。
- 对长期项目进行定期的风险和项目审查。
- 半途接手一个项目时，谨慎对待。进行快速、彻底的审查以启动变更，并"使之成为你的项目"。

第二个巴拿马运河项目：依风险再规划（1908 年）

19 世纪初第一个巴拿马运河项目和第二个项目的主要差异，就是项目监控和必要时的及时响应。没有哪个项目能完全按计划进行，第二个巴拿马运河项目也不例外。最终成功的原因是当问题出现时，管理者和工人们修改了他们的计划，有效地处理了问题。

例如，随着在巴拿马的工作继续，出现了一个现象，似乎挖掘得越多，需要继续挖掘的就更多。泥石流频繁地发生，1906—1913 年的总挖掘量比估算增加了一倍多。对这个问题的响应虽不算体面，但非常有效。在对 Culebra Cut 发生的一次特别巨大的泥石流的报道中，George Goethals 说："再挖。"工人们不得不继续挖掘了很多次。对一些风险的管理主要靠的就是坚持和毅力。

随着时间的推移，在项目开始时未知的一些因素开始被关注。到了 1908 年，人们清楚地意识到，新材料，包括准备在运河上使用的钢材的出现，使建造更大的船只成为可能。鉴于此，Goethals 做了两个重大的设计变更。第一个变更是要将 Culebra Cut 段水道挖掘得更宽，将宽度增加到近 100 米，以保证 30 多米宽的船只可以双向同时通过。虽然这意味着更多的挖掘量，但它使正在进行的维修和疏浚任务变得更容易了。

第二个变更是水闸的尺寸。基于 Goethals 对未来远洋船只大小的估算，闸门被扩大到 33.5 米宽，300 多米长。虽然将这些尺寸转换成测量单位很简单，也不需要做什么，但这个在某种程度上说有点随意选择的尺寸，却成为 20 世纪造船业的唯一一个最重要的指标。这些就是 PANAMAX 船的矩形船身的尺寸，这是可以通过这条运河的最大的船只。除了超级油轮（通常被设计成在某一片海域航行，走点对点的路线），直到近代都很少有船只被建造得尺寸超过巴拿马运河水闸的尺寸。

除了让水闸尺寸变大，Goethals 也对水闸做了其他改动。运河流量的操控靠的是全部水流的重力。水闸靠上面的人工湖注水，然后从下面将水排到海里。在雨季的时候，这样的运转非常有效。但在旱季，湖水的水位下降，连接几个湖的通道处的水位降得太低，使远洋船只无法通过。为了节水，Goethals 重新给 12 个水闸设计了多个小门，确保小型船只用更少量的水就可通过水闸。

另一个很大的变更发生在项目的中期，主要出于对安全的考虑。在 20 世纪初，全球的政治局势，特别是欧洲的政治局势，变得日益不稳定。在大西洋一侧，巴拿马的地形从中央山脊北部起有一个长且缓的斜坡；南部则是一段较短的、陡峭的山坡，面向太平洋。在太平洋一侧的陡峭斜坡上，原计划从水上是可以看到水闸的，但是 Goethals 是一名军人，他担心从海上舰艇发射的炮弹可能破坏水闸而导致运河关闭。因此为了避免这个危险，他决定将太平洋一侧的水闸移到内陆。实际上这个改变使得工程施工变得更容易了，因为新的计划更好地利用了斜坡上方，那里有更多的陆地。

Goethals 通过严谨地管理所有的变化来使风险最小化，在任期内，他始终坚持"所有的事情都要写下来"。一旦确定了计划，就要停止辩论，并尽所有的努力去执行它。

第 12 章

结束项目

历史总会重演。这是历史的错误之一。

——Clarence Darrow

如果审查复杂项目的记录，我们经常会为这样一个事实而惊讶：连续的几个项目常常成为相同问题的受害者。一些常见的问题，如人员配置不足，自上而下强加的与工作没有关联的截止日期，很少基于甚至完全不基于分析的固定承诺，以及许多其他在 PERIL 数据库中列出的问题，拖累了一个又一个项目。对于不理智的定义之一就是为了得到不同的结果而重复相同的行动。在大部分项目中，许多风险都是使用在以前的项目中曾导致问题的方法的直接结果。

流程上的改进是获得更好的结果的必要条件。使用连续的测量周期、小的修改、新的测量和比较分析，你可以发现改进任何流程的方法。作为结束项目的一部分工作，检视你从每个项目的流程中获得的结果。要想不断获得更好的结果并最小化未来的风险，你必须确定哪些方面是积极有效的，并确保这些流程在之后的项目中得到重复。这同时也要求你确定和改变那些无效的流程。修正一个破碎的流程总是比重复一些你明知无效的行动更好。在改变之后，如果你的下一个项目仍然没有起色，你可以继续做出改变。对于持续的项目风险管理而言，项目回顾分析是一个极其强大而有效的工具。

项目结束

项目结束时的一些活动是在大部分项目中都存在的，但是具体细节又根据项目的类型而有所不同。项目结束在通常情况下涉及这些方面：

- 完成的项目可交付物被正式接受。
- 形成最终书面报告。
- 所有项目合同、文档和协议最终收尾。
- 对贡献表示感谢。
- 项目结束后对经验教训进行总结和回顾分析。
- 举行庆祝活动或其他的项目纪念活动。

在以上细节中，与风险管理最为相关的就是回顾分析。本章也包括更多关于回顾分析的讨论。

■ 正式接受

任何项目负责人面对的最大的风险之一就是在好不容易完成工作，准备交付的时候却被问道："这是什么？"范围风险管理旨在通过对初始规范的确认、对需求的周期性的重复确认和对变更的谨慎管理来避免这种尴尬情况的发生。定义所有终验测试，使其与初始规范一致，应该成为复杂项目的首要活动之一——作为范围定义与规划的一部分。即使在那些采用了敏捷方法的项目中，为你将要解决的问题和一个有效的解决方案所需要满足的标准做出明确的定义也是明智之举。测试和验收要求也必须在整个项目中适当地进行修改，以响应被授权的变更。如果最终测试和验收标准直到项目后期才得到定义，那么项目的可交付物只有在极少数情况下才会得到接受。

管理这一风险涉及对于可交付物的详细说明和与负责项目评估与最终接受的人的频繁沟通。你也可以通过与他们进行关于原型、增值结果、模型、迭代开发的输出或其他中间项目可交付物的讨论与评估来实现风险的最小化。为最小化项目后期出现的"意外"，详细的、得到确认的范围定义是最好的方式。

当完成了项目时，你应该从项目发起人或客户和关键干系人处得到对项目完成的正式确认。对于那些按服务收费的项目，生成最终的账单并确保客户及时并正确地付费。即使对于最终被取消或没能按所有项目目标完成交付的项目，你也应尽可能地取得对于项目的部分成果或你成功完成了的其他成果的书面确认。

最终项目报告

最终项目报告的主要目的是确认已完成的工作，并告知所有相关人员项目已经结束。最终项目报告也应向贡献者致谢。

合同和文档的收尾

在项目结束的时候，你需要完成所有项目特有的内部协议和外部合同所要求的一切最终文书工作。在所有发票得到最终支付之后，总结所有的财务数据并终结协议。如果有任何有关合同的问题，尽快解决它们。如果你与任何外部服务提供商之间出现过问题，应记录下来并把信息提供给其他项目负责人，以便在将来避免相似的风险。

作为项目结束的一部分，你要把所有最终项目文档放入你的项目信息档案。

承认贡献

世界很小。你如果曾和一些人一起合作，那么你将很有可能再次和他们合作。在连续的项目中管理风险靠的是发展和维持信任关系及团队合作。承认他人的成就和贡献是这一切的基础。

在复杂的项目中，专业技术和勤奋工作经常被视为理所当然。通常情况下，当技术人员完成一项复杂的活动时，他们得到的唯一反馈便是一项新的且往往更加困难的活动的任命。你需要通过当面或书面的方式感谢项目成员，尤其在项目结尾的时候。对于那些为其他经理工作的人们，你也应该向他们的管理层感谢他们的贡献。

保证你的叙述是真实的，关注积极的贡献。如果符合当地文化，请公开赞美项目成员和团队。如果有特定的奖励，如股票期权或其他对于额外的努力的有形补偿，推荐值得推荐的项目贡献者，以奖励他们的工作。

▪️ 庆祝

不管项目结束时气氛如何，你都应该给项目带来一个积极的结尾。你可以组织某种活动来庆祝项目的成功。即使这个项目并未成功，把人们聚到一起并承认他们的成就也是好的。成功的庆祝活动不必太奢侈。即使在那些当下财政状况并不是很好的企业里，项目团队也可以一起分享他们自己准备的食物和饮料。当人们得以把一个项目以友好的方式结束时，他们往往也能更轻易地过渡到下一个项目。如果你的项目团队是一个全球性的或分散的团队，就在各个地点在大约相同的时间组织相似的活动。

项目回顾会议分析

持续管理项目风险需要持续的流程改进。不管你把这叫作回顾会议、经验教训、反思、项目后分析还是别的什么，你的目标都是一样的：改进未来的项目并最小化其风险。如果在你之前的项目负责人在这方面做得更好，那你的项目也就面临着更小的风险。同样，帮助下一个项目负责人——那也可能就是你自己。

项目回顾会议分析的总体流程与我们在第 11 章中所讨论的项目审查过程相似，只是关注点更加广泛。项目审查主要关注当前项目的未完成部分，并利用迄今为止项目中积累的经验来根据实际情况适时调整。而项目回顾会议分析则是更综合的"向后看"，从整个项目的历史中挖掘值得保留的想法和在未来项目中应改进的流程。

在你计划和实施项目回顾会议分析之前，你需要得到管理层在至少一项由回顾结果而推荐的改进措施上采取行动的承诺。如果一次又一次地进行总是发现相同的流程缺陷的项目后分析，还不如不做。这不光浪费参与者的时间，也会消磨士气。在投入资源进行分析之前，你就应该决定好如何使用分析的成果。

▪️ 准备和计划项目回顾会议

详尽的项目后分析要求你有准确而完全的项目数据。当你将最终项目文件存入档案时，请确定你需要什么样的信息，并确保在项目回顾会议期间可以查看这些信息。你应该在项目结束后很快计划一次回顾会议分析，但不是在结束后立刻进行。如果太快的话，最终文件将是不完整的，而且在最后几天的忙乱的工作中发生的事件将会占据分析的主要内容。但也不宜等到项目结束超过两到三周的时间，否则一些重要的，尤其是那些不太开心的记忆，就会开始褪色了。

记得给回顾会议分析分配足够的时间。就算项目很短，也能生成足够且值得你花上一小时去回看的数据。将此事提上日程，让每个参与者都有时间评论并从中收集积极的结果和对流程改进的建议。鼓励参与者有备而来——带着他们认为做得好的或他们想要推荐改变的具体事例。

◢■ 回顾会议调查

如果你的企业有一张标准回顾会议调查表，那么你应该要使用它。回顾会议调查是收集有关信息的有效方式，包括项目定义、规划、缺陷与问题管理、决策、团队合作、领导力、流程管理、管理依赖关系与可交付物、测试、物流和其他项目流程。标准格式通常包括一张以从"强烈同意"到"强烈反对"为尺度进行评价的陈述句的列表，同时也包括手写评语的留白。

如果你没有这样一张调查表，或者你现有的调查表并未包括足够的与风险有关的信息，那么表 12-1 所示的回顾会议调查表可能会对你有用。

表 12-1　回顾会议调查表

项目后风险调查

请对下面各项陈述用以下标准做出评价：

1——强烈同意；2——同意；3——没有想法；4——反对；5——强烈反对

另外，请写下你对以下任一话题的评语或反馈。

1　2　3　4　5	项目制订并使用了风险计划
1　2　3　4　5	项目的问题得到了迅速的解决，并在必要时得到了迅速升级
1　2　3　4　5	进度问题得到了有效的解决
1　2　3　4　5	资源问题得到了有效的解决
1　2　3　4　5	项目说明只在有效的变更控制下才被调整

续表

1	2	3	4	5	适当地进行了详细的项目审查
1	2	3	4	5	项目沟通足够频繁
1	2	3	4	5	项目沟通是全面的和完整的
1	2	3	4	5	项目文档前后一致，而且在需要时能够得到
1	2	3	4	5	项目状况在整个项目过程中都得到了诚实的报告
1	2	3	4	5	对项目困难的报告导致了问题的解决
1	2	3	4	5	项目始终都得到了足够的赞助与支持

在会议期间除了讨论流程，也可以利用回顾会议调查表收集任何无法参会的项目贡献者的输入。

项目和风险管理审查与评估

以目标陈述开始一场回顾会议，同时重申会议议程和基本规则。至少应该明确如下规则：关注过程，避免攻击个人或"批评风暴"。

抓住在会议中生成的想法，并关注所总结的优点和变化。先从积极的方面开始分析，再转移到期望进行改变的方面（不是负面的）。先收集有关项目的积极方面，提醒人们关注做得好的方面，并总结有关项目取得成功的意见。抓住那些在项目中特别有效的做法；确认在未来应该被重复的新的做法或对于已有流程的有价值的延伸。还应该反映你设法避免的已识别出的重大风险（或你得以利用的机会），以及你所采取的行动。

当大部分积极的方面都被归纳时，就把你的注意力转移到期望进行改变的方面。确认那些需要改进的流程和需要简化或去除的做法。考虑你面对的项目问题。重新审视你的风险登记册以识别你曾面对的风险，以及任何发生在你的项目中的未知风险。描述你当时可以实施的改变，以使你的项目能免于类似风险的影响。头脑风暴用于减少错误与失败的策略，并为了在未来项目中避免相似的问题，给出推荐的流程建议。

在会议中自始至终地倾听每个人的建议，而不仅仅是少数发言者。分配一定的时间，进行归纳总结，要求每个参与者给出一个他认为对于未来项目会产生明显改变的建议。以小组集体讨论的形式，对最重要的改变或至少 1~2 个首选的并得到小组支持的改变，达成共识。

通过对流程的反思来结束会议，鼓励项目成员分享他们从项目中学到的知识，以及计划如何在未来项目工作中进行改进。

■ 记录结果和建议

以简洁的格式记录会议结果，把最重要的建议（或所有建议）和关键发现进行清楚、简短的总结，放在记录的开始部分。将项目回顾会议报告发给每位参与者进行审查和评论。

■ 项目和风险管理流程的改进

把最主要的建议向管理层进行汇报，并请求对必要的改变给予支持。小的改变可以相当容易地实施，但是更多重要的改变会生成新的项目，并需要大量的数据、计划和资源去启动。如果你的建议被拒绝，则应该和项目团队一起讨论，找出其他办法避免问题的发生。这样虽然效率差些，但是在你的控制之下。

在任何情况下，至少从每个项目中发现一个问题，在下一个项目中以不同方式去解决。有效的风险管理需要你对持续改进流程的坚定承诺。

检查你的总体风险管理计划和有效性。如果项目遇到任何"黑天鹅"（发生概率低但是影响很大）风险，则要审查评估的总体流程，特别是对概率的估算。如果你怀疑偏见的来源造成了对风险的不正确的分析，那就要考虑改变你的评估流程。至少要下定决心对那些似乎过于乐观的假设进行怀疑，这些假设对最糟糕的情况的影响可以忽略不计或可能性很低。

流程改进基于"计划—执行—检查—行动"周期，并需要坚持。管理项目风险是指重复利用以前项目好的经验，以修复和替代项目失败的地方，每个项目都提供了有益的经验教训。

■ 项目和风险数据的归档

项目完成后，在项目档案中放一份项目结果的副本，将结果分享给其他人，使他们从中受益，包括类似项目的负责人。如果你的组织有风险数据的集中存储库，你可以把完成的风险登记册补充进去。尽管风险经验的公开可能会带来一些尴尬，但隐藏负面经验会导致重复、进一步的痛苦和不必要的开支，甚至更多的尴尬。如果你的组织没有风险数据档案，应当建立一个。

> **项目结束的关键思路**
> - 完整、精确地记录项目结果。
> - 肯定成绩并感谢贡献者。
> - 进行项目回顾且利用建议。
> - 审查风险流程并更新数据档案。

第二个巴拿马运河项目：完工（1914 年）

1914 年 8 月 15 日，第一艘轮船横渡巴拿马，巴拿马运河开航通行。这个巨大的成就在当时被广为传播，成为最大的新闻。不过，这一关注只持续了很短的时间，因为不久之后第一次世界大战在欧洲爆发，运河的故事很快黯然失色。

回顾过去：80 千米（50 英里）的大坝已经建造完成。在美国国会发起这一项目后的十年里，为了完成这个项目，大约有 5 000 人丧生。有些人死于疾病，但大部分人是由于搬运炸药而死亡的（如果包括那些在第一个巴拿马项目中去世的人，总死亡人数高达 3 万人）。尽管经历了各种困难和变化，但是运河的通航时间比 John Stevens 计划的提前了 6 个月。更为引人注目的是，它以低于预算 2 300 万美元完成（已经批准的预算为 3.52 亿美元）。如果包括法国项目的费用，建造总成本超过 6 亿美元。即使这不是唯一一个能提前和低于预算完成的美国政府项目，它肯定也是最大的一个。

这主要归功于 George Goethals。几乎所有的工作都完成于 Goethals 当总工程师期间。运河通航后，Goethals 留在巴拿马运河区做总督，管理其早期运行并处理发生的所有问题。1915 年 3 月，他如此总结在巴拿马完成的工作：

"今晚我们聚集在这里，不是为了要完成的一些工作，而是为了已经实现的成就：两个大洋已经连通了。这些（泥浆）会妨碍和阻止航行几天，但是它们将被如期运走。运河的建造所付出的代价和它将为世界带来的贡献相比，是微不足道的。它的完成是由于聚集在这里的人们的大脑和肌肉——他们如此忠诚和完美地完成了任务；而世界上没有哪位指挥官拥有过这种与我一起为巴拿马运河建造而奋斗的如此忠诚的力量。"

如果你被要求说出一位著名的工程师，Goethals 将是最好的选择。他的成就除了运河，还有对土木工程的重要影响。从这个项目中吸取的经验教训是完全记录在案的（和美国陆军工程兵所承担的所有项目一起）。它们不仅为 20 世纪以后的土木工程项目提供了基础，而且为许多运用现代项目管理方法的项目提供了基础。

第 13 章

项目集、项目组合及企业风险管理

最大的风险是无行动。

——John F. Kennedy

对于任何组织来说，未来需要行动，随之而来的也有风险。本书的主题为项目风险管理，是一个用于管理风险的有用的起点，但还远远不够。有比项目更大的事物，而项目通常只是其中的一部分。项目集是由项目组成的，因此项目集的风险管理虽取决于很多因素，但其中之一就是项目的风险管理。项目组合是由项目组成的，也可能包括项目集，因此项目组合的风险管理也取决于项目的风险管理。企业风险管理包括所有这些类型的风险管理，连同一些额外的因素。本章探讨了项目风险管理与这些更高层次的群组之间的关系。

项目风险管理综述

项目的成功或失败通常测量的是范围、进度和成本的"三角"关系，PERIL数据库中所列出的风险反映了这一观点。项目集和项目组合的成功，都取决于那些达到了它们所承诺目标的成功的项目，更不用说企业的整体健康了。然而，在项目的各个层面上，与项目风险管理的联系变得更加抽象。关注点发生改变，管理者不一定基于任何单一项目的成功来被测量和评估。对其他领域的风险管理的担忧远远超出了那些让项目负责人夜不能寐的部分。项目集风险管理的重点就是处理复杂度。项目组合风险管理则主要关注财务目标的实现。企业风险管理则将注意力转移到整个组织的长期健康和生存能力上。

▗▖ 项目集风险管理的重点

"项目集"是指在不同背景下的不同事情，但 PMI 定义项目集为"以协同方式管理的一组相关的项目"，本章探讨的是这种类型的项目集。项目集管理的主要目标是更好地控制相关联的多个项目，而不是对单个项目的自主管理。项目集包括那些并行实施、串行实施或两者兼备的多个项目。项目是有时间限制的，有特定的开始和结束时间。项目集也可以有截止日期，但有些是开口的；只有组件项目有明确的结束目标。项目集可以包含几个项目，也可以包含数百个项目，或两者之间的任何数目。

项目集风险管理与项目风险管理非常类似，对于小的项目集来说，可能差异非常小。对普通项目集的风险管理可能比所包括的全部项目的风险计划和策略的集合仅仅多一些。但是对于较大的项目集，风险的复杂性会成倍增加，也更专注于利益和价值的成功交付，这可能需要权衡项目集内项目间的风险。因为项目集是由相关的项目组成的，所以风险往往是高度相关的。总体项目集的风险显著高于对其组成项目的风险所做的预期。

▗▖ 项目组合风险管理的重点

当项目聚合成组合时，整体重点进一步从一个特定的项目或项目集的结果上转移。投资组合，不管是由股票、垃圾债券、次贷还是项目组成，主要都集中在资金上——交付预期的财务回报。对于项目组合，总体风险更多地取决于项目的平均表现而不是每个特定项目的成功或失败。正如第 1 章所讨论的，整体风险可以通过许多单独的项目、投资或案例的聚合来管理。如果组成组合的样本项是独立的，则总体风险是可以降低的。然而，项目组合与项目集一样，可能包含多个项目，它们是高度相关的，因而增加了风险。

◼ 企业风险管理的重点

简言之，一家企业可以被看作一系列项目和其他活动，它们持续不断地通过成功地执行这些任务去努力增加价值。理想情况下，相比其他方式，如把钱塞到床垫下面，资产增值对投资者和业主更有吸引力。从这个角度看，企业风险管理与项目组合风险管理不同，其主要目标往往是财务方面的。但尽管这样，在企业层面，对其他风险必须加以管理，因为当中的一些风险关系到企业的生存和持续的健康。必须遵守法律和法规，要建立并遵循原则，以获得未来业主、客户、员工和其他人的信任。项目风险管理的重点是短期的，企业风险管理必须考虑整体和更长的时间。企业风险管理与项目风险管理的关系是双向的。一家企业的财务成功和整体健康取决于有效的项目风险管理，特别是对大型和高知名度的项目来说，更是如此。企业风险管理，特别是在近些年，一直是一个主要的项目来源。

项目集风险管理

项目和项目集管理之间的界线并不十分精确。通过 10 个人的努力，在 6 个月内交付结果的工作可以是一个项目，同时由数百人在全球范围内，通过 12 个独立管理的项目团队在 5 年内交付分期部署的工作是一个项目集。在这两个极端的例子之间，你会发现有非常大的项目，也有规模适中的项目集，两者之间的区别是模糊的。然而，从风险的角度看，项目集风险管理在很大程度上取决于本书的各章节中概述的项目风险管理的原则，附加一些额外需考虑的因素。

项目集管理的主要目的是有效地处理复杂性和细节问题，需要大量项目成员执行上千个活动，计划是庞大的，而且不可能作为单一的工作来监控。项目集经理任务艰巨。他们负责总体目标，管理每位项目负责人的工作，并通常有专门的项目集工作人员或项目集办公室。把大型项目集分解成大的工作块，使其能作为（很大程度上）独立的项目来进行有效委派和管理，这么做与使用 WBS 分解项目出于同样的目的：通过把大的和复杂的内容拆分成更易于处理的部分来降低复杂性。在项目集层面管理风险始于确保在集内的项目层面进行充分的规划和风险管理。虽然这样做对项目集风险管理不失为一个有效的开始，但是还不够。

我们永远不可能把一个大项工作分解成一组完全没有关联的小项；相互关系仍然存在且代表了项目集层面的风险。至少，项目集的范围要连接起集内的所有项目，连同项目工作的整体商业论证。从进度的角度来看，项目集中的项目间始终存在交叉依赖关系。没有一个互联被完全包含在项目集的所有项目里，因此它们需要在项目集层面进行跟踪和管理。这些项目的互联在 PERIL 数据库中显示为由集成问题导致的范围缺陷风险，以及由项目进度问题导致的进度依赖风险。此外，因为项目集通常更大，时间往往长于项目，所以它们的规模代表了更大的风险。

因为所有这些原因，项目集的风险预测通常都超过项目集组成部分风险预测的总和。因为互联的项目间风险的正相关概率，风险适度的多个项目或许集合成为高风险的项目集，此外，还有级联效应。当一个项目发生风险时，它可以在其他一些项目中引发额外的问题，很快失去控制。管理项目风险是必需的，但项目集的风险管理远不止于此。

◢ 规划项目集风险管理

第 2 章讨论了项目风险管理计划的内容。对于小项目，一般非正式的风险管理计划就够了。但对于一个项目集，非正式的计划是不够的。项目集一般很大，风险来源也很多。一些项目集风险源于项目集的上一层，其他风险来自组成项目集的项目，还有一些是项目集本身所固有的。

正式的项目集风险管理计划是项目集启动过程的一部分。在准备开始时，要计算并匹配出风险管理所需要的工作量，并与你的项目集发起人（及其他项目干系人）验证这些工作所需的支持。项目集风险管理的全过程与项目风险管理的过程如出一辙：计划、识别、评估、响应、监控和控制。对一个项目集来说，管理风险的工作量往往包含了项目集工作人员（或项目集管理办公室）的其他已有职责，但如果你准备用单独的工作人员和单独的预算来做这部分工作，则要确保得到相应的批准和资金支持。对于项目集，要记录如下内容：

- 发起人和关键项目干系人的风险承受能力。
- 项目集风险管理的负责人（如果不是项目集负责人）和其他将参与项目集的人员与他们的角色。
- 将用于项目集风险管理的流程，包括项目集风险登记册的格式。
- 审查项目集风险计划的频率。
- 储存项目集风险信息的位置，以及你将如何跟踪和沟通项目集风险。
- 用于监测项目集风险的所有指标。

举个例子，过去几年，我在惠普公司负责一个大型项目集的风险规划和管理。这个项目集负责合并监管全球目前正在执行的，实施单一、一致的业务流程和信息技术应用的所有付费的服务项目。该项目集直接负责每年数百万美元的预算，并有大约 200 名项目成员，这些成员分布在多个项目团队里工作，这些团队负责交付关键功能。该项目集在每个季度发布大约 4 个国家的更新的系统和流程，几年后，这些更新在全球超过 50 个国家运行。

风险管理是项目集成功的重要因素，其所用流程被很好地定义和归档。在整个项目集执行过程中，我用这些流程与其他项目集工作人员一起每月做项目集风险审查。在会议上，我们回顾了项目集风险登记册中已经列出的风险，将不再需要关注的那些拿掉，并根据不断发展的项目集计划和外部变化增加新的风险。在每次会议上，我们重新排序重大的风险，概述风险应对措施和用于恢复的应急计划。在每个月的会议之后，我将更新的风险登记册分发给项目集负责人，并将当前的版本放在项目集的网页版知识管理系统中，提供给项目集里的每个人。通过周期性地考虑风险和保持其可见性，我们避免了一些问题，并保持项目集运转正常。

■ 识别与项目相关的项目集风险和接口

根据对每个项目的规划和风险识别，项目集风险识别一般从对风险的审查开始。在整个项目集中，可能有数百甚至数千个被识别出的项目层级的风险。尽管这样，项目集的风险管理者依然应该检查所有的风险，并提供分析和响应策略的反馈，特别是如果评估出现不一致或有缺陷时。

一般情况下，项目层级的风险最好在项目层面管理。然而，有些还是应该被"提升"到项目集风险登记册中。一些实例如下：

- 项目风险大到可能使项目集无法运转。
- 项目接口和交叉依赖关系。
- 新颖性或技术复杂性可能导致集成问题或缺陷。
- 包含 2 个或多个项目所需的个人或其他资源的潜在冲突。
- 由外包或分布式项目团队完成重要工作。
- 在若干项目中识别了类似的项目风险，汇总后总体影响较大。
- 总体上具有固有风险的项目。
- 那些已被识别的风险在项目周期中可能一直是潜在的问题。

项目之间的依赖关系或接口，是项目集层面的最大的风险源之一。记录和管理这些依赖关系的有效方式是集中管理这些交互性。最有可能的是，在基础的项目计划阶段识别出大多数项目之间的依赖关系，但最终管理这些关系的责任（和风险）将在项目集层面。

所有项目的前续/后续关系的初始计划将在项目层面开始。然而，管理这些可能需要权衡各种关系，因此不能由单独的项目负责人做决定。即使在项目层面上的接口看起来可控，但每个仍代表潜在的重大项目集层面的风险。

管理接口风险包括可靠的、记录良好的、跨项目承诺。图 13-1 所描述的关系显示了一个典型的接口。每个接口都部分地存在于项目集的某个项目里，但同时也有部分在"无人区"，其中涉及的项目在这一区域没有完全的控制权。

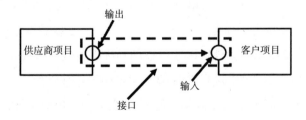

图 13-1　连接两个关联项目的项目集接口

术语"供应商"和"客户"常用于分析项目集内的互联性。接口连接在供应商项目中发起，在客户项目中终止。在任何给定的项目中，至少有一些外部的前续依赖是不可避免的。这表现为项目进度开发的一部分。项目集接口的标识开始于客户项目的计划，该项目在项目集中需要输入。客户项目的每个这样的外部输入对于项目和项目集来说都是一种风险。在项目集里，通过项目计划过程也将发现外部继任项目的依赖关系，某项目提供的可交付物可作为项目集中其他项目所需要的输入。

在项目集层面，交互的项目所确定的所有输入和输出必须连接起来，并用正式的书面说明来记录。所有确定的输入都需要匹配一个合适的输出。项目集接口管理就是要解决所有已确定的接口，并将它们合并到项目集总体计划中。

开始时，客户项目的项目负责人以文档记录所有要求的输入、规格列表和进度。在理想情况下，每个记录的输入将很快关联由供应商项目所计划的一个输出，而且由相应的项目负责人提供快速和便捷的协议约定。当需求或进度都没有问题时，双方的项目负责人正式同意接口的相关条款，将其作为一个具有约束力的合同承诺。

然而，在许多情况下事情没有那么简单。有可能需要输入，但没有计划的输出与之对应。对于其中的一些情形，可能需要一个合理的供应商项目的额外计划，以确保满足需求。对于其他情形，可能就需要改变范围，或者需要客户项目做计划，从内部满足需要。即使当输入和输出匹配时，也可能有问题。当所需要的输入规格和所计划的输出规格之间有差异时，项目集经理可能需要参加项目负责人之间的谈判，并指导谈判过程，以得到一个能服务于项目集的决议。

接口时序问题也很常见，如需要的输入早于对应的计划的输出。在 PERIL 数据库中，这种情况导致了平均近 8 周的延迟，是进度风险的最大均值之一，并代表了非正常的大量黑天鹅风险。这些问题暴露出由项目进度的排序差异导致的重大的项目集进度的问题。根据对项目集内项目计划的审查，一个小的项目集可能看起来就像一个具有 8 个月周期的项目，如图 13-2 所示。

然而，考虑到接口的时间而做调整后，出现了图 13-3 所示的 10 个月周期的项目进度。项目集经理必须协调和解决这些冲突。

如果有确定的项目集输出，但没有项目认领其作为输入，可能预示着一个或多个项目计划的差距。对于必要的输出，项目集经理必须找到相应的缺失了输入的那个项目，与该项目的负责人一起将缺失的输入整合到项目计划中。一

些确定的输出也可能被证明是不必要的，那么在这种情况下，项目集经理将会
与供应商项目的负责人一起确定是否要减掉这些输出，以及相关的活动项。

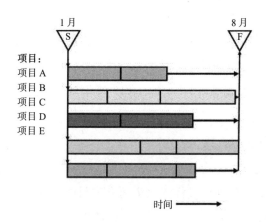

图 13-2　初始项目计划

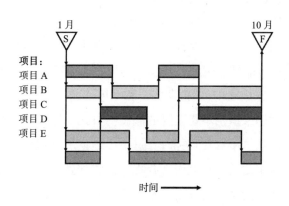

图 13-3　项目集内的项目接口连接的时序性

　　识别和记录项目集接口的过程也有助于管理另一个常见的项目集风险
源。项目集经常因为太快被分成不同的项目，而且很少考虑项目相互关联的影
响，而陷入困境。一个项目越独立，项目经理就越容易管理它。这也意味着很
少有无关联的问题需要项目集经理来处理。集成问题，作为 PERIL 数据库中
的一个巨大的范围缺陷风险，往往是项目集组织复杂性过高导致的结果。如果
一个项目集有 10 个项目和 150 个接口，几乎可以肯定，更简单的做法是将项
目集分解成项目，使更多的依赖关系完全存在于集内的项目间。如果连接项目

团队的接口过多，特别是不同地域的团队，会导致项目集失败的可能性更大且风险更高。制订项目计划并将之集成在项目集中，监测接口的数量，并密切关注一个逻辑上不太复杂的项目集内的项目。

随着计划的制订，确保所有的接口在项目集层面可见，并被正式记录，并得到参与客户项目和供应商项目的负责人的书面同意。即使接口被完全地计划和管理了，它们仍然是项目集的风险，而且应该被记录在项目集风险登记册中。

识别其他项目集风险

你很少能在项目计划的过程中收集所有项目的风险。你需要做额外的分析和制订项目集层面的计划，以找出与外部依赖关系、技术复杂性、资源能力和其他风险来源有关的任何可能遗漏的项目集风险。

有些项目集风险是由项目集层面之上的决策和目标引起的。战略风险源于组织决策和与新项目集相关的目标。在项目集启动阶段，一些假设可能是真实可信的，另一些则可能是猜测和一厢情愿的想法。项目集大且复杂，所以在更多（或任何）分析完成之前，"预期的"和"可能的"之间会有很大的差距。项目集计划将提供用来识别不切实际的假设的方式，以及用来管理期望值和目标的数据。当你确认了项目集目标时，进一步描述所有那些你将无法控制的、可能有问题的项目集的约束和假设，并将它们添加到项目集风险登记册中。

一些项目集层面的风险是项目集本身所固有的。规模是风险的重要来源，尤其当它们比过去任何成功的项目集规模都大的时候。记录那些源于没有先例的人员编制水平、预算、工期或其他与规模因素有关的项目集的风险。项目集通常需要至少有一些创新和新颖性，所以要识别那些有可能有问题的项目集可交付物、新的开发方法或设备，以及不断变化的流程所产生的风险。识别那些与分布在不同地域的项目成员、归属于同一组织但由其他部门领导的项目成员、合同制员工或其他与该项目集没有直接关系的项目成员相关的风险。项目集工作可能包括项目之外但在组织之内的运营和其他部分，所以要考虑与支持、管理、基础设施和其他非项目的项目集工作有关的潜在风险源，还要考虑与潜在的项目集人员任务的冲突、关键项目集成员的流失、项目集资源排队、有效的项目集沟通，以及持续的动机（特别是长周期的项目集）等有关的风险。

与对项目的管理类似，为项目集建立一个风险登记册，在项目集内的所有项目的风险列表的基础上，增加项目集层级的风险。通过与项目集成员（和项目集管理办公室）的头脑风暴，讨论以前类似项目集的经验教训和场景分析等来增加列表项。在本节中讨论的惠普的项目，项目集风险登记册在开始时大约有 25 个条目，而贯穿整个项目集的条目平均大约是 30 个。（在任何特定的时间，在项目层级管理的风险通常具有很大的数量级。）

评估项目集风险

项目集风险评估并没有真正偏离第 7 章中所描述的项目风险评估的原则。按照不同类别，用定性评估方法来排序项目集风险。对于重大风险，则使用定量分析来完善理解并制定响应策略。因为一些风险信息可能是二手的，所以特别要注意数据质量问题，质疑看起来过于乐观的对影响和可能性的估算。如果预计风险后果的影响范围很广，则采用保守的最坏情况估算。对于可能性，探寻风险间的依赖关系，并增加对相关风险的概率和/或影响的评估。项目集风险往往是高度相关的，所以仔细审查那些不同项目间有相同根本原因或类似描述的风险。当在项目集层面汇总时，在组成项目集的项目中看上去排序适中的那些风险或许实际上很重大。当某些项目的风险发生时，可能会出现一个灾难性的、联动的问题，同时影响项目集。

对风险列表进行排序，并选择最重大的风险，重点关注：

- 项目之间的依赖关系和接口。
- 复杂性和潜在可交付物问题。
- 项目成员问题、激励问题和资金问题。
- 任何重大的项目集层面的风险。

项目集风险的响应

做评估时，如第 8 章所探讨的，项目集风险响应主要采用对项目风险有效的类似的方法。对于每个选定的项目集风险，考虑规避、缓解或转移的可能方式。对任何重大风险，如果你发现无法找到合适的应对方法，就要制订风险预留金计划以用于风险发生后的恢复。确保每个项目计划都包含用于管理重要风险的具体细节,并确定如何在项目集层面上监控关键风险的触发因素。

与项目风险一样,可见性是减轻项目集风险的有效策略。当项目集风险的后果显而易见时,要积极地规避它们。即使它们可能发生,但人们从已知的风险中恢复的速度会更快,其影响也能最大限度地减少。

在项目集层面进行风险应对的最后一个区别在于需要一个行之有效的流程,以便当重大风险发生时可以用来快速升级并向上呈报。快速响应还取决于预先设定的项目集层面的预算储备,它被用于处置突发事件。在可能的情形下,也要给项目集设置适当的进度储备来保护项目集关键可交付物的截止日期。

管理和控制项目集风险

因为项目集层面的风险较大,往往时间更长,而且趋向于迅速成为重大灾难,因此必须严格监控。频繁、有效的沟通是完成风险监控的核心,也是项目集经理和成员的主要职责之一。

对于前面提到的惠普的 IT 项目集,我们每月的风险管理审查会议的核心是沟通和风险监控。我们也定期在每周项目集成员会议上讨论主要风险,而且在半年一次的面对面项目集审查会议中,预留出时间来做下一个阶段的风险计划。此外,我们在每月的全体成员电话会议上也要讨论那些重要的即将发生的风险。这是非面对面的项目集团队会议,会上项目集领导团队讲述当前的项目集运行状态。会上准备讨论的所有演示材料被事先分发给大约 200 个项目集成员,并在项目集网站上归档,以备那些不能参加会议的人员查看。

项目集风险登记册的规模随时间变化而变化。虽然风险登记册中的风险并没有大幅减少,但也没有继续增加,如图 13-4 所示。我们管理的风险的总体严重程度也保持稳定。

项目集控制和有效的风险管理也依赖严格控制变更。对于大型、复杂的项目集,任何变更,不管多么简单,都会导致重大的、意想不到的后果。复杂性也要求对变更发生的最晚时间有一个硬性的限制;如果变更出现得太晚,其可能在测试中失败,并在最后一刻被取消。这导致了不必要的工作,这些工作量原本可以被有效地用在项目集的其他地方。

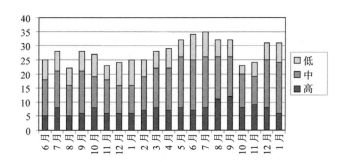

图 13-4　随时间变化的项目集风险，按照严重程度排序

项目集的另一种控制策略是持续地对流程进行审查和改进。在项目完成后做经验教训的研讨是有用的，但对于长期运行的项目集，有很多的机会去发现和处理经常性的项目集效率低下问题及出现的其他问题。

对长期运行的项目集来说，兴趣和动机的减少可能是一个很大的风险。努力让人们定期参与项目集的评审，经常实施并完成有价值的可交付物，提供培训和晋升机会（或至少转换到新的职责），在项目集的几个关键里程碑和取得成就时举行庆祝活动。

最后，因为参与的人员很多且需要相互沟通，所以有着大量成员的项目集很少能达到一个高执行力团队所应有的状态。然而，大的项目集可以建立一个由少数有高执行力的项目集成员组成的团队或项目集办公室，由他们来负责制订计划和长期管理工作。

回顾惠普的 IT 项目集，我们最大的成功因素是从开始就不断投入，在项目集成员之间建立了强大的关系和信任。作为一个团队，我们把这个项目集的需求置于我们个人角色的特定需求之上，从未出现过由于某个人缺席而导致的问题。每个人都清楚整体的工作量，并能在时间紧迫时补充进来。我们的正式角色是什么无关紧要，大家都很投入并完成了工作。这个"人人为我，我为人人"的氛围是我们风险管理的最有效策略，确保了项目集的成功。

项目组合风险管理

如第 1 章所讨论的，在自下而上的组织各层级中，风险管理相应地从微观转移到了宏观。项目和项目集风险管理侧重于具体项目,项目组合的风险管理则更侧重于总体。管理项目组合,开始时要建立战略目标,目标要有助于实现当前组织的长期目标,并可用于设定用来评估潜在的项目和项目集的标准。然而,具体的细节始终重要,因为项目组合的风险管理还需要选择有独立风险的项目和项目集。当项目间风险相互抵消时,总体风险(总结果的预期可变性)趋于下降。项目组合风险管理往往把重点放在财务回报上,同时选择正确的项目组合来大大降低可变性。

项目组合风险

项目组合风险管理并不完全专注于总体以获得最佳的总体回报,也要求组成组合的每个项目和项目集都力争获得良好的结果。管理好项目取决于本书中概述的技术。负责管理项目组合风险的人往往代理某个特定项目的风险管理(或项目集,本节中的术语"项目"也包括项目集),以及肩负所有其他的管理责任。

管理总体的项目组合风险,首先要理解数字中的安全性。在理想情况下,如果项目组合中有足够的项目,而且组织的管理工作还算称职,则少数超出目标的成功的项目会抵消少数失败的项目。大数理论占主导时,细节就变得不那么重要了。这样一个项目组合的绩效就相当于"平均项目"的绩效。项目组合风险管理主要取决于此。

但是,对于平均的想法,项目组合中有一些项目是例外。项目组合风险管理也努力排除那些有很大可能会失败的项目,或者至少要减少这些项目可能对财务和其他方面的损害。一些战略性的项目或许要基于短期的货币回报率之外的因素来进行优先考虑。当进行项目和项目集风险管理时,你必须考虑项目组合的最坏情况。总体而言,根据财务风险和其他重大后果来确定组织可以承受多大的风险。因为这类风险可能会威胁整个组织,对这类风险的应对也超出了项目组合风险管理的内容。这是企业风险管理的一部分,将在本章的最后一节中探讨。

规划项目组合风险管理

项目组合管理主要关心的是项目的分类、优先级排序及选择。优秀的组织都有一个良好的、用于项目组合管理的计划，包括对现有项目组合的流程评估和改进的策略。一些组织每年都要进行项目组合决策，有些甚至更频繁，但这一过程通常是定期而非持续不断的。在做决策的过程中，管理项目组合风险需要与项目管理过程有一个很好的交互。

制订项目组合管理计划，首先要考虑一些项目管理要素，包括总体目标和组织内按照类型划分的多个项目的目标组合。项目组合的选择和决策标准在很大程度上依赖项目风险管理和用于评估与确定每个项目机会优先级的计划数据。有效的项目组合管理流程和项目管理流程之间的整体关系如图 13-5 所示。

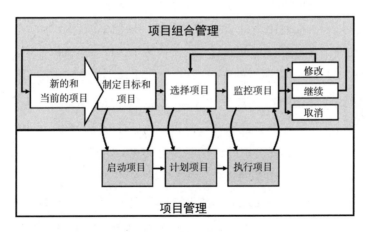

图 13-5　有效的项目组合管理流程和项目管理流程之间的整体关系

项目组合管理流程依赖在不同阶段持续地得到关于项目的反馈。项目组合所关注的项目列表作为项目启动阶段的活动的输入，也需要从这些活动中获得信息反馈。项目组合的选择过程依赖项目在计划中使用的数据，特别是对成本、工期和风险的估算。随着项目的执行，它们的状态被提供给项目组合用于中途的修正，并流入下一个项目组合的决策周期。

一个强大的项目组合管理流程，其各个阶段的核心是项目风险分析。决定启动哪些项目依赖项目风险评估，以确保风险保持在组织的风险承受范围内。对于初创公司来说，对风险项目的承受能力高，因此项目组合过程中启动的项目有相当大的不确定性。相比之下，以固定费用提供定制解决方案的组织则会倾向于排除有风险的项目，以保护其声誉和避免财务受损。要避免不恰当的项目，风险信息是必要的。

基于所有这些原因，项目风险数据应该始终是项目组合选择决策的一个关键输入。因为这些决策通常是在所有详细规划制定前就做好的，所以当项目制订了计划和具备了准确的数据时，重新审视项目组合的决策不失为一个好主意。

规划项目组合管理时也需要制定决策的标准。因为对于大多数项目组合来说，主要绩效测量指标就是财务回报，所以某些 ROI 的估算必然位于或近似位于这个标准清单中的首位。所有类型的 ROI 的评估都取决于两个估算值——项目成本和项目价值，最好两个数据都准确。正如第 9 章所述，ROI 的预测，其准确度并不高；过早的成本估算值一般都不切实际地低，但初始的价值估算值又往往过于乐观。而使用不可信的 ROI 估算则增加了项目组合的风险。

其他标准则来自项目管理领域，包括整体工作量、项目风险概述（通常从调查中得来，如在第 9 章中讲过的一个缩减版的例子）、计划用的信息，以及从项目团队那里收集的其他信息。项目组合决策的标准还包括一些与项目管理无关的内容，如与既定业务目标和策略相一致、对市场和潜在竞争的评估，以及可用的专业技能。选择合适的标准，并明确定义如何评估每个标准，将有助于最大限度地减少项目组合的风险。

一旦标准清单完成，为每个标准设定一个权重。标准的加权方式也会影响项目组合的风险，所以一定要充分重视对风险的评估和可靠的项目信息。

并不是所有决策的标准都一样。一些项目选择的标准倾向于完全绕过项目组合流程。一个例子是，项目让人自由发挥、不受约束的能力。为满足行业标准或环境、法规、法律要求而开展的项目一般不需要进行项目组合分析，这样的项目在做选择和投资时不会有太多的争议。但在计划过程中，你要把那些可以自动地快速跟踪计划的项目限定在那些合法的必需的项目内。绕过项目组合流程，接受未经过充分分析但高层决策者青睐的项目，将会带来很多风险。虽然对这样的项目建议直接说"不"也有风险，但如果你能在充分分析之后将其驳回，对组织、项目团队，甚至发起人，都更有益。

项目组合管理计划的另一个关键考虑因素是项目的组合。在任何一个组织中，从普通的、渐进的项目到或许不可能的高风险项目，各种可能性都存在。典型的项目类别包括：

- 新的基础研究和开发。
- 革命性的产品、流程或新的市场。
- 取代旧产品的下一代/新产品。
- 对现有产品或服务的渐进式改进。
- 维护、支持或基础设施。

从财务回报的角度看，最有潜力的项目通常是那些极端的、前沿的项目。然而，如果你想最小化风险，最理想的项目是项目清单上列在最后的那些更常规的项目。对于一组给定的决策标准，经过排序的清单上的项目将根据类别进行分组。这样或许会导致项目组合中包含了大部分同种类型的项目而有失公允。因为项目的均衡也很重要，所以定义一个最符合组织战略和风险承受能力的项目类型的目标组合更有意义，每个项目类别都有不同的百分比。

随着时间的推移，对于不同的组织，相对比例将有所不同，但目标组合应始终反映当前的战术和战略目标。该组合还应反映不同项目之间的平衡，包括需要短期内取得结果的项目，以及服务于组织未来需求的较长期的项目。对众多项目的管理需要持续的纪律性。包含太多某种特定类型项目的项目组合往往是不健康的，如太多的紧急维修项目或过多依赖不确定技术的项目。当某种特定类型的项目的数量偏离了整体业务目标时，会增加整个组织的业务风险。定义项目组合的流程，目的是努力实现一个由风险和收益与业务目标相一致的好的项目集合成的项目组合。

识别项目组合风险

项目组合风险的识别很大程度上依赖本书前半部分所描述的项目风险的识别流程。

对于仍处于萌芽阶段的项目，可能无法进行详细的风险分析。在这种情况下，至少要通过回顾早期与之类似的项目所遇到的问题来发现潜在的风险。有相关专业知识的人参与的头脑风暴和场景分析也很有效，而且为后续的、更详细的计划和风险管理提供了一个好的起点。

评估项目组合风险和整体风险

虽然项目风险管理的重点是对单一项目的损失×可能性进行评估，但对项目组合的评估则涉及总体风险。项目组合风险评估包括对要包含和要排除的项目的分析，以及对某个项目如何与其他项目关联的理解。

因为组织总是设想很多有前途的项目，其数量远多于能配备人员并能成功执行的项目数，所以项目组合管理就是一个筛选项目的过程。首先要具备合理评估的能力，来决定你可以在项目机会排序表中做多大的调整。确定能用于项目的整体人员数量往往出乎意料的困难；大多数组织对其成员可以完成的任务量都言过其实。组织未考虑必须为支持、维护、运营、生产和其他正在进行的工作配备人员的承诺，从而使问题变得更糟。在高科技组织中，启动了两倍甚至三倍于可以实际配备人员的项目数量的事情并不少见。在审查可用的人员数量时，怀疑是必要的；项目数量过多的问题是一种常见的系统性的项目组合风险。

评估过程的下一步包括对那些用于每个项目的经预先定义的决策标准的信息的收集和评估。正如已经讨论过的，过于依赖 ROI 的估算是有问题的。基于 ROI 对项目进行排序并不一定比随机安排的效果好，事实上或许更糟，因为项目组合分析是将当前正在进行的项目与新的项目做对比。当前项目的成本和价值数据可能部分是真实的，而对新项目所做的投机性估算往往使用乐观的、猜测性的数据，这就让前者在比较中处于明显的劣势。同样的标准必须适用于所有的项目，要看清楚可能的回报。在详细规划之前，新项目往往看上去简单、风险低、回报高。未能考虑这种偏见，将可能导致项目组合的"崩溃"，组合中的项目经常被替换成"更好"的机会，导致在不能完成的项目上浪费了大量的精力。

对项目的有效 ROI 的评估也必须考虑不确定性。对于每个项目，要估算收益的上升潜力（通常这相当于新项目的整体 ROI 评估，因为不可能所有人都认为事情会出错），也要深入地了解每个机会的潜在损失。对销售、价值、利润或其他利益的评估持审慎的态度，特别是那些用不太可信的整数来描述的项目。询问估算收益时所用的假设，并找出其是如何计算的。查询有关威胁、竞争或其他可能影响估算的因素。如果存在一个宽泛的范围，使之更具体可见。

用于评估财务不确定性的另一个技巧是风险价值法（Value at Risk，VaR）。VaR 是一种技术，用于估算在一笔金融投资中可以预期的最大损失的金额。VaR 在 20 世纪 90 年代曾被广泛使用，它是在 Harry Markowitz 的投资组合理论基础上构建的。它将风险分析和 ROI 的计算相结合，并试图揭示所假设的风险的水平，以便更好地管理风险。VaR 基于一些合理但并非完全无懈可击的假设。当金融市场表现良好时，VaR 分析允许金融机构在保持其认为合适的风险水平的同时，维持一个稍高的收益。但当市场波动时，就像 2007—2008 年全球金融危机时一样，VaR 就失效了。在那样的情形下，VaR 错误地解释了所假设的风险，并在很大程度上推动了世界经济的崩溃。

VaR 的基础是定义在特定时间段的各种投资的概率分布。使用分布式和计算机模拟，估算出潜在的收益（或损失）。描述 VaR 的术语如 "在 95% 的置信区间，一周 1 亿美元"，意味着预计在下周损失超过 1 亿美元的机会不超过 5%。有关 VaR 的历史和构成，在 Aswan Damodarian 的 *Strategic Risk Taking* 一书中有很好的描述。

使用 VaR 分析潜在回报需要选择和使用合适的概率分布。采用估算概率的三种技术的组合来确定分布：数学建模、历史数据的实证分析或猜测。在最复杂的情况下，历史数据的实证分析和猜测往往占主导地位，但即使只用一个简单的模型，如高斯分布，在时间短、上下波动小且大部分落在平衡值的时候，依然可以提供有用的信息。

然而，因为下述的一些原因，VaR 可能失效：

- 所选择的某个概率分布只是预测，实际结果可能（通常会）有所不同。
- 即使概率分布具有一般意义上正确的参数，但形状可能不合适。
- 用于定义分布的数据可能不完整或不准确。
- 假设稳定的条件可能被证明正在偏离或比预期的波动大。
- 由于有缺陷的分析或不诚实导致其他假设前提有可能不成立。

相比许多其他类型的投资，项目运用 VaR 需要在一个较长的时间跨度内测试。时间需要延长到该项目的盈亏平衡点，可以是几个月甚至几年，所以与 VaR 的一般应用相比，项目 VaR 的投资变化缓慢。但 VaR 目标都是一样的：评估我们的项目投资中有多少钱存在风险。对一个指定的项目进行分析时，先做一个基本的 ROI 分析。由于一个项目的时间跨度很长，与项目预算相比，使用一个典型假设分布和高置信区间，VaR 会相当大（除非风险很小，而且取消的概率几乎为零）。

一个正在考虑要纳入项目组合的项目，可能是一个预期财务收益为 100 万美元、成本为 75 万美元的项目。按照这些假设，投资回报是 25 万美元，或 ROI 大约是 33%。然而，这很可能不是一个足够完整的故事。毫无疑问，会有一些执行风险和一些不确定性影响收益，所以更现实的数据更可能如表 13-1 所示。

表 13-1　预期收益 单位：美元

	假设值	假设的可能性（%）	预期值
项目成本	750 000	100	750 000
项目收益	1 000 000	100	1 000 000
风险 1	−500 000	10	−50 000
风险 2	−200 000	15	−30 000
风险 3	−250 000	10	−25 000
机会 1	50 000	5	2 500
机会 2	125 000	25	31 250
总预期值			178 750

假设这些可能性会发生，预期收益将有所下降，但仍可以保持在 24%左右，看起来依然是不错的结果。然而，无论是风险还是机会可能都没有发生；或者风险要么发生，要么不发生。鉴于这种情况，项目可能的结果范围如表 13-2 所示。

表 13-2　项目可能的结果范围 单位：美元

最小值	−700 000
预期值（包含风险）	178 750
标准值（仅考虑确定性）	250 000
最大值	425 000

最大值看起来很好；如果所有好事都发生了，坏事一个都没发生，回报会

很棒。如果相反的情况发生了，尽管我们看到了所有的风险，但结果仍然是灾难性的。成本远远超过了回报，显示出该项目的损失很大。

然而，这两个极端很可能都不发生。要观察得更细致，可以利用计算机模拟。使用相同的项目数据并做 1 000 次模拟运行，平均回报约为 17.04 万美元，仅略低于用估算概率加权了风险和机会的数据所计算出的预期收益。该累积值可以绘制成曲线图，如图 13-6 所示。对于这个项目，假设信息是可信的，损失不超过约 25 万美元的机会是 95%。

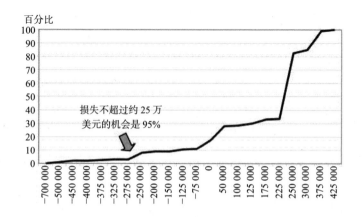

图 13-6　潜在的财务回报（基于仿真软件计算）（单位：美元）

根据模拟值，这个项目未来或者没有回报，或者几乎 20%的时间在赔钱。约 30%的时间，其收益将不超过计算出的预期值。然而，近一半的时间（49.3%），该项目的回报将至少是 25 万美元，并有约 1/6 的机会远远好于这个回报。当然，即便像这样细致观察，也并不完全。该项目失败或被取消的可能性并没有包括进来（应该有一个对假定的收益值的概率估算），而且我们已经假设这些不确定性间没有关联。

无论哪种情况，VaR 分析都提供了一个额外的工具，用于评估和管理项目和项目集投资的财务风险。

无论用哪个决策标准做项目组合分析和项目排名，确保评估风险的因素（如用区间估算的 ROI 或项目 VaR）是混合标准中的一部分，还要设法包括来自项目组或至少是经过认证的专家的有关成本估算及其他项目计划相关的参数的输入。对任何可能会特别严重的项目风险，提供明确的有关最坏情况的分析，并包括与每个项目预期规模相关的风险的评估。

在决定对所有标准的评估时，要面对组织内所有已知的偏见（如为吸引新的项目而低估工作量，对单调、常规的项目又有高估工作量的倾向）。为所有正在考虑的项目取得一致的、可比对的结果。

收集和验证项目评估信息后，用它对列表中的机会进行排序。列表中的前几个项目机会容易被决定：选择可以投入人员的好的机会，并放入计划。然而，越到列表的后边，选择就变得越为复杂。

可以采用一种选择策略创建一个临时列表，方法是从排序列表的顶部开始，确定列表中项目的累积成本，并在最后一个使用了约90%的可用生产力、配备了人员和资金的项目下面画一条截止线。对项目组合的风险管理需要留下一些未分配的生产力，主要是为了应对项目风险，也用于管理组织突发事件和支持、开发意料之外的项目机会。此过程得出的列表是临时的，因为它不可能符合项目组合需要不同类型项目的目标，也可能代表了不恰当的项目组合的风险。

调整分配在不同类别项目上的相关的总投资是相对简单的。把列表中在分类截止线之上的引起超额的项目淘汰，从最低的一个开始删，直到总投资与你的目标持平。类似地，你还可以把截止线之下的项目中增加到临时项目组合中，以提高某类预算太少的项目的累积预算。可能也需要进一步调整，以应对专业知识、设施或其他组织限制。或许还需要额外的变化以确保相关的项目都在计划内或都在计划外；如果那些交叉关联的项目不能同步执行，它们所交付的价值将缩水，甚至蒸发为零。

另一个需要考虑的额外因素是项目规模。项目的相对规模也使项目组合管理具有挑战性。为了说明，考虑下面这个例子。

一位大学教授在她的某堂课上，在桌子旁边放了一个大罐子，然后问她的学生们，她能放多少块石头在罐子里。检查过旁边的石堆之后，整个班级达成了一个共识，可以放六块或七块。果然，当她把石头放进罐子里时，放到第七块石头就到顶了。晃动或往下压都不能把第八块石头放进罐子里。然后，她问整个班级他们是否认为这个罐子装满了。学生们看了看那个罐子，又看了看石头，然后认同这个罐子已经装满了。

这时候，教授从桌子下面拿出了一个装满碎石的碗。由于这些碎石比原来的石头小，她很容易就把大部分碎石倒进了罐子里。学生们看着碎石滚下去，把石头之间的空隙填满。她又问了一遍："现在罐子装满了吗？"

这时，学生们开始明白了，所以大多数人的回答是"没有"。

这一次，教授又在她的桌子下面拿出一袋沙子，倒了大约一半才到罐子的顶部。她又问："现在罐子装满了吗？"

大多数学生认为这次装满了，但还是有学生怀疑地回答说："还没有。"

她又一次弯下身，举起了一桶水，然后把相当一部分的水倒进罐子里。过了一会儿，教授看了看装满了浸泡着的沙子、碎石和石头的罐子。她回头看了看学生，问道："你们从中学到了什么？"

一个学生勇敢地说："一个容器不一定是满的，即使它看起来像满的。"

教授承认，这是个不错的体会，但并不是她所想的。她从桌子上拿起最初用来填罐子剩下的一块较大的石头，把它举过罐子，说："如果你不先放这些大的石头，你根本不可能再装其他的东西。"

在一个项目组合中，你总能找到一些方法来容纳一个额外的小项目。在项目组合过程开始时，不考虑大的且往往是战略性的项目，就可能导致项目组合里全是较小的项目。这可能会导致没有足够的资源来适当地支持主要的项目机会，所以应考虑把"大石头"优先放入。

在接受项目进入项目组合时，你可能很容易把 100%可用的生产力都分配到项目上。而这是有风险的，因为没有余量应对可能出现的问题，所以对所有项目都产生不利的影响。

管理项目组合风险所需的最后一步是评估这个组合的整体风险。这包括评估选定项目的风险相关性。项目组合管理的主要目标之一是找出负相关，并利用它们来降低整体风险。这就是为什么有些人投资于基金，而不是单只股票。尽管基金的收益可能总是低于某只股票，但其潜在损失也低。在基金这个篮子中的整体股票的回报更易预测，而且风险更低。当然，一般来说这是对的，但不一定总对。如果某只基金中的所有股票都处于单一行业，有相似的风险和威胁的话，它们之间呈正相关。任何一只股票下跌，其他股票都可能会跟着下跌，所以基金的损失完全复制了每只股票的损失。当所有项目的风险相关联时，同样的问题会发生在项目组合中。

我们之前讨论过的一个策略有助于管理这个问题——强制设定项目组合中不同类别项目的比例。除此之外，项目组合经理还需要考虑临时组合中的项目，通过其他因素来检测它们，这些因素包括：

- 依赖类似的新技术或应用。
- 对同一资源的依赖，特别是外包的或专业化的配置人员。
- 若干项目都列出的通用的重大项目风险。
- 不同项目共有的潜在失败模式。

项目组合管理流程试图寻求最佳的或至少是可以接受的一组项目来做。虽然风险仅仅是应用在决策过程中的标准之一，但它是核心，因为项目组合流程就是最大限度地减少组织风险的一个重要的策略。

在提议的项目组合中，每个新提出或继续的项目会有三个可能的结果：

1. 该项目被接受，成为项目组合中的一个项目。

2. 该项目被接受，但在将其纳入项目组合之前，该项目需要做变更（范围、进度或资源）。一些项目可通过转移（通过购买保险来应对财务超支的风险），将风险降至一个可接受的水平；或者通过将项目转换为合作项目，并和合作组织分担风险（和收益）；或者通过其他的调整实现。

3. 项目被拒绝。一些（也许是大多数）项目被驳回或推迟到稍后再考虑。

在最终确定项目组合的项目名单之前，确保单个项目风险和整体累积风险都已经被彻底地评估过，而且候选名单与组织的风险承受能力相一致。确定被纳入项目组合的所有特别有风险的项目，并确保负责项目组合的高管对项目进展有足够的了解，至少每个月监控一次。

项目组合决策从来不是一成不变的；成功的项目组合管理必须定期重新审视选择流程，包括风险评估。通常每季度进行一次对项目组合的审查，或者当一个特别大的项目完成后，也需要对其进行审查。对项目组合的审查，要重新审视组合的假设和标准，并考虑项目当前状态信息，特别是有问题的项目的数据，管理项目组合的风险。

项目组合的审查过程基本上也是在重复前面描述过的选择过程，但审查的关键目标之一是尽早检测和排除不合适的项目。这确保了正在进行的项目组合能继续包容最好的项目机会。最好的、一流的高科技公司都要在做更多投资之前尽早发现和取消有问题的项目。

项目组合审查的其他目标是保持项目的平衡，并使项目组合需求保持在组织的能力范围之内。在项目组合确定后，可能将来会出现额外的好项目的设想。保持一些闲置的人力的一个原因是允许该组织能开拓新的、意想不到的机会，而将这些设想中的一部分增加到项目组合中不一定是个问题。然而，在选择和启动新项目时，常常缺乏规则，而且将项目放入计划时所用的标准也并不总是像决定初始项目组合时所采用的标准那样严格。很快，这将导致一组计划内项目的资源不足，其中一些项目的进展停滞。好上加好的理念促使过大项目和项目组合风险的出现。高科技企业开展的项目所需要的资源是实际可用资源的两倍甚至三倍，这种情况很常见。如 PERIL 数据库的数据所示，资源的低估是一个常见的项目问题。更糟糕的是，计划外增加的额外项目往往很迫切，这又会将项目组合转向短期项目。这个零和游戏将导致那些对整体组织非常重要的战略性项目的资源不足，增加了未来的风险。审查项目组合进行风险管理的方式，是通过调整项目比例的不平衡和精简项目清单，使项目能配备充足的人员且能够被管理。

监控项目组合风险

项目组合管理不需要大量的日常关注。项目组合风险管理主要体现在选择和审查上。然而，有几个问题需要持续地关注。

至少每月都要监控项目组合中所有项目的状况。项目组合的监控过程取决于项目执行和控制过程，两者是并行执行的，如图 13-5 所示。对每个项目，定义并跟踪一些项目诊断的指标，如第 9 章所描述的那些。有一些软件工具可用来监控一组项目，并生成项目组合的项目仪表盘。对于较大的项目组合来说，仪表盘非常有用，或许也非常必要。然而对于中等大小的项目组合来说，仅使用几个关键指标对过程进行监控即可，通常不需要很复杂；可能用电子表格或一组演示幻灯片进行跟踪和报告就够了。

　　大多数项目组合都包含少量的高风险项目，这些项目需要特别注意。至少每月要做一次深入的进展审查，及早发现那些可能会发展成重大难题的问题。对项目组合中目前陷入困境的所有项目，要重点关注使项目变得可控所需要采取的措施：分配额外资源、修正预期，或者做出其他改变。利用现有预留的资源来解决问题，并及时处理项目上报的所有需要管理层关注的问题。

　　与管理项目一样，管理项目组合遇到所谓的坏消息时，依然需要专注于对问题的分析和解决。对于不利的状况用批评、惩罚甚至不同意来做出回应，会使情况变得更糟。对于有风险的项目，团队往往缺乏动力，因此你需要一个积极的、热情的项目团队来解决有挑战的问题。一个陷入困境的项目，如果都是由失望、沮丧的成员组成的，它很可能永远都无法走出困境。

　　如果经过努力之后，依然无法找到一个合理的恢复方案，那么取消这个项目，并将之移出项目组合。当一个项目正不可挽回地走向失败时，项目组合经理的工作重点就是要减少损失。

　　当不同项目争用同一资源时，必须监控和检测整体资源的使用。每当稀缺资源导致项目间的竞争时，要对组合做调整，如果必要，暂时（甚至永久）关闭项目。当重要的项目因排队等待稀缺资源而不得不延期时，应考虑配置更多的资源，或者至少确保队列的排序基于项目的优先级，而不仅仅是先到先得。

　　项目组合中的另一个问题源于用来测量成功或失败的财务基准。对项目所做的假设往往被事件所取代，特别是长期的项目。此外，随着项目的进展，对成本和价值的估算可能会改变。在组织内部，甚至外部的变化都可能显著改变对任何指定项目的总体评估，而且这些变化中的一部分可能会大大降低项目的预期价值。随着新信息的出现，重新评估受影响的项目，以确定它们是否还应该存在于项目组合中。

　　总体而言，在项目组合中管理风险，需要持续的努力来确保所需的资源是可用的，风险是被预期和管理的，决策和其他所需的管理行动是及时的，阻碍进展的障碍被移除，而且问题得到解决。如果项目组合中都是人手不足、经费不足、麻烦缠身的项目，则表明存在所有组织都无法接受的风险。

企业风险管理

　　本章的最后一节上升到了组织中更高的一个层次。企业风险管理概念包括所有项目、项目集和项目组合的风险管理，甚至更多。企业风险管理的一种定义采取传统的风险观，在这种情况下，风险是对整个组织具有潜在危害的不确定性。而最近又出现了一个更为狭义的以政府规章和行业标准为基础的企业风险管理概念。与以前讨论过的风险管理类型相比，企业风险管理都更注重长期。在本章剩下的内容里，我们将从更传统的角度出发，探讨项目风险管理和企业风险管理之间的关系。

▟ 组织所面临的常见威胁

　　企业风险与项目风险管理有关，因为项目既引起企业的风险，也被用来管理风险。对项目导致风险的所有原因的讨论贯穿本书。来自单个项目的企业风险管理通常被下放到更低的组织层面上。这种类型的风险管理依赖在第 8 章和第 10 章讲述的项目风险管理技术，以及在本章前面探讨的管理项目集和项目组合风险的想法。除了可能会对整个组织产生重大损害的最重大的"黑天鹅"风险，在企业层面，项目风险很少得到积极管理。

　　尽管企业风险管理者通常不太关注项目风险，但反过来就不成立了。企业风险管理对项目的影响是相当大的。企业风险管理的目的是确保组织具有持续生存能力。企业风险管理者会将注意力集中在一些可能影响项目的特定领域，包括：

- 安全和保密。
- 欺诈和财务责任。
- 意外损失和灾害。
- 组织声誉和品牌保护。
- 知识产权管理。

当然，这只是一部分列表。许多其他的问题也能代表企业潜在的损失或对企业的损害。用于管理企业风险的一道防线是定义并实施旨在最小化风险的流程。例如，法律合同范本和审查程序降低了财务风险。还有用于降低组织其他类型风险的强制性规定，如保护知识产权的保密条款。对明确定义和记录的商业道德规范及其他业务流程所做的强制性培训，是管理企业风险必不可少的。员工的安全对企业也很重要。两个世纪前从制造火药起家的杜邦公司，为了确保所有办公地点的安全，一直要求员工遵循严格的流程，并定期召开全体员工参加的安全会议，包括那些总部办公室的工作人员，尽管这些地方的安全风险可能就是被纸划破了手。

所有这些及其他企业层面的行为，目的就是管理与项目风险管理相关的风险，因为它们影响每个独立项目所面临的风险。与组织制定的风险相关政策保持一致，是为了降低项目风险，而且组织内部的标准和规则有助于强化实施风险管理的方法，以此帮助那些可能缺乏方法的项目经理。除了政策和项目相关的流程，由每个项目创建的每个可交付物也必须满足保密信息保护、安全性、可靠性和其他组织执行的既定标准。良好的风险管理就是将风险限定在组织预期可以接受的范围内。

对有些项目而言，与企业风险管理的关联更为重要。在一些特定的年代，在一个组织里运行的一部分项目能降低企业风险。其中一些项目准备实施新的安全程序或更换有故障的设备。另一些项目则准备开发技术或算法来控制对安全的威胁、消除欺诈，或减少其他潜在损失来源。企业风险管理是项目的一片沃土。

Y2K"千年虫"是一个影响巨大的例子，它影响了世界各国的公司。数十年来软件的开发和实施一直用两位数字代表日期里的年份，但随着 20 世纪末的临近，问题开始变得迫在眉睫。大多数组织认识到这个真正且内在的威胁，始于 1993 年 *Computer World* 上 Peter de Jager 发表的一篇文章。在他的题为《2000 年末日》（*Doomsday* 2000）的文章中，他比较详尽地说明了当世界时钟跨越 1999 年 12 月 31 日到 2000 年 1 月 1 日时将会发生什么。不管标题如何，这篇文章讲述的并不是一般意义上我们所理解的世界末日，更多的是关于问题所影响的广度和解决问题所需要的巨大努力。下面是 de Jager 的文章节选。

我认识的一位信息安全人士进行了一项内部调查，得出了以下结果：104 个系统中，18 个在 2000 年将无法使用。这 18 个非常关键的系统由 8 174 个程序和数据输入屏幕，以及 3 313 个数据库组成。在剩下不到 7 年的时间里，一些人需要加班加点地工作。顺便提一句，仅完成这项调查就需要 10 周的工作量。10 周只是为了找出有问题的地方。

这篇文章提出了很多问题，因为从 20 世纪 90 年代早期开始，计算机就被用在所有可能的场合，从国防系统和工厂自动化控制到确定干衣机中的水分和烤面包的颜色等。这篇文章也就如何区分重要的应用和不重要的应用提出了一些好的建议，主要的一点是从中区分出那些代表着意义重大的、永久性潜在危害的真正的风险。并不是所有的计算机都会有风险。重要的是是否使用了日期功能，以及是如何使用的。在某些情况下，问题只是暂时的，如那些仅需要几天或几小时信息的实时应用程序。在其他情况下，这种危害也可能是暂时的，因为事情发生后可以很容易地检测和修正（通常手动完成，成本很高，但大多没有对外公开）。问题被公开后，全世界的程序员都开始考虑因为无视应用程序中关键部分的每个存储日期而可能带来的后果。人们在财务和工资系统上倾注了大量注意力，因为要确保工资是正确的，而且储蓄账户不会消失。

然而，在某些情况下，影响并不是暂时的或很容易被解决；在某些情况下，风险可能会产生巨大的、不易诊断的后果，如出现导弹误发射、医院的关键护理设备失控、飞机从天空坠落等问题。大部分极端情况是小概率事件，这在当时是众所周知的。在最近的一次对话中，de Jager 回忆了当年预测 Y2K 可能导致"美国永远失去力量"时所受到的质疑，并再次重申，文章的观点并不是说我们要面临着文明的终结。就像 de Jager 在 1993 年所说："我们很难承认我们犯了一个'小'错误，但它将花费公司数百万美元……我们必须马上开始解决这个问题，否则就没有足够的时间去解决了。"

和任何风险一样，分析 2000 年风险时也考虑的是损失×可能性。Y2K 风险的总体评估相当简单。对于许多软件应用程序来说，基本可以肯定的是，在 2000 年 1 月 1 日某种故障的发生概率是高的。也不难估计其对大多数情况的影响——许多情况下的影响很大。即使对有些情况所估算出的经济影响似乎不大，但可能要考虑其他一些企业层面的因素。公开场合下，特别是 1999 年年底，很少有组织愿意表现出尚未准备好。对于这种高度公众化的问题，一旦公司表现出难以应对，会使公司看起来无能并自毁声誉。在这种情况下，即使能够测量出影响，也已经难以准确估计。正如在第 7 章中讨论的那样，这种定性的风险影响往往代表着风险的最重要的结果，特别是从企业层面看。

作为惠普内部的工程和项目管理顾问，我看到了项目层面上对 Y2K 响应的进展的第一手资料。在惠普，风险无疑是真实存在的，人们也普遍认可及时的行动是必要的。惠普启动了数百个项目来解决 Y2K 问题。像许多公司一样，惠普对很多现有的软件进行了仔细的检查。有些项目重写或替换了应用程序，其他项目则升级计算机硬件，以消除潜在的问题。

全球所有公司、政府部门和其他组织对这类项目工作和基础设施变更的估算达到数千亿美元，大量资金被投放在风险管理上。

在项目层面，Y2K 的影响大多局限于技术项目这一类。但风险敞口在企业层面，一些企业所暴露出来的风险远远超出了这一类。提供 IT 产品和服务的企业面临着额外的风险——潜在的诉讼和对企业声誉的损害。这些威胁远远超出了费用，极有可能丢失客户，以及产生对整体业务的根本性威胁。

在惠普，需要启动更多的与 Y2K 相关的项目和工作来管理这个问题。1998 年，作为负责美洲市场推广职责的成员之一，Ted Slater 参与管理了一个企业危机公关项目集。该项目集最初与 Y2K 问题并不相关，但随着 2000 年的临近，项目集范围被扩展到覆盖整个公司对 Y2K 问题的反应，并服务于整个公司。其重点是有效处理所有的客户问题，特别是那些有可能产生公众影响或涉及法律的问题。公司的主要目标是"为客户做正确的事"，并且很快地做。工作内容包括：

- 建立明确定义的、快速向上反映问题的流程，特别是有任何潜在安全或健康后果的事件。
- 让所有相关的人能快速参与。
- 与各方保持有效和明确的沟通。
- 指定一个责任人，负责所有与外部的沟通和管理，对每种情况有唯一且一致的信息。

项目集的主要目的是通过迅速采取行动解决问题，以及"客户至上"，来保护公司的声誉和品牌形象。应对 Y2K 的准备工作包括模拟测试所需流程。

这些测试确保了流程能按计划运行。这些测试场景也对培训材料做了改进，并为过渡到 2000 年做准备。就此，惠普准备好了。

Slater 报告说，有少量惠普的客户在 2000 年 1 月之初出现了问题，但只是原来估计的最坏情况的一小部分，并没有重大问题发生。在惠普，这次特殊的企业风险被管理得很好。

在惠普，对 Y2K 的风险管理被证明是成功的。截至 1999 年年底，虽然有很多问题，但大多是小问题，并被快速解决，但也有极少数是灾难性的。虽然 Y2K 的影响看起来很小，但实际的影响确实包括了大量没有公开报道也看不见的清理工作，特别是在没有受到严重威胁的区域。然而，不管做了多少宣传和准备，一些重大的问题还是发生了，其中的一个案例是英国用来筛查孕妇的一个应用程序。软件提供了错误的孕期月份的报告，还好，相关的软件缺陷被诊断出来且能被修复。

Y2K 问题没有造成大规模影响，可以被视作风险管理的技巧性应用的一个令人满意的结果。不过，这种结果也被有些人拿来作为证据，论证 Y2K 问题是小题大做。对我来说，毋庸置疑的是，这些风险是真实的，什么都不做就是会有问题。

然而，这场辩论的存在提出了一个通用的而不仅仅是有关企业层面的风险管理的基本问题。管理风险从来都不是没有成本的，应对 Y2K 的成本就相当高。对于决定要进行管理的任何风险，我们都必须投入时间和金钱，现在这很容易测量。当不作为的潜在成本和影响看起来更大时，我们通常要做一个选择，正如在本章开始时引用的 John F. Kennedy 的说法。

然而，选择行动，改变一切。因为采取响应行动而消除或减轻了风险，所以也就不可能知道如果不采取行动会发生什么。正因为如此，几乎不可能确切地证明管理风险是值得的。如常见的 Y2K 问题，你通过检测并修复软件缺陷降低了风险，或者为了避免风险而放弃老系统和应用程序并取代它们，因此不作为的代价永远不能确定。对所规避的影响的估算将永远停留在一个不确定的预测值上，任凭想象。你不能测量一件没有发生的事。特别是回顾过去时，人们常常批评管理风险的代价，是因为他们不理解（或不关心）潜在的后果，或者不相信风险的影响或可能性。尤其在当下，在组织短视的情况下，马上将投资用于管理未来可能发生也可能不发生的风险，让人相当难以接受。

基于标准的企业风险管理

企业风险管理变得更加具体，特别是在美国。一些组织已经编纂了最佳实践，用于管理企业风险。其中之一就是 Treadway 反虚假财务报告委员会下属的发起人委员会（Committee of Sponsoring Organizations，COSO），一个美国政府发起的组织。COSO 和其他团体所定义的框架和标准用来管理企业风险，对组织内部的风险管理有实质性的影响。

COSO 是一个委员会，其前身是由美国国会在 20 世纪 80 年代发起的一个委员会，成立的目的是解决财务报告不准确的问题，特别是已经濒临破产但仍然发布看起来正常的财务报告的公司。它由 James Treadway——美国证券交易委员会前主席领导，包括美国五家金融标准组织，每家都会参与一些财务会计或审计。1992 年，COSO 发布了 COSO 内部控制框架，定义了财务报告的标准。该框架涉及企业风险评估，但没有详细说明。它呼吁确定风险的重要性（影响）和可能性或频率，但并没有指出该如何执行。它还概述了如何管理风险和采取什么行动，但它把细节留给了企业的管理层。在更多的违规行为被报告后，包括现在有据可查的 Enron、WorldCom、Tyco 和其他欺诈，COSO 扩展了控制框架，包括企业风险管理。COSO 在 2001 年发起了这个项目，并邀请普华永道参与。该项目最终以在 2004 年出版了 COSO 企业风险管理整合框架而结束。

这个框架在美国产生广泛影响的一个主要原因是它考虑了 2002 年颁布的《萨班斯–奥克斯利法案》（SOX）的相关要求，以及世界各地不断增加的越来越多的类似于 SOX 的监管立法的要求。为了满足 SOX 和其他类似立法的要求，企业必须建立和遵循明确定义且可控的流程并体现在公开的财务报告中，而风险管理已经成为这个流程的核心环节。

本书的重点不在于概括企业风险管理或特指 COSO，而是致力于讲述已被 COSO 和其他类似的标准化组织所广泛影响的项目风险管理实践和原则。整体理解 COSO 企业风险管理框架，有助于确保项目管理自始至终满足并符合企业的需求。

COSO 企业风险管理框架由八个相互关联的部分组成，它们在企业组织上至董事会，下至管理项目的基层部门的各个层面上保持了一致的定义。

1. 内部环境：包括标准、流程、道德行为准则及在第 2 章讨论过的有关风险管理规划的诸多内容。这里的风险承受能力被称为风险偏好。

2. 目标设定：回答做什么的问题。在企业层面，目标设定起始于制定战略，并包括战术、目标和当前的项目。这一流程与本章早先介绍的项目组合流程有重叠，在这里，目标测量机制得到定义，并将应用于整个组织机构。

3. 事件识别：企业风险识别，包括（但不限于）本书第 3 ~ 5 章论及的项目风险识别。

4. 风险评估：包括定性和定量分析企业整体风险，采用的方法与本书第 7 章和第 9 章的内容一致。

5. 风险响应：精确定义与第 8 章和第 10 章内容相同的有关风险的响应——规避、缓解（或降低）、转移（或共同承担）及接受。

6. 控制活动：本条及后面两条风险管理框架的内容与本书第 11 章论述的风险监控的实践内容一致。这里尤为强调风险响应的责任归属及使用回顾分析来获得反馈信息（参见第 12 章内容）。

7. 信息和沟通：沟通永远是实现所有层面上的良好管理的基础。这里要重点强调的是可信任的沟通、经常性的报告和对信息的妥善保管。

8. 监控：本内容与控制活动紧密关联，对于目标测量尤为重要。例如，Robert Kaplan 的平衡计分卡的概念通常是企业层面监控的一部分。

总体而言，COSO 企业风险管理框架界定的路线图与 PMI 的《PMBOK® 指南》的内容及其他有用的管理业务风险的指南高度吻合。

COSO 在企业风险管理标准领域并不唯一。风险及保险管理协会与全球保险产业保持一致，都有一套相似的准则。国际标准化组织（ISO）采用了一套国际风险管理标准，即 ISO 31000。ISO 标准体系列举了七个管理风险的方法，而事实上这些方法完全等同于我们阐述的风险规避、风险缓解、风险转移和风险接受。

除此之外，未来无疑会出现更多的风险管理标准。无论如何，基本内容都不可能有本质的变化，过去一直沿用的风险管理的基本思想也会相当持久。然而，不管怎样，作为企业风险管理的直接结果，仍有一系列新的项目产生。在本章项目集风险管理一节中提到的那个我在惠普负责的项目集，主要就是美国和其他地方的监管变化的结果。特别值得一提的是，SOX 的 404 节就要求进行自上而下的风险评估并制定报告的强制标准。这导致了美国的公司整体对流程的收紧。在惠普，其对全球的收费服务项目更换了不同的跟踪和管理方法来确保一致性。更好的内部控制、更多的审计和改进的流程测试，一直沿用至今。

> **项目集、项目组合及企业风险管理的关键思路**
> - 管理好每个项目的风险。
> - 理解和管理项目集风险，特别是项目间的依赖关系、资源冲突，以及项目集的"致命缺陷"。
> - 用合适的标准，包括风险和公正地评估所有项目机会，来最小化项目组合的风险。
> - 确定项目和项目集的相对风险，用风险相关性分析来降低项目风险。
> - 通过严密监控和定期维护项目组合来管理企业风险。
> - 通过了解和遵守你所在组织的政策和标准来管理企业风险。

第二个巴拿马运河项目：年复一年

在工程结束时，项目团队并没有停止工作。运河一直运营着，但事情很少一成不变。巴拿马运河项目的成功，正如预测的那样，好坏参半。在其运营的第一年，运河交通量日益增加，需要越来越频繁地对水闸注水和排水。水闸的注水源自 Gatun 湖，排水则排到海里，需水量取决于交通量。通过水闸的船只越多，从湖里抽出的水就越多。即使热带雨林也有旱季，所以湖水水位的周期性下降并不罕见。在巴拿马中部约 13 千米的 Gaillard Cut 段水道，当其水位太浅时，运河就被迫关闭。

随着岁月的流逝，企业风险越来越突出。它干扰了美国海军的行动，而支持海军行动恰恰是最初启动运河项目的主要原因之一。为了解决几十年来为保持运河全年运行而一直面对的周期性的难题，一个相当大的后续项目开始酝酿，以确保供水更稳定。此项目建造了另一座大坝，在 Gatun 湖上游进一步连通了 Chagres 河。1935 年，Madden 大坝建成，形成了 Alajuela 湖，从这一天开始，运河有了额外的水源。

第 14 章

结论

无论你认为自己行还是不行，你都是对的。

——Henry Ford

风险管理流程提供了一种方式，让你了解你的项目是否可行——是否应该相信它是可能的。基于可靠信息的自信心，是成功的强大决定因素。项目风险信息也是人们需要的关键数据源。即使风险评估后的结论是负面的，它也依然会帮助你选择更好的替代方案。

本书涵盖了项目风险管理的广泛思想和技术。人们有理由去问这些是否总是都有效，答案是：不都有效。某一项在某些时候对某些项目是基本有效的，但很难想象任何项目都会从本书讨论的所有内容中受益。此外，一些概念代表了实现类似结果的替代方法，但它们可能用处不大。

那么，什么是合适的呢？对这一问题的答案，就像对于有关项目管理的其他好问题的答案一样，就是要看具体情况。项目千变万化，没有一个答案会适合所有项目。权衡风险信息的价值和获得这些信息所花的工作量和成本，通常会对项目风险管理的程度做出判断。

也就是说，至少有一个有用的指导原则适用于你的项目。足够的计划和风险管理会说服你相信项目在事实上是可行的。Henry Ford 的名言适用于各种项目。当相信可以做到时，人们会出乎意料地成功交付非常困难的项目。当人们确信自己会成功时，他们会坚持直到找到成功之路。相反，如果人们缺乏信心，即使最微不足道的项目也会失败。由于相信失败，没有人会投入太多精力。

向所有担心的人证明你的项目至少已经合理地定义了用于项目计划和谨慎的风险评估的最低投资。如果你可以通过非正式的讨论来做到这一点，并从索引卡或黄色便签上获取必要的信息，那么就以这种方式开始工作。如果你的项目更正式——大多数复杂的项目确实如此——那么要确定你需要做什么来为项目团队提供信心，并且要为状态跟踪和变更管理建立基线，但要务实。引入不必要的计算机工具和复杂的分析技术对于项目和风险管理来说并不合适。

进行持久的流程改进的最成功的策略是，用可衡量的术语清楚地定义你的目标，然后随着时间推移进行小的流程添加和调整，评估它们是否有效和有用。在一系列项目中持续实施这种策略，将会以可接受的成本和时间进行有效的风险控制。给一个项目一下增加很多额外的管理成本，不仅昂贵，而且会分散项目负责人对其他项目问题的注意力，结果是出现的问题比解决的问题还要多。

想象一下，像工匠看待自己的工具一样考虑本书的思想和技术。工具包里的工具，有的每天都在用，有的只是在一段时间内偶尔用一下，甚至有的工具至少到目前为止从未用过。整套工具的重要性在于没用过的工具也是有其用途的，因为工匠知道在需要的时候，手边要有合适的工具。

选择行动

风险管理特定兴趣组织（Risk SIG）的主席及项目风险管理的权威 Charles Bosler 曾经说过："风险是简单的，它需要你对未来做出选择。"如果你当前不去管理风险，那么要为你的项目的未来考虑如下选择。如果项目成功率有所改善，那么这些选择已经足够。如果问题持续存在，则要增加更多的选择，并且不断尝试。虽然风险永远无法从项目中完全消除，但是通常能够减少，且往往花费的额外工作量也相对不大。以下是对要开始管理项目风险的人士的建议。

▪ 范围风险

应通过详细定义项目范围来最小化风险。项目可交付物的模糊、错误定义，或者所谓"灵活度"代表着真正的失败模式。如果你所了解的信息不足以定义项目范围的每个部分,你可以考虑用敏捷方法把项目转换成一系列你可以定义的相对较小的工作。这些工作一个跟着一个,你可以基于这些工作,细化范围定义和后续步骤。如果将项目分解成渐进的小块工作不可行,则可以采用稻草人规范(Straw Man Specification),以尽可能详细地记录细节并引入批评机制。通常要和项目发起人、客户及关键干系人一起确认范围定义,并设定期望值。

■ 进度风险

项目规划是管理进度风险的基础,为一个马上开始的短期(最短的)活动制订计划不是一个好选择。应根据工作情况,识别出所有和过去曾造成麻烦的活动类似的项目活动。对每个项目估算,根据你的信心设定一个估算范围,探查最坏的情况并记录其后果。对于有重大风险的项目,应考虑预留一些时间,但应尽量建立一个可信的计划,以在承诺的截止日期之前完成项目。

■ 资源风险

大多数资源风险与瓶颈及约束条件相关。如果没有避免类似状况发生的计划,以往的项目资源问题可能会重现。应进行足够的资源分析,以基于项目预算和现有人员去协调需求和所需技能。对于外包及采购,要给予充分重视。对于有特殊风险的项目,要通过谈判得到更多的预算储备。

■ 一般风险

与项目团队一起检查你的计划,并讨论可能的风险。列出已知风险并确定每个风险的发生概率和影响,并至少给出风险度高/中/低的评估。优先考虑并分发一个包含重大风险的风险登记册。风险登记册使得项目风险暴露无遗。为最重大的风险制定预防或补救措施。无论你是否选择(甚至是否能够)对你所识别出的风险做出响应,意识到风险也会令事情有所不同。风险的可见性是把失败和成功分离开来的主要因素。

管理风险

风险管理的另一个必要需求是跟踪和变更控制。Dwight Eisenhower 说过：
"在准备战斗时，我总是发现计划是无用的，但计划又是必不可少的。"
Eisenhower 承认，很少有事情完全按照计划进行，特别是对项目而言，这是千
真万确的。计划永远不会精确预计未来，但是会帮你测量进度和快速检测问题。
对于风险管理，谨慎的方法是对所有当前的项目活动至少一周跟踪一次进展。
不做定期监控可能导致项目延迟，并使其他问题迅速扩大并产生连锁反应，而
且这些问题很快变得无药可医。对项目工作进行固定的和频繁的跟踪是进行风
险管理的关键。在很多风险发生之前，或者在风险还很微小的时候，你可以使
用全面的、规律的跟踪来检测它们。小问题可以被快速解决，从而维护项目计
划和目标；而大问题则很容易把项目搞垮。

项目控制是风险管理的中心环节。在项目运行过程中，很多正在进行的事
情是项目负责人无法控制的。最大化地利用你所能控制的任何事情。项目负责
人必须控制管理项目变更的流程。不能控制变更流程的项目几乎是不可能完成
的。项目负责人还必须控制信息的流转。通过项目报告、会议和讨论去沟通项
目风险，使项目问题和进展对所有人可见。

项目风险管理的长期改进依赖项目后分析。通过分析，你可以评估项目结
果，并对更多的（或不同的）风险管理流程、项目规划流程、项目执行和控制
流程给出建议。

有失败苗头的项目要想成功，需要三个要素。一是基于明确目标的详细计
划——这也是本书的主题。二是认真地跟踪和控制变更，这部分在第 11 章详
述。三是要求的相关专业知识，这是针对具体项目的，超出了本书范围。

当你足够幸运时，风险管理会是非常容易的。成功的第三个要素——专业
知识，是提高你的幸运程度的最显而易见的方式。尽最大努力，把一系列的有
技能的人员配备到项目中，包括项目需要的每个领域的专家。为项目配备有经
验的实践者，以解决项目中出现的问题，使项目沿着良好的轨道运行。当几位
身经百战的"老兵"知道需要做什么和以往的有效方法的时候，项目从风险中
恢复将是快速和有效的。因而不妨雇用一些以擅长解决问题而广受尊敬的多面

手。一旦你的团队团结在一起，你就可以通过预先演练重大潜在问题的应急计划来进一步提升你的运气。无论何时，当需要从问题中恢复过来时，你都要有能力和效率。

综上所述，永远不要忽视主要目标：管理你的项目直到成功完成。本书介绍的项目管理思想是实现此目标的手段。

把本书的思想和概念当作你的风险管理工具箱。当流程行得通的时候，你可以像其所描述的那样使用此流程。你也许需要对其他想法进行调整以使它们能适用于你的工作环境。如果一个风险管理理念仅承诺了很少的价值，则将其作为保留措施。最重要的是坚持不懈。在每个不可能的项目里都有一个完全可行的项目在等待你去发现。记住，有些小风险不是件坏事；正如佛瑞吉收购法则第 62 条所指出的："风险越大，利润越高。"

第二个巴拿马运河项目：21 世纪的发展

项目虽然都有开始和结束，但几乎都会有下一个项目。在巴拿马，这些年来已经有很多后续项目，如拓宽 Gaillard Cut 段水道和在第 13 章结尾描述的为确保旱季能连续运行而在 20 世纪 30 年代进行的上游新坝的建造。运河的最大的尚未解决的运行问题是 George Goethals 当年选定的闸门尺寸对轮船尺寸的限制。

为了能够容纳更大的船只，20 世纪 30 年代晚期，在运河的两边开始挖掘更大的船闸，这项工作被第二次世界大战所打断，直到最近也没有完成。

在过去的几十年里，为使大船能够通过，人们已经研究了各种替代方案。其中一个方案在 20 世纪 50 年代被认真考虑过，即利用热核炸弹构建 Ferdinand de Lesseps 设想的海平面式运河，项目预计需要 300 次爆破。企业风险管理也许是放弃这个项目的好理由，但主要原因还是成本过高。

随着 21 世纪的开始，运河的新纪元也开始了。随着 1999 年美国移交经营权，现在运河由巴拿马运营。它仍然是世界航运的重要环节，但是为了确保未来的运力，运河运行的一个世纪以来最重要的改造正在接近完成——增加穿越地峡的第三条运输线。在中断 70 年后，一套新船闸的建造重新启动。这些新闸与现有的大西洋和太平洋端的船闸平行，宽度是老船闸的两倍，长度比老船闸多出 40%，比老船闸深 25%。除了为目前使用运河的最大货轮提供快速运输，这条新航线允许更大的轮船的通过。而原有的航运将继续保留，主要的运输量将在早晨入境，晚上出境。新的船闸将容纳 4 倍于现有船闸的水容量，并采用精心设计的巧妙管道以节约用水和循环用水，使现有湖泊能提供全年充足的水供应量。

目前的项目启动于 2007 年，预算为 52.5 亿美元，包括大约 20%的应急储备金。当时预计在 2014 年完工，正好配合第一艘船横渡巴拿马的 100 周年纪念日。

这个项目的规模与原来项目的规模相当，而且面临很多和一个世纪前的项目同样的风险与挑战，包括不稳定的土壤、地震和潮湿的天气。在 2014 年年末，项目有 16 亿巴拿马元的超支和 12~14 个月的延迟。延迟的部分原因是多周的停工，因为要确定谁来承担超支。

运河的故事在继续。在巴拿马，关于第四条运输线的讨论已经开始，也有越来越多的其他运河加入竞争。通过尼加拉瓜的运河进入规划阶段。苏伊士运河也在拓宽中，其提供了一个连接亚洲、欧洲和美洲东海岸的另一条航运路线。无疑，未来会有很多项目和更多的风险要去管理。

附录 A

PERIL 数据库详细信息节选

以下资料摘自 PERIL 数据库。（这些风险是选自数据库的一个说明性的子集，代表了 3 个月以内的进度延迟。）导致 3 个月以上延迟影响的 20% 的风险在第 3~5 章已经讨论。

范围风险

- 在每周例会和阶段性审查中增加了新的产品特性。
- 项目所依据的标准仍是草案。有几个可能的选项，但项目配备人员时只考虑了其中的一个选项。
- 原有系统的转换引起的未预料到的问题，导致每个模块的修复时间有 3~10 天的延迟。
- 数据转换出现的问题使某个新系统的实施要靠手动输入数据。
- 一个文档检索项目很晚才增加电子邮件的功能。
- 在项目后期，流程被改变，并变得更为复杂。
- 一个以低价获得合同的解决方案项目，几乎没有工作的具体内容。
- 发起人要求在项目后期更改规范。
- 新的数据库系统的用户界面的需求不够具体。
- 很晚才发现一个关键的电信需求。

- 组件不工作，需要找一个替代件重新执行全部测试。
- 项目收尾时需要 1 000 小时的测试。中途的故障需要修复并进行完整的再测试。
- 包装太薄，无法承受标准航运的压力，导致关键组件破损。
- 测试用的硬件无法工作，所以不得不手工进行所有测试。
- 复杂系统是分模块设计的。在集成失败后，需要重新设计。
- 两个关联项目未能同步进行，错过了发布。
- 一个实施不力的 Web 工具引起持续的支持问题。
- 一个有问题的解决方案是按照假设的核心原因开发的。此原因非彼原因，由此产生了重大的偏差。
- 一个外购的电子元件发生故障，需要随后在项目中设计一个新的。
- 在需求最终确认之前，内容的交付就开始了。
- 发现一个应用需要有它自用的服务器，为此所做的安装工作引起延迟。
- 在一个大的系统转换中，现有数据无法如预期一样用于新的应用。
- 在项目中期，范围被扩大，要增加应收账款的流程。
- 系统的数据库设计发生变化，需要更多的资源并引起延迟。
- 预计的一个操作系统的版本发布被取消，项目不得不改用之前的版本。
- 准备用在产品里的一个新的 CPU 芯片，被假定和老版本一样，但实际上需要额外的散热装置和机械设计工作。
- 原来定义的范围漏掉了供应链问题，如果不改就无法使用。
- 记录和估算范围所用的数据仅来自一个客户。
- 产品是为多个平台开发的，但只能在两个平台上工作。项目被延期来解决一些问题，但其他的问题被舍弃。
- 市场研究和竞争性分析的信息是错误的，但直到项目后期才被发现。
- 人们希望得到更高的性能而采用了新技术，但未能奏效，导致了重新设计和返工。
- 为客户构建的仪表系统在设计时采用了现有的 PC 型号，但与新发布的版本不兼容，项目的完成需要找到并采用旧的 PC。
- 一个用了新组件的系统在最终测试时失败，很难获得替代的旧组件。

- 所有独立组件都通过了测试，但组合后的系统失败了。
- 在测试时未能检测到的一个与交易量有关的问题，在上线时出现了。
- 购买的软件受限且不够灵活，需要解决方法和额外的软件。
- 后期的设计发生变化，需要在最后一刻更新制造设备。
- 一些"小的"变化在项目后期提出并被接受。这造成最后阶段的工作量翻倍和项目延迟。
- 为客户建立的数据库缺乏有效的可用空间以应对越来越多的账户。
- 开发团队误解了很多需求。
- 提供的文档仅支持一种语言，而要求的是两种，翻译引起了延迟。
- 网络配置有时会引起备份失败，但仅间歇性地出现；故障排除很困难。
- 电脑主板出现故障，需要重新设计和制造。
- 软件需要升级，对此所做的计划和培训引起延迟。
- 新软件由 IT 安装后无法运行，对问题的修复引起了延迟。
- 需要来自多个站点的指标，但收集之后发现数据不一致，引起未预料到的额外工作。
- 范围定义完全漏掉了在线打印胸卡的需求。
- 项目需要专有数据，但它的所有者不愿意提供。在一些延迟之后，他们终于共享了部分信息。
- 一个新操作系统的发布预计要延迟。迫使项目团队不得不用旧版本，但旧版本没有所需的功能。
- 虽然系统在德国运转得很好，但没有德文的文档。翻译工作导致了延迟。
- 一个实施解决方案的项目选择了集成一个新的、未经验证的技术。
- 系统中的软件模块未能如预期一样工作。
- 一个主要缺陷只能通过迁移到以后的软件版本上才能解决。
- 最后时刻的系统变化使备份时间拉长，导致系统迁移延迟。
- 在作者已经完成了最初的草稿以后，范围发生了变化。
- 法务后期要求的修改使大量打印的材料报废并需要重新打印。
- 当项目"完成"后，在客户批准前，需要进行重大返工。
- 设计小组未能收集到要显示给用户的详细信息。

- 运输过程中的震动造成螺母和螺栓松开，使项目可交付物最终损毁。

- 本应在更早时候由 QA 发现的缺陷，在用户测试中才被报告。

进度风险

- 所需要的 CPU 处理器芯片的数量不够。

- 相比所需要的数量，磁盘太少且物理空间不够。

- 从合同签订日期开始算起，转换通常需要 6 个月，但项目目标是 4 个月。

- 软件开发量被低估了 3 倍。

- 没有一位项目成员知道这种技术。

- 对新工具的培训需要的时间比预计的长很多。

- 因为工程的供水不足，不得不用卡车运水。

- 按专家意见估算的是 2 周，但实际工作用了 8 周。

- 由于内部供应商的问题，所需的组件延期交付。

- 对工作完成日期的估算看上去过于乐观。

- 因为所需的系统暂时缺货，多阶段推广在接近尾声时被推迟。

- 决策被无缘无故地推迟了。

- 在等待管理层的批准时，国际租用线路的订单被推迟了。

- 所需的系统被延期发货 6 个月，因此项目被迫使用了竞争对手的系统。

- 业务伙伴不同意所选择的选项。

- 项目可交付物所需的特殊外围设备被停用。

- 没有所需的编译器和开源库。

- 合作企业承诺要完成的任务延迟，甚至其随后的可交付物也无法如预期一样工作。

- 现场工程师经历了长时间的学习过程。

- 客户坚持的截止日期早于计划。

- 并行进行的开发导致了频繁的返工。

- 难以获得所需要的技能熟练人员。

- 因为包括了学习过程和启动就绪的时间，3 周的测试最终用了 7 周。

- 起用了新雇用的员工执行关键任务，需要培训的时间。
- 高级管理层对软件许可的审批推迟。
- 所需的系统被发送到错误的地址，延迟了数周。
- 航运要求发生变化，一些货物被退回，另一些被海关卡住。
- 一个流程提升项目所需要的指标，收集和交付得太晚。
- 12 小时的时差和对电子邮件的严重依赖，导致即使简单的问题也要花费 2~4 天解决。
- 经国际海运的零部件预计需要 6 周到，但实际上花了平均 9 周的时间。
- 一些部件在海运中受损，不得不重新订购。
- 没有地方，项目被迫在老地方实施。
- 基础架构的变化引起突发问题。
- 一个单一来源的芯片供应商的产品在低容量时可靠，但在高容量（和更低的成本）时有质量问题，造成延误。
- 应该采购的组件却由项目团队开发，比预计花费了更长的时间。
- 系统集成任务在项目计划中未被分解成小的、可管理的部分。
- 存在一些需要得到及时管理的长期问题。
- 因为所需的硬件被占用去解决另一个客户的问题，在项目快完成时的灾难恢复性测试被推迟。
- 项目所需的一些关键设备来自另一个国家的硬件池，其过海关时被耽搁了。
- 部分开发团队有 12 小时的时差。
- 修复缺陷比预计的时间要多花平均 2~3 天。
- 收到了有缺陷的零件，重新下订单让时间增加了一倍。
- 国际海运中时常发生与海关和文件有关的配送问题。
- 更改防火墙通常需要 25 天的时间，但估算值是 15 天以内。
- 对布线工作的估计过于乐观。
- 预期的关联项目的可交付物被按时交付，但项目无法使用。
- 一次洪水使数据中心关闭，恢复电力和清理导致进度延迟。
- 客户提供的硬件无法工作，需要替代品。
- 在项目需要时，一个系统却被停止去进行定期维护。

- 缺乏协调统一的系统组件的航运，以至于最后一部分的到货耽搁了安装进度。
- 在项目快结束的时候，还没有发现其对另一个项目的依赖性。

资源风险

- 项目需要 15 万美元/月的供给，但被限制到 10 万美元/月。
- 参加完全部有关应用的培训的资深系统分析员离职了。
- 项目出差的预算被削减，导致了低效率的长距离协同工作。
- 一个关键分包商倒闭，用了 2 个月的时间才找到替代者。
- 在设计阶段的中期，一位重要的工程师因为家庭急事不得不离开项目所在的国家 1 个月。
- 2 位技术人员在系统开发的中期被派到一个业务更关键的项目上。
- 政府合同要求成员只能是美国出生的公民，但符合要求的人数太少。
- 唯一有经验的程序员提出辞职并离开了公司。
- 在项目进行到一半时，工程师中有 3 位因为签证问题不得不返回中国。
- 一位关键工程师被调离项目团队去做另一个项目。
- 项目经理因为要做义务陪审员而无法参与项目。
- 现有预算不包含所需软件的购买资金，所以为了把费用推到下一个季度，项目被延迟。
- 合同谈判推迟了工作的启动。
- 项目负责人离职，没有及时的接替者。
- 订单录入流程被外包，耽误了所有美国的客户。
- 遗留系统未能按计划停用，因此项目团队被计划外的支持工作占用。
- 一位程序员心脏病发作，他头脑中所拥有的关键技能消失了。
- 因为设计负责人的突然离开，关键培训不得不推迟。
- 由于成本原因，选择了一家亚洲供货商，但资质和文件的准备耽搁了时间。
- 项目的起始阶段被外包给一位教授，他工作启动晚了且缺少必要的信息。
- 前一个项目拖住了项目成员，故后续项目启动晚了且进展缓慢。

- 一位关键人员在解决前一个项目的问题期间离开了项目组。
- 对项目很关键的一位工程师离开公司。
- 项目成员被重新分配到其他高优先级的项目。
- 只有一位项目成员同时有项目所需的COBOL和关系型数据库转换的经验，但本项目与她在其他项目的任务冲突。
- 一位有价值的成员被调离项目，去做一个关注度更高的项目。
- 项目成员因支持客户热站任务而离开了项目组。
- 在项目快结束前3周，一位顾问胳膊骨折了。
- 两个项目的完成都依靠同一个资源，另一个项目的优先级更高。
- 知道如何集成所有组件的系统架构师生病住院了。
- 地震使部分项目团队成员无法到位。
- 购买所需要设备的资金短缺。
- 价格谈判使项目工作停滞，直到谈判结束。
- 为一位顾问续签合同时进展太慢，导致工作中断。
- 对无法满足截止日期和用3周完成1周工作的情况,合同中未定义罚则。
- 外包的任务延迟，但知道时为时已晚。
- 在关键项目阶段，药物总监离开了公司。
- 在项目后期，预算和人员被削减。这导致了延迟、强制性加班，以及团队的消极怠工。
- 关键人员离职，使按时完成项目变得几乎不可能。
- 在一个非常长期的项目里，人员热情和积极性下降，任务执行延期。
- 流感季，因为大部分成员生病缺席，关键任务延期。
- 团队被频繁从项目中抽调去做支持的任务。
- 某位项目关键人员被调离2次，去修复以前产品的问题。
- 因为签证问题，主工程师被困在日本的时间比预计多了2周。
- 在需要一个打包工程师时，他正在另一个高优先级的项目上工作。
- 关键焊接人员患了流感。
- 制造量飙升，几位项目成员被抽调走。
- 项目中期，参与和响应一次突然的对项目的审计，导致了延迟。
- 一位关键项目成员在地区冲突期间被困在中东。